Reiseführer
Indien

Paradies
am Indischen Ozean

Goa

Robert Strasser
Landeskunde und Führer
zu Kunststätten

D1731556

VERLAG
INDOCULTURE

Rosemarie, meiner lieben Weggefährtin, zugeeignet

ISBN 3-921 948-08-8 © by Verlag Indoculture Stuttgart.
Alle Rechte, auch das der fotomechanischen Wiedergabe, vorbehalten.
Abdruck, auch auszugsweise, nur mit ausdrücklicher Genehmigung des Verlages.
Texterfassung und Computersatz: Ziegenhagen, 7000 Stuttgart.
Herstellung: W. Lämmle, Grafik und Reproduktionen, 7149 Freiberg a/N
Druck: Reichert GmbH, Druckerei und Verlag, D-7014 Kornwestheim
1. Auflage 1987
2. Auflage 1992

1 farbige Faltkarte, 6 Karten, 16 Bilder
32 Farbtafeln (28 W. Scharf, 4 Dr. Strasser)
114 Schwarzweißfotos (2 W. Scharf, 18 R. Bopp, 94 Dr. Strasser)

Inhaltsverzeichnis

Indisches Generalkonsulat

Dieser Reiseführer ist mehr als nur eine Anleitung. Es ist die gelungene Fortsetzung einer bedeutenden Reihe, in der Dr. Strasser seinen Freunden und Lesern den Subkontinent Indien nahebringen möchte.

Mit Goa ist ein weiterer Meilenstein im Lebenswerk Dr. Strassers erreicht. Wer die Schönheit und Faszination Goas, der ehemaligen portugiesischen Kolonie, noch nicht kennt, hat vieles versäumt. Lassen Sie sich deshalb nicht entgehen, angeregt durch das vorliegende Buch, über diesen Teil Indiens zu träumen und dann vielleicht doch einmal eine Reise dorthin zu machen.

Für den Leser aber, der Goa bereits kennt, ist die Lektüre eine wertvolle Ergänzung und zusätzliche Bereicherung seines Wissens.

Ich wünsche bei der Lektüre viel Freude und Herrn Dr. Strasser weitere Schaffenskraft, damit wir auch zukünftig in den Genuß weiterer Neuerscheinungen kommen.

Stuttgart, im August 1987

Helmut Nanz
– Honorargeneralkonsul –

Einleitung

Die portugiesischen Kleingebiete Goa, Daman und Diu in Indien wurden am 18./ 19. Dezember 1961 nach 451 Jahren kolonialer Herrschaft durch indische Truppen besetzt und als „Union Territory of Goa, Daman and Diu" der indischen Union einverleibt. Und damit ging die portugiesische Epoche zu Ende, die zutiefst den heutigen indischen Distrikt Goa in Lebensstil, Religion, Architektur und Kunst geprägt hat, der nur 3611 qkm mit einer Bevölkerung von über einer Million umfaßt. Mai 1987 wurde das Provisorium des Unionsterritoriums beendet und die Distrikte Goa, Daman und Diu zu einem normalen indischen Bundesstaat umgewandelt, nachdem das Konkani, die Mundart der Goanesen, bereits Februar 1987 zur amtlichen Staatssprache erklärt worden war. Distriktshauptstadt ist Panaji (Panjim). Hauptsehenswürdigkeiten (s. dazu beil. farbige Faltkarte von Goa mit den Bildzeichen der Legende) sind Panaji, Alt-Goa, 2 reichhaltige Museen, viele Alt- und Neu-Tempel, Anziehungskraft für westliche Besucher haben indessen vor allem Goas Goldstrände, sein wunderbares Klima mit 33°C Maximal- und 24°C Minimal-Tagestemperatur im Sommer und 32,2°C Maximal- und 21,3°C Minimal-Temperatur im Winter, mit einer Touristen- und Badesaison bis Mai, wobei die 4 Monate von November bis Februar die angenehmsten sind (vgl. Abschn. „Klima"). Die Regenzeit mit einer Wassersäule von 350 cm geht von Juni bis September. Attraktiv sind auch Goas Charme und Gastfreundlichkeit, seine Hotel- und Küchenkultur mit einer breiten Palette von allen Ansprüchen genügenden 5-Sterne-Hotels bis zu einfachen und billigen Unterkünften, die in der Lage sind, die von Jahr zu Jahr sich steigernden Besucherströme aufzunehmen. So auch die Gaststätten des Landes, die eine Vielzahl lokaler, nationaler und internationaler Gerichte zu im Vergleich mit den Touristengebieten Europas sehr billigen Preisen anbieten. Bezaubernd die Lage Goas mit ihrer über 100 km langen Kokospalmen-Küste am Arabischen Meer, die mit ihrem reinen Wasser ungetrübte und gefahrlose Badefreuden bietet.

Nachdem es bisher so gut wie kein wissenschaftlich fundiertes Nachschlagewerk zu Goa in deutscher oder einer sonstigen europäischen Sprache gibt und die beiden englisch-sprachigen Bände „Inside Goa" von Manchar Malgonkar und „Goa, Cultural Patterns" in der Reihe Marg Publications keine Reiseführer darstellen, sondern Aspekte goanesischen Lebens aufzeigen, haben sich Verfasser und Verlag die Aufgabe gestellt, im Schema der bisherigen Reiseführer im Indoculture Verlag Stuttgart ein systematisch gegliedertes, praktisches Handbuch für Goa zu schaffen, das auf den neuesten Quellen beruht. Anregung und Kritik für weitere Ausgaben werden dankend entgegengenommen.

Danken möchte der Verfasser für die große Hilfe, die er von Mr. Mahajan, Director of Tourism of Goa, Mr. Salil Dutt, General Manager des Fort-Aguada Hotels und Dr. Shirodkar, Direktor des Archäologischen Museums in Panaji, bei seiner Arbeit erfahren durfte.

Dr. Robert Strasser   1987 in Stuttgart

Badestrände von GOA

I Fort Aguada mit Calangute-Strand

II Calangute-Strand

III Majorda-Strand

IV Calangute-Strand

V   Bei Betul

VI   Majorda-Strand

VII   Anjuna-Strand

VIII   Fischerfrauen am Baga-Strand

IX Landschaft bei Vagator

X Vagator-Strand

XI Fischernte am Vagator-Strand

XII Eine typische Kirche in Goa

Übersichten

Bemerkungen: Zu den Übersichten bitte die beiliegende farbige Faltkarte verwenden, in der Legende sind die jeweiligen Plätze durch Bildzeichen angegeben. Die Kilometer-Angaben beziehen sich auf die Entfernung von Panaji. Tal = Taluka (Kreis). Nähere Beschreibung s. jeweils im Ortsteil, Hotels und Unterkünfte in Kap. 5. In der Übersicht konnten nur die führenden Hotels angegeben werden.

Badestrände: Von N nach S (s. Farbtafeln von I-X)

Mandrem Beach Tal Pernem über Mandrem

Morjim Beach Tal Pernem am Mündungsgebiet des Chapora-Flusses, über Chopdem

Vagator Beach Tal Bardez, über Mapusa, Assagao, Chapora Fort, mit Vagator Beach Resort

Anjuna Beach Tal Bardez, über Mapusa, Assagao

Baga Beach Tal Bardez, über Mapusa, Calangute

Calangute Beach Tal Bardez, über Mapusa und gutgeteerte Fahrstraße, bei Touristen sehr beliebter Strand mit guten Unterkünften

Candolim Beach Tal Bardez über Dorf Candolim

Sinquerim-Aguada Tal Bardez, Straße zum Fort Aguada 10 km und zum Fünfsternehotel Aguada Beach Resort

Miramar (Gaspar Dias) Beach Tal Tiswadi, 7 km SW Panaji

Dona Paula Beach Tal Tiswadi, 10 km SW Panaji mit Hotel Dona Paula

Vainguinim Beach, Dona Paula Tal Tiswadi, 7 km SW Panaji mit Sheraton Hotel Cidade de Goa

Siridaon Beach Tal Tiswadi über Straße Panaji-Goa Velha

Bogmalo Beach Tal Mormugao, über Dabolim, im S der hier weit vorspringenden Landzunge,

mit Bogmalo Beach Resort

Velsao Beach Tal Mormugao, über Cortalim

Majorda Beach Tal Salcete, über Cortalim, Cansaulim, mit Majorda Beach Resort

Colva Beach Tal Salcete, über Margao, 6 km auf gut gepflegter Straße bis zum Strand. Feinkörniger Sand, bei Touristen sehr beliebt

Benaulim Beach Tal Salcete, über Margao, Benaulim

Varca Beach Tal Salcete, über Margao, Benaulim

Cavelossim Beach Tal Salcete, über Margao, Carmona

Mabor Beach Tal Salcete, über Margao, Carmona

Betul Beach Tal Salcete, über Margao, Ambelim, Velim, bzw. über Fatorpa

Agonda Beach Tal Canacona, über Margao, Nagorcem

Palolem Beach Tal Canacona, über Margao, Nagorcem

Naturschutzgebiete: (Wild Life Sanctuaries)

Bondla im N des Tal Sanguem, über Alt-Goa, Ponda, Darwandora, das kleinste der 3 Schutzgebiete

Cotigao im SO des Tal Canacona, über NH 17, Nagorcem, Partagal
Molem (Bhagwan Mahaveer) im O des Tal Sanguem, über NH 4A, Darbandora
Historische Forts:
Anjediva Island ganz im S Goas 100 km - Chapora Fort bei Anjuna 22 km - Fort Aguada
10 km - Cabo de Rama 60 km an N-Küste des Tal Canacona - Ponda Fort 30 km -
Rachol Fort bei Raya 41 km - Tiracol Fort 42 km - Mormugao Fort in Vasco da Gama 25
km
Sehenswerte Kirchen und Seminare:
Zur Beschreibung: s. jeweils unter dem entsprechenden Ortsnamen in Kap. 3 Ortsteil.
Alt-Goa: 9 km, Sé-Kathedrale, Kapelle der hl. Katharina, St.-Cajetan-Kirche, Kapelle
unserer Lieben Frau vom Berg, Kapelle des hl. Franziskus Xavier, Kloster und Kirche
des Wundertätigen Kreuzes, Bom-Jesus-Basilika, Monika-Kloster und -Kirche, Antonius-Kapelle, Kirche unserer Lieben Frau vom Rosenkranz.
Calangute: 23 km Tal Bardez, Kirche unserer Lieben Frau von der Unbefleckten Empfängnis
Colva: 36 km Tal Salcete, Kind Jesus-Kirche
Mapusa: 13 km Tal Bardez, Kirche der Wundertätigen Jungfrau (Lady of Miracles)
Margao: 46 km, Kirche unserer Lieben Frau von der Unbefleckten Empfängnis und die
großartige Heiliggeist-Kirche vom 17. Jh.
Panaji: St. Thomas-Kapelle, St. Sebastians-Kapelle, Panaji-Kirche, St. Lorenz-Kapelle,
Kirche unserer Lieben Frau von der Unbefleckten Empfängnis.
Raia: 41 km Tal Salcete, Kirche Nossa Senhora das Neves, 16. Jh.
Reis Magos: gegenüber der Stadt Panaji auf dem nördlichen Ufer des Mandovi-Flusses.
Gleichnamige Kirche des 16. Jh., renov. 1771 und 1945
Saligao: 11 km Tal Bardez, Kirche Mae de Deus (Muttergottes) von 1867, eine der
prunkvollsten Goas
Talaulim: Vorort von Alt-Goa, Tal Tiswadi, Santana-Kirche, eine der prächtigsten
Goas mit schöner Fassade von 1577 und 1695 (s. Bild 6).
Vasco da Gama: 30 km St. Andreas-Kirche des 16. Jh.
Seminare: 13 km Pilar-Seminar, 40 km Rachol-Seminar im Tal Salcete
Sehenswerte Hindutempel:
Zur Beschreibung s. jeweils unter dem betreffenden Ortsnamen in Kap. 3 Ortsteil.
Arvalem: 45 km Tal Bicholim, Rudeshvara-Tempel, Arvalem-Höhlen des 6./7. Jh.
Bandora: 32 km Tal Ponda, Gopal-Ganapati-Tempel neu, Mahā-Lakshmī-Tempel,
Nagesh-Tempel 15. Jh., Ramnath-Tempel 16. und 20. Jh.
Borim: 42 km Tal Ponda, Navadurgā-Tempel
Canacona: 84 km Tal Canacona, Mallikārjuna-Tempel von 1778
Candola: 22 km Tal Ponda, Ganapati-Tempel 16. Jh.
Carambolim-Brama: 65 km Tal Satari, Brahmādeva-Tempel
Corgao: 42 km Tal Pernem, Kamleshwar-Tempel, soll auf das 8. Jh. zurückführen
Curpem: 75 km Tal Sanguem, sehr alter Tempel

Fatorpa: 52 km Tal Quepem, Shantadurgā-Tempel, 16. Jh.
Latambarcem: 28 km, Tal Bicholim, Kalikadevī-Tempel, 12. Jh., modern umgebaut
Mapusa: 13 km Tal Bardez, Hanumān-Tempel und Datta-Mandir
Marcaim: 40 km Tal Ponda, Navadurgā-Tempel um 1500, renov.
Mardol: 22 km Tal Ponda, Shri-Mhālsa-Tempel mit Holzschnitzereien
Naroa (Narve): 30 km Tal Bicholim, Saptakoteshwar-Tempel, 17. Jh.
Panaji: Maruti-Tempel, Mahā-Lakshmī-Tempel, beide neu
Paroda: 44 km Tal Salcete, Chandranath-Tempel, alt, doch modernisiert
Pernem: 28 km Tal Pernem, Bhagavatī-Tempel 15. Jh. und Shantadurgā-Tempel um
1500
Poinguinim: 94 km Tal Canacona, Parashuram-Tempel, alt, doch modernisiert
Priol: 24 km Tal Ponda, Mangueshi-Tempel, alt
Querim: 39 km Tal Ponda, Vijayadurgā-Tempel mit schönem Kultbild
Queula: 33 km Tal Ponda, Shantadurgā-Tempel von 1567 und 1738 mit interessanter
Architektur und Skulptur, Kapileshvara-Tempel, sehr alt, doch umgebaut, und Brah-
manenschule
Rivona: 82 km Tal Sanguem, Damodar-Tempel, alt, doch 1885 umgebaut, schöne
Anlage
Sanquelim: 38 km Tal Bicholim, Vithal-Tempel
Sirodha: 40 km Tal Ponda, Ort geht auf das 6. Jh. zurück. Kāmākshī-Tempel des 16. Jh.
Interessanter Bau
Tambdi Surla: 75 km Tal Sanguem. Nunmehr durch Fahrstraße zu erreichen. Der
älteste und besterhaltene Tempel Goas aus der Zeit der Kadamba-Dynastie des 12./13.
Jh. aus schwarzem Basalt, in Außen- und Innenarchitektur hervorragend mit exquisiter
Ornamentik gearbeitet. Beispiel der künstlerischen Höhe des indischen Mittelalters,
glücklicherweise, da im Urwald abgelegen, von den Portugiesen nicht zerstört
Vasco da Gama: Damodar-Tempel
Verem: 40 km Tal Ponda, Shri-Ananta-Tempel, geht auf 13. Jh. zurück, mit schönen
Pfeilern, Architraven und Holzschnitzereien
Gurudwaras (Sikh-Kultstätten):
In Betim, Tal Bardez
Moscheen:
Jama Masjid in Panaji, Madina Masjid in Vasco da Gama, Safa Masjid in Ponda, Nama-
jah in Bicholim

Kap. 1 - Landeskunde von Goa

1 - Allgemeines

Der Landesname Goa, auf Marathi Goven, auf Konkani Goem, dürfte etymologisch auf Sanskrit *gu* = Kuh zurückführen, es wäre demnach das Land der Kühe.

Die 3 ehemaligen portugiesischen Territorien von Goa, Daman und Diu blieben größenmäßig bei der Übernahme durch die Indische Union 1961 unverändert, die 11 früheren portugiesischen Kreise, die *„concelhos"*, in die das Land aufgeteilt war, blieben bestehen, nunmehr als *„talukas"* geführt, nämlich (von N nach S) Pernem, Bardez, Bicholim, Satari, Tiswadi, Ponda, Mormugao, Sanguem, Salcete, Quepem, Canacona.

Bei der Volkszählung von 1971 belief sich die Bevölkerung auf 795 120 Menschen, bei der von 1981 auf 1 007 749, also Zunahme um rund 25%in einer einzigen Dekade, in etwa dem Bevölkerungswachstum der indischen Staaten entsprechend. Durch den steten Zuzug von Hindus aus Mahārāshtra, Karnātaka und Andhra Pradesh dürfte die Zahl heute bei fast 1,2 Mio liegen, die auf einer Fläche von 3611 qkm, etwas größer als der Schweizer Kanton Waadt, siedeln, damit Siedlungsdichte von etwa 300 pro qkm. Die im Distrikt gesprochenen Sprachen sind Konkani (ab Januar 1987 Staatsprache), Marathi, Hindi, Englisch und Portugiesisch. Etwas über 60% sind Hindus, 35% römisch-katholisch, 3%Moslems, der Rest verteilt sich auf Buddhisten, Jainas, Sikhs. Die christliche Bevölkerung ist in den 4 Küsten-Talukas von Tiswadi, Bardez, Salcete und Mormugao konzentriert.

Die Anzahl der Analphabeten beträgt nur 43 % (bei Männern 34 %, bei Frauen 52 %, in Städten 35 %, auf dem Land 45 %) gegenüber 64 % im übrigen Indien, das Pro-Kopf-Einkommen (1984 3500 Rupien gegenüber 2500 im übrigen Indien. Damit liegt das kleine Goa durch seine portugiesische Vergangenheit an der Spitze in Bildungsstand und Lebensstandard, abgesehen vom südwestindischen Kērala.

An den Stränden vollzieht sich eine rasante touristische Entwicklung, im Hinterland eine ebensolche industrielle, besonders beachtlich sind die Fortschritte beim Bergbau, wobei Goa über reiche Erzvorkommen verfügt, und beim Schiffsbau.

So hat sich Goa in den letzten 25 Jahren einen guten Platz innerhalb der Indischen Union gesichert, wirtschaftlich, infrastrukturell, kulturell und politisch. Die Goanesen, selbst wenn sie sich voll in die indische Gesellschaft eingefügt haben, sind heute noch stolz auf ihre lusitanische Vergangenheit und Lebensweise, die ihnen einen Sonderstatus im indischen Völkermosaik verleiht.

Zwei große Kulturen, die in so vieler Hinsicht gegensätzlich sind, traten hier in fruchtbaren Kontakt. In diesem Zusammenspiel des Portugiesischen und des Indischen besteht die besondere Eigenart von Goa. Die reichen Fluren der Alteroberungen (Velhas Conquistas) mit Reis und Kokospalmen, die das unerläßliche landwirtschaftliche Hinterland für das Leben einer großen Stadt darstellten, gehören zu den fruchtbarsten und ertragreichsten Gebieten der Malabar-Küste. Angesichts der festen Eigentumsverhältnisse und guten Anbaumethoden der eingeborenen Küstenbewohner führten die Portugiesen keine Neuerungen ein. Sie beschränkten sich darauf, die alten Steuern, die schon die indischen Lokalherrscher eingezogen hatten, zugunsten ihrer Verwaltung und die Einkünfte der Tempel für die Kirchen und mildtätigen Einrichtungen umzulenken. Die traditionelle Organisation der Dorfgemeinschaften behielten sie bei. Im Gegensatz zu Brasilien, wo der gesamte Zuckerrohr-Anbau den portugiesischen Stempel trug, zeigte sich in Goa kein Einfluß durch die Landwirtschaft der neuen Herren. Goa hat, umgekehrt, wichtige Pflanzen abgegeben, die die portugiesische Kolonisation über Afrika und Amerika verbreitete (Reis, Kokospalme, Mangobaum, Brotfruchtbaum, Areca-Nuß usw.), Pflanzen, die heute in der gesamten tropischen Welt zu finden sind. Sicherlich wurde durch diesen Kontakt der Reis in solch großem Maße zu einem Volksnahrungsmittel der Brasilianer und Luso-Afrikaner wie in den Städten von Portugal selber. Diese landwirtschaftliche Struktur Indiens ist so mächtig, daß in sie 2 Pflanzen nicht eindringen konnten, die sich weit über Brasilien hinaus verbreitet hatten, Mais und Tapioka, weil sie überflüssig waren, und nur der Akazienbaum, der in Südamerika heimisch ist, hat wegen seiner Widerstandskraft die unfruchtbaren Laterit-Hochflächen Indiens besetzt.

Eine andere Eigenart der Goanesen ist ihre Ausbreitung über die Welt: In Indien, Pakistan, in den Ölgebieten des Mittleren Orients, im britischen Ostafrika, in den portugiesischen Überseegebieten, im Mutterland Portugal, wo alle Ämter ihren unleugbaren Fähigkeiten offenstehen. Es gab und es gibt in Portugal goanesische Minister, Generaldirektoren, Professoren von Hochschulen, Richter, Bischöfe usw. Es war und es ist eine Auswanderung von Qualitätskräften, nicht von Handarbeitern. Doch auch von Dienstpersonal und Angestellten in der Hotellerie, in Restaurants und Handelsunternehmen, eine solche von Beamten, die die britische Verwaltung in Indien bevorzugte und die heute noch in Afrika weiter arbeitet. Der Reisende beobachtet überrascht die Häufigkeit portugiesischer Namen in den Städten des englischen Afrikas, es ist fast immer sicher, daß es sich um Abkömmlinge Goas handelt. Durch sie erlangte dieses unbedeutende, in der unermeßlichen Weite Indiens verlorene Gebiet die nicht zu leugnende Ausbreitung um den Indischen Ozean. Die Ursachen dafür sind im gleichen Maße in der Natur wie in der Kultur begründet, die fruchtbarsten Gebiete Goas sind die Ufer seiner Flußmündungen und die Anschwemmungen seiner Deltas. Aber diese Welt grünender Fluren und der großen, reichen Dorfgemeinschaften ist durch die sterilen Hochflächen aus Laterit eingeengt. Seit langem ist also das gute Land vollkommen besiedelt, so daß es nur einen Ausweg für den Bevölkerungsdruck gab und gibt: die Auswanderung. Man kann sagen, daß der Goanese von den Portugiesen den Geist des Abenteurers, den Mut, das Dorf zu verlassen, erhielt, um die Wohlfahrt seines Hauses zu sichern und sich selber den Wunsch erfüllen zu können, im elterlichen Hause seine Tage zu beschließen, ohne daß ihn das Elend umgibt. Während somit die Hindu-Bevölkerung in Goa laufend ansteigt, die im Lande verbleibt, womit sich deren Anteil an der Bevölkerung Goas zu ihren Gunsten verschiebt, schätzt man, daß hunderttausend christliche Goanesen über die Welt verstreut sind.

Leider wurden die alten Hindu-Tempel und deren Kunst- und Kultgegenstände durch die Intoleranz der im 16. Jh. über das Land hereinbrechenden Inquisition unerbittlich zerstört, mehr in den „alten Eroberungen" als in den „neuen". Große Kreuze in einem originellen luso-indischen (portugiesisch-indischen) Stil heiligen den Kirchplatz, wo sich früher die Hindu-Gläubigen versammelten. Zahlreiche Kreuze und Sakramentshäuschen weihen die Fluren, Schleusen, Brücken und Wege. Auf den Hügeln stehen Wallfahrtskapellen und Prozessionen bewegen sich dorthin. Am Ufer der Flüsse und Kanäle, die die Grenze der Velhas Conquistas (der alten Eroberungen) bilden, erheben sich prunkvolle Kirchen und richten ihre Fassaden wie eine Herausforderung gegen Andersgläubige. Selbst im Mutterland Portugal werden sich wenige Plätze finden, wo die religiös-katholischen Merkmale so auffällig in Erscheinung treten. In diesem Sinn wird mit vollem Recht von einer „romanischen Landschaft in den Tropen" gesprochen, wie der große deutsche Geograph Norbert Krebs schrieb.

Die Kirche Goas nahm eine unverwechselbare couleur locale an: der ganze Klerus ist indisch, die Sprache der Gebete ist das heimische Konkani, es werden Zeitungen und fromme Schriften in dieser Sprache veröffentlicht, die einzige Sprache Indiens, die auch mit lateinischen Buchstaben geschrieben wird. Das religiöse Leben ist stark, die Kirchen füllen sich zur Messe und zu den Andachten. Fischer führen auf ihrer Fahrt die Schutzheiligen mit, zu denen sie alle Nächte bei der Rückkehr vom Fang beten. Es gibt gemeinsames Gebet ohne Priester, 9tägige Andachten der Gläubigen, ganz im Sinne und in Fortsetzung der oft viele Tage umfassenden Hindu-Feiertage, häufige Wallfahrten. Durch alle diese Bekundungen eines lebendigen Glaubens wahrt die christliche Bevölkerung Goas ihren Zusammenhalt. Mit der Religion übernahm sie Gebräuche, Verhaltensweisen, Lebensformen, die Art sich zu kleiden, zu essen, was den Portugiesen Menschen nahe brachte, die sich von ihrer Herkunft und Sprache unterschieden. Das Konkani nahm viele portugiesische Lehnwörter auf, die sich auf alle Bereiche des Lebens und der Gemeinschaft beziehen. Diese Lehnwörter zeigen, wie tief der portugiesische Einfluß reicht.

2 - Geographie und Geologie

Der Distrikt Goa wird im Norden vom Staat Mahārāshtra, im Osten und Süden vom Staat Karnātaka eingeschlossen. Der Küstenverlauf entlang dem Arabischen Meer beträgt 133 km von Tiracol-Fort im N bis Polem im S. Goa stellt einen Teil der westlichen Küstenregion Indiens dar und besitzt so viele gemeinsame Züge mit den Nachbarstaaten Mahārāshtra und Karnātaka: Im O ist es die Bergkette der Sahyadris in den Westghāts, Wasserscheide zwischen dem Arabischen Meer und der Bucht von Bengalen, in der Mitte liegen mittelhohe Plateaus, die teilweise bis an die See reichen, und schließlich im W die tiefliegenden Küstenebenen und Flußlandschaften. Die größte Fläche Goas gehört geologisch zu den Basaltdecken aus den Lavaeruptionen des tertiären Dekkhans mit flachen Erhebungen und Terrassenhängen, durch Erosion und Ablation in den letzten 60 Mio Jahren geschaffen.

Die *Täler* senken sich nicht kontinuierlich nach W ab, sondern eher in einer Abfolge von Landschaftsstufen. Extensive rotfarbene Lateritböden, im N des Landes eisenerzhaltig mit gelegentlichen Mangan-Einschlüssen und daher intensiv abgebaut, sind das Endprodukt des tertiären Vulkanismus und des tropisch-feuchten Klimas und bestimmen weithin das Oberflächenaussehen. Ältere paläo- und mesozoische Schichten,

Foto 1: Steilabfall des Vorgebirges von Fort Aguada in das Arabische Meer. Ganz links der älteste Leuchtturm Asiens

Foto 2: Mündung des breiten Mandovi in das Arabische Meer zwischen Fort Aguada und (ganz hinten) Cabo Raj Niwas

Foto 3: Der Sandstrand von Calangute mit Fischerbooten

Foto 4: Kleine Weiler in Palmenhainen hinter der Küste

Schiefer und Schieferton führend, sind oberflächlich nur geringfügig vertreten, bedeutsamer sind die Alluvialablagerungen der Flüsse in den Tal- und Küstenniederungen.

Im östlichen Landschaftsbild sind die Bergketten der *Sahyadris* in den Westghāts in Goa mit 600 qkm vertreten bei einer durchschnittlichen Meereshöhe von 800 m. Die Kammlinie schwingt in einem etwa 125 km langen Bogen, dort liegen die Quellgebiete aller goanesischen Flüsse, die dort steil, oft in Form von Wasserfällen, herabstürzen, von denen der Dudhsagar der bekannteste ist. Über die Kammbasislinie erheben sich

15

einige isolierte Bergspitzen wie Sonsagar, Catlanchimauli, Vaguerim, Morlemchogor, sämtliche im Taluka (Kreis) Satari und in einer Höhe zwischen 1276 und 1130 m.

Die *Lateritplateaus* der Landesmitte variieren zwischen 30 und 100 m Höhe, durch tief eingeschnittene Wasserläufe stellenweise aufgerissen, wodurch Steilhänge entstehen, die zum Tiefland hinabstürzen. Im Küstenbereich enden sie in Landzungen und Vorgebirgen, typisch hierfür sind die Höhen von Aguada, Cabo und Mormugao. Die Hochplateaus mit ihren Lateritdecken sind wenig fruchtbar durch die magere Humusschicht, Sträucher und Steppengras sind die übliche Vegetation. Der Laterit ähnlich dem Tuff läßt sich leicht als Werkstoff für den Hausbau und für Mauereinfassungen in Quaderform schneiden und glätten, seine Oberfläche wird nach der Bearbeitung hart und wasserresistent. Während die Plateauebenen weitgehend Ödland sind, sind deren Abhänge und die darunter liegenden, tief eingeschnittenen Talbecken mit Monsunwäldern bestanden, Grünland mit vielen, die Flüsse speisenden Quellen mit Anbau von Cashew-Sträuchern und Kokosnußpalmen. Dieser Wechsel im Landschaftsbild ist typisch für das mittlere und westliche Goa.

Foto 5: Palmenhaine in den Flußland-schaften Goas

Foto 6: Fluß Khandapur bei Usgao im östlichen Ponda

Die *Flußebenen* und *alluvialen Küstenebenen* stehen im scharfen Gegensatz zu den Lateritplateaus. Es sind dies die Anschwemmungsebenen der Küsten Goas, wo die Flüsse ihr Erosionsmaterial aus den Sahyadri-Bergen entlang der Flußläufe abgelagert haben, wobei dieses Geröll um so feiner wird, je weiter es vom Fluß transportiert wird. Die hauptsächlichen Küstenebenen Goas sind die des Mandovi und des Zuari, die tiefe Buchten und Einschnitte in den Küstenverlauf des Konkan gebildet haben. Kleinere Küstenbecken sind die des Chapora-Flusses im N und der Kushavati- und Sal-Flüsse im S. So verläuft die Küstenlinie Goas in einem beständigen Szenenwechsel aus Buchten, Vorgebirgen, Landvorsprüngen in einer intensiven Verzahnung von Land und Meer, was dieser Küstenlandschaft, der „Indischen Riviera", ihren besonderen Reiz verleiht. Die stärksten Einbrüche im Küstenverlauf sind die Mündungsbecken des Mandovi (s. Foto 2) und des Zuari. Innerhalb der Buchten sind die weitgeschwungenen von Baga, Calangute und Colva mit ihrem weiß-gelblichen Sand (s. Foto 3) und den

Kokospalmenhaine die Touristenattraktionen von Goa. Auf den Landvorsprüngen, wichtigen Marksteinen der goanesischen Geschichte, stehen zerfallene Forts und Leuchttürme, so das Aguada-Fort am Nordufer der Mandovi-Mündung (s. Fotos 1, 82-84) mit dem benachbarten Reis Magos-Fort und nördlich davon dem Chapora-Fort an der Chapora-Mündung, sie alle Zwingfesten der portugiesischen Herrschaft, so auch das Cabo Raj Niwas auf der südlichen Höhe über der Mandovi-Mündung, Residenz des Statthalters des Unions-Territoriums Goa, Daman und Diu, nunmehr des Unionsstaates. Die zerfallenden Befestigungen auf dem Mormugao-Plateau, die den Hafen überschauen, und das Kap Rama Fort im S sind weitere Zeugnisse für die historische Bedeutung der Landvorsprünge. Kleine Inselchen liegen vor der Küste, so die felsigen vor der Landzunge von Mormugao, und die Anjediva-Insel im äußersten Süden.

Foto 7: Kokospalmen im östlichen Bergland von Goa

Foto 8: Zweite Reisernte im östlichen Bergland von Goa

3 - Landschaftszonen

Folgende 4 Zonen können unterschieden werden: Die N-Küste, die S-Küste, die zentralen Lateritplateaus und deren Täler, sowie die Sahyadris.

A - Die *nördliche und zentrale Küste*: Vom Tiracol-Fluß, der im N die Grenze zu Maharāshtra darstellt, bis zur Flußmündung des Sal im S sind es 80 km in gerader Linie über die weiten Mündungsdeltas der Flüsse Mandovi und Zuari hinweg. Der gleich dahinter liegende, 12 bis 15 km breite Küstenstreifen stellt die am meisten entwickelte Zone des Distriktes durch ihre wirtschaftliche und administrative Bedeutung dar, von großem landschaftlichem Reiz. Dort liegen die berühmten *Sandstrände* (s. Farbtafeln I-X und XVII-XXXII), immer wieder von dunkelbraunen und schwärzlichen Lateritstreifen unterbrochen. Im Taluka Bardez liegen die bekannten Sandstrände Vagator und Calangute, die Touristen aus aller Welt anziehen. Außer den saisonalen Fischerhütten und den großen Touristenhotels gibt es bis heute kaum weitere Gebäude, abgesehen von einigen Weilern in Kokospalmenhainen hinter dem Strand. Die Unterbrechungen der langen Strände durch Vorgebirge verleihen der Küste ihren malerischen Reiz: es sind dies von N nach S die Vorgebirge Tiracol, Chapora, Aguada, Cabo, Mormugao und Kap Rama südlich von der Mündung des Sal, die meist von den Portugiesen mit Forts bebaut wurden, welche nun in Ruinen liegen. Das Vorgebirge des Cabo Raj Niwas ist das südliche Gegenstück des Aguada, dazwischen liegt das Mündungsgebiet des Mandovi. Hier liegen die historischen Stätten der Portugiesen, auf dem Cabo residierte der portugiesische Gouverneur, heute der Gouverneur des Staates Goa, Daman und Diu.

Foto 9: Fischkutter in der Vagator-Bucht   Foto 10: Fischernte in der Vagator-Bucht

Dona Paula (s. Fotos 81 und 81a), die Küste südlich von Cabo, überschaut die Mündungsbucht des Zuari mit Blick zum Hafen Mormugao, wohin eine Fährverbindung besteht. Das Vorgebirge über letzterem ist der Ausläufer des Landsporns, an dessen SO-Seite der Flughafen Dabolim liegt, der einzige des Landes. Steil in Felsklippen fällt dieses Tafelland im S zum Meer ab, mit einigen kleinen fruchtbaren Flußläufen. Der im N vor der Tafel von Mormugao liegende schmale Küstenstreifen ist alluvial. Die führende Siedlung dort ist Vasco da Gama mit Kirche, Tempel und Gurudvara (Sikh-Tempel).

Die *Anschwemmungstäler und Küstengürtel* ganz im N im Taluka Pernem und Bardez sind fruchtbar, ein Bauern- und Fischerland mit den Orten Querim, Morjim, Calangute, Nerul, wo viele Goanesen wohnen, die von außerhalb ihres Landes am Lebensabend mit ihren Ersparnissen in die Heimat zurückkehren.

Die Laterit-Landschaft des *Tafellandes* steht zu diesen Idyllen in scharfem Gegensatz. Überwiegend nackt und arm, mit groben Grasarten und Sträuchern bedeckt, zeigt es lediglich an seinen Abhängen Waldbestand und Cashew-Plantagen. An den die Plateaus durchziehenden Straßen haben sich größere Plätze wie Mapusa (lokal Mapsa) gebildet, in Zentralgoa Panaji (Panjim), die Hauptstadt, auf dem Mormugao-Plateau liegen Wohnsiedlungen, Colleges, Institute, der Flughafen und neugebaute Fabriken.

Mapusa (etwa 25 000 E.) ist das Straßen- und Handelszentrum des nördlichen Goa. Panaji (etwa 70 000 E.) ist das Verwaltungszentrum von Goa, Daman und Diu, die Distrikthauptstadt, ursprünglich entlang dem Fluß Mandovi angelegt, nun über die Plateau-Abhänge auf das Plateau selber hinaufkletternd. Margao (etwa 60 000 E.) liegt an der Basis eines Laterit-Tafellandes, das natürliche Zentrum des Distriktes. Mormugao-port und Vasco da Gama (etwa 55 000 E.) sind entlang der Bahnlinie zusammengewachsen. Der Naturhafen liegt in vor den Monsunwinden geschützter Lage. Das weite Mündungsbecken des Zuari bietet großzügig Ankerplätze für die Schiffahrt. Es ist der Exporthafen für die im Lande abgebauten Mineralien (Eisenerz und Mangan). Vasco da Gama ist der eigentliche Wohn- und Handelsbezirk für den Hafen, eine einst gut geplante Stadt, heute eine überfüllte, staubige Wohnstadt für die Arbeiter der umliegenden Industrien. Banken, Handelshäuser, Hotels, Bahnhof liegen im Stadtzentrum.

B - Die *südlichen Küstengebiete* unterscheiden sich von den nördlichen nicht geophysikalisch, sondern nur wirtschaftlich. Es sind dort die gleichen Buchten, Sanddünen, Mündungsbecken, mit dem Cabo de Rama als dem am weitesten nach Westen vorspringenden, mageren Lateritausläufer. Die größeren Flüße sind hier Talpona und Galgibaga mit guten Böden, so daß hier überall die Landwirtschaft im Vordergrund steht. Der nach Karwar in Karnātaka führende National Highway Nr. 17, der das ganze Land durchzieht, ließ an seinen Rändern eine Reihe von neuen Siedlungen entstehen.

C - Die *zentralen Lateritplateaus* zeigen ein monotones Aussehen, es ist ein landwirtschaftlich armes Flachland, dem der Erzabbau tiefe Wunden geschlagen hat. Nur noch wenige Hänge konnten sich den ursprünglichen Baumbestand erhalten. Die größeren Hochebenen sind die von Assonora, Cundaim, Ponda, Sanvordem und Quepem. Gerade hier wird der Abbau von Eisenerz und Mangan intensiv betrieben, so daß weite Teile der Landschaft bereits zerstört sind. Roter Staub bedeckt das Land, schwere Laster beherrschen die Straßen.

Assonora ist ein Straßenknotenpunkt im östlichen Teil des Taluka Bardez mit Verkehrsbedeutung für den Erzabbau. Die Flußtäler des oberen Caisna, des mittleren Zuari, des Mandovi und des Kushavati besitzen guten, landwirtschaftlich nutzbaren Boden.

Bicholim (etwa 10 000 E.) hat sich sein altes Aussehen mit dem nahegelegenen Fort erhalten, der Ort ist spezialisiert für die Herstellung von Messingkerzenhaltern. Auch Ponda (etwa 9000 E.) ist ein natürliches Straßenzentrum, wodurch die Straße von den Anmod-Ghat-Pässen führt. Eine Kleinindustrie ist dort entstanden. Quepem (etwa 4000 E.) besitzt die gleiche Verkehrsbedeutung. Alle diese Städte liegen in Flußtälern mit leichtem Zugang zu den Plateaus. Etwas Landwirtschaft, Einzelhandel und Verwaltung sind ihre wirtschaftlichen Funktionen. Südlich von Quepem steigen die Hochebenen an und werden immer unfruchtbarer. Es ist der am dünnsten besiedelte Teil von Goa. Auch kulturell ist es eine vom weitgehend latinisierten Küstengebiet unterschiedliche Region, die ihr ursprüngliches Aussehen mit vielen Hindutempeln bewahrt hat, um die sich kleine Dörfer gruppieren.

D - *Sahyadri-Goa* ist derjenige hügelig-bergige Ostteil des Landes, der zur Bergkette der Sahyadris in den Westghāts hinaufführt und der in 3 Abschnitte gegliedert werden kann: der nordöstliche Morlemgod-Vagheri-Komplex, die Abhänge der Sahyadris zur Ostgrenze von Goa, das südliche Massiv zwischen Goa und den Distrikten Dharwar und Karwar, diese bereits in Karnātaka gelegen, mit einer überaus abwechselnden Topographie und dichtem Waldbestand in den höheren Regionen, die insgesamt wenig besiedelt sind. Die hier liegenden Flußtäler weisen stärkere Ansiedlung aus, ertragreiche Reisfelder und Kokosnuß-Haine finden sich in den Talauen. Entlang dem Sanguem-Strom liegen Verkehrsknoten, die zu den Ghat-Übergängen leiten. Die wichtigste Route führt von Anmod nach Londa und weiter nach Karnātaka. Von Londa bis Mormugao besteht eine schon alte Bahnverbindung, die in diesem Teil von zahlreichen einheimischen Touristen benützt wird, welche die Dudhsagar-Wasserfälle besichtigen wollen.

Foto 11: Abbau von Eisenerz in den Lateritplateaus im nordöstlichen Goa

Bodenschätze: Der größte Teil Goas besteht im Unterbau aus präkambrischen Gesteinsschichten, aus Quarzschiefer, Grauwacken, Konglomeraten, eisenhaltigen Quarziten, Porphyr- und Gneis-Graniten. Eine kleine Zone im N wird vom Dekkhan-Trapp eingenommen, flächenhaft verwitterten Vulkanergüßen aus Basalten und Aschen, der auf den Hochflächen des Dekkhans den guten Schwarzerdeboden (Regur), bestens für Baumwollanbau geeignet, schafft. Das archaische Felsgestein unterlag im Mesolithikum, dem Mittelalter der Erde, einem Prozeß der Lateritisation, der die Lateritschicht bis zu einer Stärke von 15 m anstehen läßt, besonders in küstennahen Gebieten. Die Stärke ist abhängig von Küstennähe, natürlichen Faktoren wie Klima und Feuchtigkeit, geologischer Zusammensetzung des Paläolithgesteins und Topographie.

Ökonomisch verwertbare Mineralien im Bereich der Plateaus und der Sahyadri-Vorberge sind *Eisen- und Manganerze* (s. Foto 11), Bauxit und kleine Ton- und Magnesiumkalkvorkommen. Die Eisen- und Manganflöze erstrecken sich über eine Länge von 95 km von einem Ende Goas zum anderen, d.h. vom Talpona-Fluß im NW bis Salginim im SO. Das Gebiet südlich von Sanvordem besteht hauptsächlich aus Manganerzlagern, das im N von Usgao fast ausschließlich aus Eisenerzminen, das mittlere Zwischengebiet ebenfalls aus Eisenerz mit Mangan-Einsprengseln. So nimmt von N nach S das Eisenerzvorkommen ab und das von Mangan zu.

Je höher die Lage und je steiler der Hang, desto besser die Eisenerzqualität, während in den Tallagen diese so schlecht ist, daß sie nicht mehr verwertbar ist. Man schätzt die gesamte Reserve an Eisenerz in Goa auf 600 bis 800 Mio t, etwa ⅓ davon ein pulvriges Erz mit 60 % Eisen, und darüber der Rest, ein klumpiges Erz mit einem Metallgehalt zwischen 55 % und 60 %.

Die *Manganerzdepots* von Goa sind mit Laterit vermischt wie auch die Eisenerze und finden sich an oder wenig unterhalb der Oberfläche, am fündigsten an Hügelkämmen und -Flanken, weniger auf Hochebenen oder auf Flachhängen. Die besten Lager befinden sich südlich von Nissanval in 360 m Höhe.

Kristalliner *Kalk* mit Magnesium angereichert liegt in einer etwa 20 km langen Zone von nördlich Vainguinim bis Ivrem Curdo im NO von Goa in zwischen 15 und 40 m starken Schichten, feinkörniger, harter und kompakter Kalk in Farben von hellgrau bis blaßblau, doch ungeeignet für die Zementherstellung oder im Hochofen.

Es gibt einige wenige *Ton*-Taschen in den Talukas von Ponda, Quepem und Bardez. Die Tone können zur Bereitung von feuerfester Schamotte verwendet werden. Auf der Suche nach *Bauxit* hat der Geological Survey of India einige wenige Schürfstellen entlang der Westküste geortet, die beste Lage ist die bei Betul.

4 - Das Fluß-System

ist ein reichhaltiges. Der *Tiracol* ganz im N entspringt den Sahyadris und fließt auf einer Strecke von 13 km durch Goa. Außer dem Tiracol-Fort auf dem rechten Ufer liegt nur der linke Uferteil noch in Goa. Der *Chapora*-Fluß hat sein Quellgebiet in den Ram Ghat Hills im Distrikt Belgaum in Karnātaka. Seine Länge auf goanesischem Gebiet beträgt 31 km, ein breiter, mäandernder Strom, von Hochebenen und Nebentälern flankiert, darin verschiedene Inseln. Sein Mündungsgebiet mit Alluvialböden zeigt intensive Besiedelung. Der *Mandovi* entsteht in der Hauptkette der Sahyadris in Karnātaka. Mit den Nebenflüssen Rogaro und Kushavati auf seinem linken Ufer und Nanorem, Nanus, Valvota und Mapusa auf dem rechten hat er das größte Wassereinzugsgebiet in Goa mit einer Länge von 77 km, breit durch die unregelmäßigen Plateauformen sich hindurchwindend. Auch hier verschiedene Inseln inmitten des Stromes. Von Bembol bis Piligao nimmt er eine NW-Richtung über eine Strecke von 17 km ein. Nach Aufnahme des Valvota fließt er breit und langsam dahin. Dort liegen die Inseln Divadi und Chorao aus Basalt und Tiswadi, alluvial gebildet. Von dem bereits erwähnten Entwässerungssystem des Mandovi ist das weitgefächerte von Mapusa das bedeutsamste in N-Goa mit einem Netz kleinerer Flüße in einer breiten, flachen Ebene mit gelegentlichen Marschen. Zum Mandovi-Wassernetz gehört der *Candepar*, der zuerst durch die Castle Rock-Höhen von Karnātaka fließt und dann in einem Steilhang in der Sahyadri-Flanke durch die malerischen Dudhsaghar-Wasserfälle herabstürzt. Von dort weiter in einem tief eingeschnittenen Tal bis nahe zum Dorf Colem. Das Tal wird breiter und der Fluß mäandert dann bis zu seinem Zusammenfluß mit dem Mandovi nahe Bempal. So ist das Candepar-Flußsystem das am breitesten gespannte im zentralen O des Landes.

Der *Zuari* entspricht im S dem Mandovi im N, deren beide tiefe und nebeneinander liegende Mündungsbecken als sichere Ankerplätze das historische Goa zu dem machten, was es heute noch ist. Sein Quellgebiet liegt ausschließlich innerhalb Goas, wobei die Staatengrenze auch die Wasserscheide darstellt. Nach dem Mandovi besitzt er das größte Einzugsgebiet, er entwässert das Hügelgebiet im südwestlichen Sanguem. Von seiner Quellregion bis zur Vereinigung mit dem Talaulim-Fluß an seinem rechten Ufer hat er eine Länge von 34 km und fließt dann in Mäandern in breiten Seitentälern durch Hügel- und Plateau-Landschaften hindurch. Unterhalb dieses Zusammenflusses, wo die Taluka-Stadt Sanguem liegt, weitet sich der Zuari aus und nimmt die Gewässer des Kushavati, des größten Nebenflusses, auf. Auch dessen Einzugsgebiet ist beträchtlich, mit fruchtbaren Zonen alluvialen Landes, hier und da mit Hochebenen und dem weithin sichtbaren Chandranath-Hügel. Von Sanvordem aus flußabwärts bildet der Zuari auf beiden Seiten Auen und Marschen. Dort, wo er eine Mündungsbucht zu bilden beginnt, weiten sich die fruchtbaren Alluvialgebiete aus, so im Cumbarjua-Kanalgürtel. Unterhalb Cortalim stoßen die Hochebenen von Bambolim und Cabo im N und von Cortalim, Dabolim und Mormugao im S an das Mündungsbecken. Die St. Jacinto-Insel im Fluß-Delta nördlich vom Dabolim-Plateau zeigt den Versandungsprozeß durch die Meeresgezeiten, während die Inseln St. Georg, Pegay, Kambari u. a. südwestlich vom Mormugao-Plateau Übrigbleibsel von freistehenden Hochflächen darstellen. Der Hafen von Mormugao ist nichts anderes als überschwemmtes Tiefland, dem das südliche Plateau von Mormugao Schutz gewährt.

Das *Grundwasser:* Die größte Fläche Goas ist mit Laterit bedeckt, mit einigen Regionen, wo präkambrisches Felsgestein fast an die Oberfläche tritt, das z.B. in Panaji in 22 m Tiefe ansteht. Dieses Gestein bildet den Grundwasserhorizont, bis zu dessen Tiefe die Brunnenanlagen hinabgeführt werden müssen, durch die oben liegende Lateritschicht hindurch. Dieser Horizont ist aufgrund topographischer Eigenheiten überall verschieden, auf der Hochebene liegt er tiefer als in Talgründen und Tiefebenen. Die Qualität des weichen Grundwassers in Goa ist allerorten gut mit Ausnahme der Küstenebenen, wo Versalzungsprobleme auftreten.

Seen: Die Seen Goas werden zumeist von Flußausweitungen gebildet, die ein wertvolles Wasserreservoir zur Bewässerung der Reisfelder und der Obstgärten sind. Dazu gehören der Mayem-See und mehrere Seen in den Dörfern Chimbel, Santa Cruz, Chinchinim u.a.

Wasserfälle: Der Dudhsagar (Milchmeer) des Dorfes Sonaulim im Taluka Sanguem ist der größte. Er stürzt aus einer Höhe von 165 m herab, rauscht durch eine enge Schlucht hindurch und ist am eindrucksvollsten während der Monsunzeit, wenn seine Breite über 100 m anschwillt. Ein weiterer, 20 m hoch, bei Arvalem im Taluka Bicholim entsteht durch den abrupten Absturz des Saleli-Flußes in ein enges Becken.

5 - Das Klima:

Das Territorium gehört zu den Tropen innerhalb des Arabischen Meeres im W und der bis zu 1000 m Höhe ansteigenden West-Ghāts (Sahyadris) im O. Es besitzt daher ein kombiniertes Seeklima und Monsunklima mit starkem orographischem Einfluß. Insgesamt ist es das ganze Jahr über gleichmäßig warm und feucht. Regelmäßige und ausreichende Niederschlagsmengen während des SW-Monsuns, hauptsächlich von Juni bis September, und gleichförmiges Wetter während der restlichen Monate ohne große Temperaturschwankungen zwischen der Winterperiode (Januar bis Februar) und der Heißwetterperiode (März bis Mai) kennzeichnen das überaus angenehme Klima Goas. Nur beim Ausbleiben des Windes vor und nach dem Monsun ist das Klima für den Menschen etwas unfreundlich, ansonsten weht der Wind das ganze Jahr und läßt Wärme und Feuchtigkeit leicht ertragen.

Niederschlag: Der geringste im Landesdurchschnitt mit 0,2 bis 0,8 mm im Februar, der wie folgt ansteigt: Im März 0,2 bis 1,6 mm, im April 11,5 bis 21 mm, im Mai 68 bis 110 mm, im Juni 170 bis 1010 mm, im Juli 900 bis 1800 mm. Ab August nehmen die Regenfälle wie folgt ab: Im August 505 bis 1100 mm, im September 225 bis 390 mm, im Oktober 120 bis 260 mm, im November 35 bis 64 mm, im Dezember 0,1 bis 5 mm, im Januar 0,1 bis 1,8 mm. Der durchschnittliche Jahresniederschlag beträgt 3500 mm.

Obige Zahlen wurden an 12 Plätzen Goas einschließlich der beiden meteorologischen Beobachtungsstationen von Panaji und Mormugao von 1931 bis 1960 gewonnen, sind also durch die lange Beobachtungszeit als Durchschnittswerte zuverlässig. Regentage mit Niederschlagsmengen über 10 mm gibt es erst ab Mai mit durchschnittlich 1,7 bis 2 Regentagen, im Juni sind es 17 bis 18 Regentage, im Juli 21 bis 28, im August 13 bis 23, im September 7 bis 14, im Oktober 3,6 bis 7,4, im November 1 bis 2, von Dezember bis März keine Regentage, im April 0,2 bis 0,5.

Temperatur: Auch hier sind Daten der beiden o.g. Stationen von 1964 bis 1969 bzw. von 1931 bis 1960 verfügbar. Durch das Meer ist die tägliche Temperaturschwankung keine radikale, während der Monsunperiode 4°C bis 6°C, Dezember bis Februar am stärksten mit 10°C bis 12°C. Auch durch die Jahreszeiten hindurch sind die Temperaturschwankungen geringfügig. Mai ist der wärmste Monat mit durchschnittlicher Tagestemperatur von 30°C, Januar der kälteste mit 25°C. Maximale Tagestemperaturen liegen mit 33°C in den Vormonsun-Monaten April und Mai am höchsten und dann wieder in den Nachmonsun-Monaten November und Dezember. Die niedrigste

Nachttemperatur um 20°C liegt im Dezember und Januar. Während des Winters verhindert die Barriere der Westghāts ein starkes Absinken der Temperatur durch die kalten und trockenen Luftbewegungen aus N-Indien, während dieses Absinken gleich ostwärts hinter den Ghāts auf dem Dekkhan-Hochland zu beobachten ist. Entlang der Küste steigt die Wärme niemals über 37°C an. Die höchste seit 1964 in Panaji registrierte Temperatur lag am 16.2.1965 bei 36,5°C, die niedrigste auf dem Mormugao-Landvorsprung am 4.1.1966 bei 15,1°C.

Luftfeuchtigkeit: Dank der Meeresnähe ist das Territorium gleichmäßig feucht mit einem starken Anstieg in den Monsunmonaten. Die relative Feuchtigkeit beträgt in den übrigen Monaten gleichbleibend über 60%

Bewölkung: Der Himmel ist von Dezember bis März klar bis leicht bewölkt, ohne Niederschlag, mit allmählichem Anstieg bis Mai und plötzlichem Steilanstieg mit Einsetzen und Fortschreiten des Monsuns. Der Himmel bleibt bis zum September bewölkt, ab Oktober nimmt die Bewölkung schlagartig ab.

Winde: Die Morgenwinde wehen von Oktober bis April von O bis NO durch die stärkere nächtliche Abkühlung der Luftschichten über dem Festland, nachmittags in der umgekehrten Richtung von W, von der See her, durch die stärkere Aufwärmung über dem Festland. Es sind die sog. täglichen Ausgleichswinde dort, wo Meer und Land benachbart sind. Während der Monsunmonate wehen die Winde durchgehend den ganzen Tag von W, vom Meer her, auf das Land. Es sind dies teilweise überaus heftige Winde bis zur Sturmstärke. Gewitter sind während der Nachmonsun-Periode und heißen Jahreszeit völlig normal.

6 - Pflanzenwelt und Wildreservate:

Der Distrikt Goa verdankt seiner Pflanzendecke, die dreierlei Art ist, einen zusätzlichen Reiz:

A - Typische tropische Monsunwälder in den Sahyadri-Ghāts und in ihren westlichen Ausläufern entlang der Hügelketten;

B - Die magere Gras- und Gestrüppdecke auf den Laterit-Hochebenen;

C - Die Vegetationsgürtel in den Flußniederungen und -Mündungsbecken sowie entlang der Küstenlinie.

Leider ist fast überall das natürliche Pflanzenbiotop durch Menschenhand gestört worden, nur noch wenige Reste sind von dem Bestand geblieben, den man Urwald nennt. Mit der Ausbeutung von Eisen- und Mangan-Erzen seit der Unabhängigkeit sind weite Strecken der Hochebenen aufgerissen und bieten ihre lateritroten Wunden von weither dem Besucher dar. Es ist anzunehmen, daß auch die Hochebenen früher noch ein geschlossenes Waldkleid trugen, das ihnen die Menschen in Jahrhunderten ausgezogen haben. Wenn im Abschnitt Margao-Cortalim noch guter Waldbestand erhalten blieb, so ist dies dem Naturschutz durch einsichtige lokale Behörden zu verdanken. In Marschen und an Sandküsten blieb, da wirtschaftlich unrentabel, der ursprüngliche Bewuchs erhalten. Die landwirtschaftlich fruchtbaren, alluvialen Anschwemmungsgürtel sind natürlich längst unter Kultur.

Die tropisch nassen und immergrünen Wälder finden sich ausschließlich in tieferen Tälern der Westghāts, insgesamt in Goa noch etwa 250 qkm, doch nicht zusammenhängend. Hochwüchsige Bäume, dichtes Blätterdach, Schlingpflanzen und hohe Humusschicht sind deren Merkmale. Die tropisch-feuchten, blattabwerfenden Wälder besetzen ein großes Gebiet der Sahyadris einschließlich beträchtlicher Teak-Baumbestände, die auf 400 qkm geschätzt werden. Auch hier hoher Baumwuchs und dichtes Blätterdach, stellenweise mit Bambus und Zuckerrohr als Unterholz. Vor dem Monsun wirft dieser Gürtel seine Blätter ab. Dorngestrüpp auf Lateritböden stellt den 3. Vegetationstypus in Goa dar, so auf den harten, trockenen und humusleeren Böden der Laterit-Hochebenen, hauptsächlich das Ergebnis gedankenloser Zerstörung durch Raubbau für Hausbau, Industrie, Küche und Heizung. Nur Akaziengewächse und grobe Grasarten können hier noch vegetieren. Man plant die Rekultivierung durch den Anbau der anspruchslosen Cashew-Nuß (Nierenbaum, Elefantenläuse).

Mangroven gedeihen in den Flußdeltas von Mandovi und Zuari, besonders in den Uferstreifen des Cumbarjua-Kanals, auch in den kleineren Flußmündungen in N und S. Dort, wo die Flut nicht hindringt, entwickelt sich an der Küste eine bescheidene Vegetation von Sträuchern und Seegräsern. Am häufigsten ist die von Menschenhand gepflanzte Casuarina zu beobachten, die die Wanderung von Sanddünen aufzuhalten in der Lage ist.

Wildtiere: Die Tiger sind praktisch ausgestorben, während Leoparden, früher noch zahlreich, gelegentlich vorkommen. Unter den Affen stärker vertreten sind die Makaken und die Languren. Den Mungo findet man nahe den Behausungen. Schakale kann man sogar tagsüber beobachten. Der gewöhnliche Fischotter lebt in Teichen. Fledermäuse und fliegende Hunde stellen sich bei Dämmerung ein. Das dreigestreifte Erdhörnchen ist häufig. Die indische Feldmaus, die Renn- oder Wüstenmaus und die Hausratte gibt es im Überfluß. Das Stachelschwein macht sich gerne an Teakbäumen und Cashew-Setzlingen zu schaffen, so auch das Wildschwein. Durch das starke Bejagen des Gaur (indischer Büffel), der Sambar- und sonstigen Hirscharten sind deren Populationen fast ausgestorben. Auch das Schuppentier ist nicht mehr vorhanden. Insgesamt keine erfreulichen Feststellungen.

Bei den *Vögeln* sind noch mehr Arten vertreten, so die Silber- und Kuhreiher, Fischadler, Geier, Fasane, wilde Pfauen, Wasserhühner, die bei Überlandfahrten beobachtet werden können, in den Wäldern leben Truthähne, Wachteln, Wildtauben, Papageien, Kuckuck, Eulen, Eisvögel, Spechte, Bienenspechte, Flug- oder Tümmlertauben, Wiedehopfe, Hornvögel, Bartvögel, Schwalben, Würger, Oriole, Drongos, Hirtenstare, Krähen, Rabenvögel, Elstern, Bulbul-Nachtigallen, Schwätzervögel, Fliegenschnäpper, Schneidervögel, Drosseln, Bachstelzen, Haussperlinge und Webervögel.

Giftige und ungiftige *Schlangen* leben in zahlreichen Arten im tropisch-warmen Klima von Goa. 1969 wurde 296 Menschen gebissen, davon 17 mit tödlichem Ausgang.

Naturschutzgebiete: Im Territorrium liegen unter dem Schutz des Wild Animals and Wild Birds Protection Act von 1968 drei, nämlich in Bondla mit 8 qkm, bei Cotigao mit 105 qkm und bei Molem mit 240 qkm. Man findet dort noch Leopard, Wildschwein, Sambarhirsch, Axishirsch, Gaur (wilder indischer Büffel), Rieseneinhorn, Zibetkatze und eine reiche Vogelwelt (s.o.). Unter den Reptilien sind Pythonschlange und Kobra häufig. Dschungelhühner flattern oft durch den Wald.

Cotigao: liegt im Taluka Canacona, Hauptzugang durch das Dorf Shisheval 3 km vom National Highway Nr. 17 von Panaji nach Mangalore, und umfaßt das Dorf Cotigao und teilweise auch das Dorf Poinguinim (s. Karte 4 im Ortsteil). Der Ostteil des "Wild Life Sanctuary" wird von den Abhängen der Westghāts gebildet, die die Grenze zwischen Goa und Karnātaka darstellen. Diese Hänge sind mit dichtem Wald bedeckt. Der Bison (Gaur) ist hier besonders stark vertreten, daneben Sambar und Chital, sowie Kantchil (Zwergböckchen, Gattung tragulus) und überall das Wildschwein. Trupps von Languren und Hutaffen (Makaken) trifft man häufig. Ferner finden sich Panther (selten und nur bei Nacht), häufiger das Stachelschwein und zahlreiche Schlangenarten. Gästehaus des Forest Department vorhanden.

Molem: Fährt man den National Highway von Panaji nach Belgaum, so erreicht man nach 1,5 Stunden die kleine Stadt Molem. Beim Zugang zum Naturschutzgebiet liegt ein checkpoint, dahinter beginnt gleich mit dichtem Waldbestand das „Bhagwan Mahavir Wild Life Sanctuary" (s. Karte 5 im Ortsteil). Anfahrt mit der Bahn von Panaji, Margao. Nach einer Stunde Fahrtzeit hält der Zug an der kleinen Bahnstation von Colem, von dort noch etwa 4 Straßenkilometer zum Naturschutzgebiet, dem größten in Goa. Einen Gesamtblick auf das Gebiet hätte man auf der Weiterfahrt mit der Bahn nach Castle Rocks. Von Colem aus wird der Zug auf der Einmeterspur von 2 Lokomotiven langsam zu den waldbestandenen Westghāts durch viele Tunnels bis zur Paßhöhe hinaufgeschleppt, wobei sich großartige Blicke auf die gebirgige Naturlandschaft ergeben. Auch hier sind Gaur, Sambar, Chital, Zwergbock, Hirsch, Wildschwein, Languren- und Makakenaffen, Königskobra und auch Panther vertreten, ein Paradies für Ornithologen mit 154 Vogelarten.

Bondla: Ist das kleinste Schutzgebiet mit nur 8 qkm, mehr eine Attraktion für Schulkinder und Naturliebhaber mit seinen gepflegten üppigen Gärten, langen Spazierwegen, Mini-Zoos, Möglichkeiten zu Elefantenritten. Auch hier stehen Cottages zur Verfügung. Anfahrt über National Highway 4 A von Panaji aus bis kurz vor Darbandora und etwa 4 km nach NO.

7 - Landwirtschaft und Bewässerung

Die *Landwirtschaft* ist immer noch die Hauptbeschäftigung der Einwohner des Distriktes mit etwas weniger als der Hälfte der Berufstätigen. Dabei besaßen 1980 91% aller Betriebe nur eine Fläche bis zu 2 ha. Die Ergiebigkeit des Bodenertrages hängt dabei von der Ergiebigkeit der Monsunregenmengen ab. Die Monsunpflanzungen nennen sich *kharif*, die Winteraussaat *rabi*, letztere mit Hilfe der Bewässerung und der gelegentlichen Regen in der Nachmonsunzeit von September und Oktober und der Vormonsunregen im Mai. *Kharif* wird von der ersten Woche des Juni bis zum frühen Juli ausgesät, die Ernte erfolgt von September bis Oktober, die Winterpflanzungen werden von der 1. Novemberwoche bis zur 2. Dezemberwoche ausgesät und im März geschnitten. Die Monsunsaat bringt den Reis, die im Winter verschiedene Hülsenfrüchte und wieder Reis.

Die *Landverteilung* ist wie folgt: Von der gesamten Fläche von 3611 qkm sind von Wald bedeckt 1042 qkm, von Ödland und nicht bestellbarem Boden 330 qkm, von Brachland 940 qkm, von bestelltem Boden 1300 qkm. Grosso modo kann man sagen, 34% des Landes sind unter Kultur, 29% sind von Wald mit lichtem Baumbestand bedeckt. Diese Zahlen wurden 1961 ermittelt, in der Zwischenzeit hat der Waldbestand weiter abgenommen. Für 1981 wurde ein Wald- und Ödland-Anteil von 38%, ein Ackerland-Anteil von 39% und ein Brachland-Anteil von 29% ermittelt.

Zur *Bewässerung* liegen keine exakten Daten vor, es wird geschätzt, daß etwa 6000 ha Reisfelder bewässert werden. Auch Areca-Nuß, Zuckerrohr und Gemüse benötigen viel Wasser. 1961 dürften insgesamt 7000 ha Land künstliche Bewässerung erhalten haben, d.h. 5% heute dürften es 10% des bestellten Bodens sein. Größere Irrigationsprojekte sind im Distrikt weder geplant noch verwirklicht. Die Regierung hat ein kleineres Projekt unter Studium. Es soll bei Sirigal 5 km von Sanguem ein Erd-Beton-Damm über den Zuari-Fluß gebaut werden, der in seinem Oberlauf Salauli heißt, der Plan nennt sich daher das *Salauli-Projekt*. Der Staudamm soll 1,3 km lang und 42,7 m hoch werden und ein Reservoir von 24 qkm schaffen. Ein 25 km langer Kanal, der vom linken Ufer des Reservoirs abgehen soll, soll eine Fläche von 140 qkm in den Talukas Sanguem, Quepem und Salcete versorgen. Man errechnet den dadurch ermöglichten, zusätzlichen Ertrag an Getreide auf 250 000 to, überdies wäre eine bessere Trink- und Nutzwasser-Versorgung der genannnten Kreise die Folge. 9 Dörfer müßten geopfert werden. Nach Abschluß der Arbeiten könnte Sirigal ein Touristenplatz werden, Fischen und Bootfahren könnten erlaubt werden, so die Regierung.

Ein weiterer Plan ist das *Tillari-Projekt*. Der Damm wird zwar in Mahārāshtra liegen, doch werden beträchtliche Gebiete des nördlichen Goas davon profitieren. Von den 200 qkm großen irrigierten Flächen würden 140 in Nord-Goa liegen.

Vorerst aber bleibt es bei kleineren *tanks* (angloindisches Wort für kleineres Wasserreservoir, auch Tempelteich) im Eigenbesitz von Bauern, dazu Quellen und Brunnen. Die Kanäle bei Candepar und Paroda werden von Flüssen mit einer Nachmonsunströmung abgeleitet. Der Candepar-Kanal nimmt das Flußwasser an dessen Wasserfall bei Colem auf, der Paroda-Kanal das des Kushavati-Flusses bei Quepem. Der erstere, 1934 bis 1938 gebaut und 1948 bis 1950 instandgesetzt, sollte ursprünglich ein Gebiet von 537 ha bewässern, diese Größenordnung wurde zu keiner Zeit erreicht, faktisch werden nur 177 ha erfaßt. Der Paroda-Kanal wurde in den frühen 50er Jahren angelegt mit dem Ziel von 600 ha, auch hier wurde es bei weitem nicht erreicht.

Im Lande gibt es über 400 *tanks*, die meisten in den Kreisen Salcete und Bardez. Es ist uralte Praxis, Regenwasser beim abnehmenden Monsun in den Reisfeldern höherer Lagen zu sammeln und es für die tiefer gelegenen Gebiete zu verwenden. Darüber hinaus gibt es zahllose natürliche Quellen in den Tälern, von den Bauern zum Anbau von Arecanußbäumen und Bananen abgeleitet. Drei Viertel der Arecanuß-Gärten erhalten so ihr benötigtes Wasser. Brunnen-Irrigation erfolgt im Unterland, so in den Talukas Pernem und Bardez. Das Wasser wird entweder manuell oder durch Pumpen heraufgeholt. Regierungsseitig werden auszementierte, kleinere Wasserreservoirs für die Gemeinden angelegt.

Böden sind dreierlei: Laterit-, Anschwemmungs- und Sandböden. Laterit bedeckt die größte Fläche, die besten Böden liegen küstennah im Marschland, nahe den Meeresbuchten und Flußmündungen, doch besteht immer die Gefahr von Überschwemmung durch salziges Meereswasser und so nehmen die Bauern das Risiko eines Anbaus nicht in Kauf, solange nicht durch die Regierung entsprechende Schutzdeiche gebaut werden. Das beste Reisland in Goa liegt auf Anschwemmungsböden mittlerer Höhe bei optimalen Wasserverhältnissen, wo oft eine 2. Ernte an Gemüse, Zwiebeln, Süßkartoffeln möglich ist. Doch gerade hier ist der Bevölkerungsdruck hoch, so daß dem Einzelnen nur wenig Boden zur Verfügung steht. Das übrige Reisland befindet sich auf Hochplateaus mit sehr guten Böden, doch kann nur *kharif*, also monsunzeitlicher Anbau, vorgenommen werden. Für winterzeitlichen *rabi* reicht die verfügbare Wassermenge nicht. Entsprechend sind die Hektar-Erträge nicht hoch. Es fehlt auch an künstlichem Dünger und an besseren Anbaumethoden.

Bodenschutzmaßnahmen in den Küstengebieten wurden bisher nur in ungenügendem Umfang von der Regierung ergriffen, nachdem die Flußbänke in zerfallenem Zustand waren und große Gebiete unter Brackwasser standen. Lediglich ein Gebiet von 600 ha wurde bisher durch begradigte Kanäle, Terrassen, künstliche Wasserwege usw. geschützt.

Anbau und Ertrag: Das Hauptgetreide im Distrikt ist Reis. Dazu Anbau von anderen Getreidesorten, von Hafer, Hülsenfrüchten, Zuckerrohr und Gemüse, im Gartenbau Cashew-Nuß, Kokosnuß, Areca-Nuß und andere Früchte wie Mango, Ananas, Papaya, Jackbaumfrucht (ostindische Brotfrucht) usw. 1973 verteilte sich die Anbaufläche wie folgt (in ha): Reis 50 300, andere Getreidesorten, Hafer und Hülsenfrüchte 23 700, Zuckerrohr 760, Gemüse 400, zusammen 75 200 ha. Cashew-Nuß 32 500, Kokosnuß 18 500, Areca-Nuß 1700, anderes 7000, zusammen 59 700 ha. So beansprucht Reis 37% der angebauten Fläche und stellt 67% des Getreideertrages dar.

Goa ist so ein bedeutender Produzent von Cashew-, Kokos- und Areca-Nuß, von Ananas, Mango etc., Produkte, von denen ein Großteil außer Landes geht. Den wichtigsten Posten stellt hier die Cashew-Nuß mit 32 500 ha Anbaufläche. Der Reis-Anbau wird am intensivsten im Küstengebiet betrieben, während Hülsenfrüchte und anspruchslose Hafersorten im Binnenland dominieren. Gärten mit Obst- und Nußertrag werden dort angelegt, wo natürliche Quellen oder ein guter Wasserhorizont vorhanden ist. Baum- und Buschpflanzungen wurden in den 70er Jahren mit Eukalyptus, Teak, Bambus, Gummibäumen und Kakao versuchsweise begonnen und bringen einen steigenden Ertrag mit guten Ausfuhrchancen. Landwirtschaftliche Kooperativen beginnen ebenfalls sich zu entwickeln, 1971 gab es in Goa 160, ihre Zahl dürfte sich verdoppelt haben. Auf agrarwissenschaftlicher Basis wurde eine „Agricultural and Horticultural Research Station" 1965 eröffnet. Es wäre dringend erforderlich, die Bauern mit dem Gebrauch von Düngemitteln und fortschrittlichen Landbestellungsmethoden vertraut zu machen, nachdem die Ackerbau-Methoden, Saatqualitäten und die Geräte der Bauern veraltet sind.

Was das *Vieh* anlangt, das nicht wie z.B. in Rājasthān bester Qualität ist, so besitzt der durchschnittliche Bauer in Goa ein Paar Büffel für die Feldarbeit, eine Büffelkuh für Milch, Arbeit und Dung, einige Schafe, Ziegen und Geflügel. Viehfutter steht aus Reis, Hülsenfrüchten, Zuckerrohrblättern, Süßkartoffeln und Bananenresten genügend zur Verfügung, so daß Viehhaltung und Viehqualität noch beträchtlich gesteigert werden könnten.

Fischfang: Der Distrikt hat eine etwa 100 km lange Küste und Binnenwasserwege von 250 km, dazu *tanks*, die eine Fläche von 100 ha bedecken. Die Küste ist voller Buchten und Mündungsdeltas durch die Flüße Tiracol, Chapora, Mandovi, Zuari, Sal, Talpona und Galjibaga, die reiche Fischgründe darstellen. Makrelen und Sardinen stellen allein 96% der Ausbeute dar, ihre Schwärme nähern sich regelmäßig der Küste. Es gibt über 5000 Fischer, mit ihren Familien 25- bis 30 000 Menschen, über den ganzen Distrikt verteilt. Im allgemeinen hängen sie an ihren althergebrachten Fischfangmethoden, motorisierte Fischkutter werden erst zögernd angenommen (s. Fotos 9 und 10). Mehr als 10 Fischerkooperativen haben sich im Lande gebildet.

Wälder: Etwa ein Viertel des Distrikt-Gebietes dürfte heute noch ein Waldkleid tragen, etwa 960 qkm, davon 350 qkm in Privatbesitz, der Rest staatlich, überwiegend im Ostteil zu den Westghāts hin gelegen, so in den Berghängen der Talukas Satari, Sanguem und Canacona. Das Forest Department überwacht Einschlag und Aufforstung. Die Wälder sind abgesehen von Holz auch Lieferanten von Bambus, Rohr, Rinde, *bidī*-Blättern (zur Herstellung der minderwertigen indischen Zigaretten), Waldfrüchten und Medizinalpflanzen. Für 1975 liegen letztmals folgende Zahlen für den Einschnitt vor (in cbm): erstklassiges Nutzholz 600, zweitklassiges 17 000, drittklassiges 9500, Brennholz 214 000, Rundholz 75 000. Der Teakbestand umfaßt eine Fläche von 9700 ha, Eukalyptus 5300 ha, Gummi 580 ha und sonstige Nutzhölzer 1500 ha. Großer Wert wird auf Erhaltung des Wildbestandes gelegt, daher die Anlage von 3 Naturschutzgebieten in Cotigao, Molem und Bondla (s. Kap I, Abschn. 6). Eine Gefahr droht dem Wald von Goa: Nachdem der Eisenerzabbau das wirtschaftliche Rückgrat des Distriktes bildet und die Abbaugebiete in den Wäldern liegen, zerstört die Entwicklung des einen Sektors die des anderen. Vorerst wird hemmungslos weiter abgebaut, die Industrielobby scheint den Naturschutz zu verdrängen, wenn nicht rechtzeitig der Staat schützend eingreift.

Überschwemmungen und Hungersnöte: Große Überschwemmungen ereignen sich selten, doch gelegentliche und lokal begrenzte während heftiger Regenfälle treten auf, ohne in den Pflanzungen großen Schaden anzurichten. Flußüberschwemmungen, so des Sanquelim-Flußes, verwüsten oft regelmäßig die Uferbänke, die Regierung versucht mit bescheidenem Erfolg, durch Kunstbauten der Überschwemmungen Herr zu werden. Doch Hungersnöte waren in der Vergangenheit ein häufiger Gast, die schlimmsten 1553, 1570 und 1682. Eine Heuschreckenplage überfiel das Land 1900-1901.

Die Goanesen sind stets diesen Gefahren begegnet durch rechtzeitige Anlage kleiner Wassergräben, die die Monsunregenmengen aufnehmen und sinnvoll weiterleiten. Entlang der Flüsse wurden starke Dämme und Deiche angelegt, Stromschleusen eingebaut, Deiche gegen salziges Meerwasser errichtet, und all dies in eigener Initiative, ohne staatliche Hilfe. Bei starkem Monsun werden Wasserwächter aufgestellt, die einen Erdbruch erkennen, so daß sofort Maßnahmen getroffen werden können.

Ein neues Problem ist in den letzten 20 Jahren durch den extensiven Eisenerz- und Manganabbau entstanden. Unverantwortliches Abholzen der Wälder auf Hügelhängen und Hochplateaus und die dadurch entstehende Bodenerosion ließen die Flußufer unterhöhlen und ausschwemmen, so auch bei Flüßchen und Bächen, womit das ganze Abflußsystem im Bergbaugebiet ernsthaft gestört ist. Sanierungsmaßnahmen scheiterten weitgehend wegen der komplizierten Eigentumsrechte der Landbesitzer. Wie ernsthaft das Problem ist, kann in Santana-Curca und Merces-Calapur beim Zuari-Fluß und auch in Candolim im Kreis Bardez beobachtet werden. Das am stärksten betroffene Gebiet ist der Taluka Salcete mit dem Fluß Rio de Sal. Auch der Eisenbahnbau am Oberlauf dieses Flußes nahm keine Rücksicht auf Drainage-Maßnahmen. So stehen bei heftigem Regen in Verbindung mit Gezeitenbewegungen alle niedrig liegenden Gebiete entlang des Flußes unter Wasser. Über 1000 ha gutes Reisland ist dem zum Opfer gefallen. Die Reisflächen im Unterland von Goa wurden durch mangelnde Fürsorge der Bodeneigentümer, der Bergwerksgesellschaften und der örtlichen Verwaltungsbehörden um mindestens 3000 ha vermindert, auf weiteren 8000 ha Fläche ist der Reisertrag um die Hälfte zurückgegangen, die Verschlammung und Versandung der Flüsse sind eine permanente Gefahr für die Landwirtschaft. Man kann dem Staat Goa, Daman und Diu nicht vorwerfen, dieses Problem verkannt oder nicht tatkräftig angepackt zu haben. Doch seine finanziellen Möglichkeiten sind begrenzt. So lange Großgrund- und Bergwerksbesitzer die verlorenen Anbauflächen als quantité négligeable behandeln, da deren Ertrag in keinem Verhältnis zum Profit aus ihrem Geschäft steht, kann kein nachhaltiger Stopp diesem ständigen Landverlust geboten werden.

8 - Industrie

Bei der Volkszählung von 1971 wurde eine Bevölkerungszahl von 795 000 Menschen ermittelt, davon waren 254 000 erwerbstätig, wobei sich 109 000, d.h. 43 % als

Bauern, Landarbeiter, Fischer, Jäger und Waldarbeiter ausgaben. Lediglich 47 000, d.h. 18,5% der arbeitenden Bevölkerung, waren als Arbeiter in Bergbau und Industrie beschäftigt. Mit der seither erheblich angewachsenen Industrialisierung des Landes haben sich diese Prozentsätze stark in Richtung Industriearbeiter verschoben. Arbeitskräfte und für die Industrie verfügbares Land waren und sind in Goa im Überfluß vorhanden. Die Regierung des Staates hat die Neuansiedlung von Betrieben aller Art nachhaltig in den letzten 16 Jahren gefördert. Durch die starke Zuwanderung aus den Nachbarstaaten hat sich das Arbeitspotential erheblich verstärkt. Die Infrastruktur konnte verbessert werden, wobei das Bahnnetz immer noch ungenügend ist, so daß die Straßen die Hauptlast der Güter- und Arbeiterbeförderung tragen, gekoppelt mit Binnenwassertransportwegen. Das Straßennetz weitete sich von 2640 km während der letzten portugiesischen Phase auf 4380 km 1973 aus, zwischenzeitlich erfolgte eine weitere starke Verdichtung, wobei gute Hauptstraßen in die Nachbarstaaten Karnātaka und Mahārāshtra führen. Goa besitzt 270 km schiffbare Wasserstraßen mit Häfen wie Tiracol, Polem, Colvale, Panaji, Betul, Talpona usw.

Der *Bergbau* wurde während der portugiesischen Zeit nur in geringem Umfang betrieben, beschränkt auf Eisen und Mangan (s. Foto 11), die neben Bauxit, Kalk, Dolomit usw. sich reichlich im Lande finden. Weitere Vorkommen von feuerfestem Ton, Ilmenit-Sand, Speckstein, Kieselerde, Feldspat, Graphit, Talg, Quarz, Schneiderkreide (Seifenstein) werden erst allmählich erschlossen. So bleiben Eisen- und Manganerze, Bauxit, Magnesium, Kalke und Tone für die keramische Industrie die hauptsächlichen Abbaumineralien. Durch den Umstand, daß die beiden größten Ströme Goas, Mandovi und Zuari, mit dem Cumbarjua-Kanal durch das Eisen- und Manganabbaugebiet hindurchfließen, kann der Abtransport zum Hafen bei Mormugao kostengünstig durchgeführt werden. Es gab 1974 626 Fundstätten für Eisen- und Manganerze, 5 für Bauxit, 21 für industriell verwertbare Sande. Der Großteil des Exportes wird von Japan aufgenommen.

Der Bergbau stellt so die stärkste wirtschaftliche Aktivität des Distriktes dar. Keine Mine in Goa liegt weiter als 40 km vom Hafen Mormugao, dem wichtigsten Umschlagplatz für die Erze, entfernt. Die Verwendung der Wasserwege gewährleistet minimale Transportkosten. Auch die Sanvordem-Bucht besitzt Verschiffungseinrichtungen für den Massentransport von Erzen. Die Infrastruktur hinsichtlich der Belieferung der verschiedenen Industrieunternehmen mit Wasser und Strom ist noch ungenügend, insbesondere nicht stetig bei ausbleibendem Monsunregen, ein Unsicherheitsfaktor, der indessen die Industrie Gesamtindiens belastet. Der in Goa benötigte Industriestrom wird von auswärts zugeführt, Hauptlieferant sind die Staaten Mahārāshtra und Karnātaka. Nur der kleinere Teil des Strombedarfes wird im Distrikt selber erzeugt. In einigen Talukas wie Canacona, Sanguem und Satari konnte erst ein Bruchteil der Dörfer an das elektrische Netz angeschlossen werden. Es sind 17 Städte und von insgesamt 424 Dörfern 382, die über das Netz Strom beziehen. Der Durchschnittsverbrauch liegt bei 232 KWH.

Nach der Minenexploration folgt wirtschaftlich die Agrochemie mit der Herstellung von Düngemitteln an 2. Stelle. In geringem Umfang gibt es eine pharmazeutische und eine Zuckerindustrie, gibt es Brauereien, Mehlmühlen, Stahlwalzwerke, Verarbeitungsbetriebe für landwirtschaftliche Erzeugnisse, Seifen- und Plastikfabriken, Elektronik-, Papierherstellungs- und Textilbetriebe.

Im übrigen Land ist, wie überall in Indien seit Jahrhunderten, die *Heimindustrie* das Rückgrat der Dorfwirtschaft geblieben. Die autonome Dorfökonomie war und ist durch die Landwirtschaft Selbstversorger, ergänzt durch handwerkliche Betätigungen wie Ölpressen, Baumwollverspinnung, Töpferei und sonstige dem Zusammenleben dienliche manuelle Tätigkeiten, wozu auch Holzschnitzerei, Herstellung von Lackgegenständen, Holz-, Bambus- und Messingverarbeitung gehören. Bicholim ist das traditionelle Zentrum für Messingwaren in Goa, Cuncolim im Taluka Salcete das von kunstvollen Holz- und Lackarbeiten. In Panaji befindet sich ein Handicraft Emporium, 1966 durch staatliche Initiative begründet, wo alle kunsthandwerklichen Produkte des Landes gesammelt und zu festen Preisen angeboten werden.

Statistik: März 1981 gab es in Goa 31 größere und mittlere Industriebetriebe, die über 5000 Personen beschäftigten, dabei Hersteller von Düngemitteln, Pestiziden, Zucker, Textilien, Reifen, Röhren, Chemikalien, Pharmazeutika, sowie Eisenerz verarbeitende Betriebe, Destillerien usw. März 1982 gab es 3416 kleinere Betriebe, die 18 000 Personen beschäftigten.

9 - Handel und Verkehr:

Die mittelalterlichen Handelswege führten 1. durch Keleghat über Sanquelim, Bicholim und Mapusa, 2. durch Tinai über Usgao, Candeapar, Mardol, Ponda und Durbate, 3. nach Digui über Sanguem, Quepem, Paroda, Margao und Bali. Eine weitere Handelsstraße verlief nach Pernem bei der Mündung des Tiracol-Flußes und schließlich wurde der Handel um das alte Geschäftszentrum Mapusa durch den Fluß Caisua und der von Margao durch den Betul-Fluß begünstigt. Jeder Warenverkehr zu Lande erfolgte auf Eselsrücken.

Die ersten *befahrbaren Straßen* wurden von den Portugiesen zur Verbindung ihrer Stützpunkte angelegt, diesen diente auch der Ausbau von Natur- und Kunsthäfen. Heute verfügt Goa über ein für den Waren- und Personenverkehr, aber auch für den Tourismus sehr gutes Straßennetz. Die Straßendichte beträgt etwa 120 km pro 100 qkm Gebietsfläche oder 5000 km auf 1 Mio Menschen. Es sind dies Fern-, Staats-, Distrikts- und Dorfstraßen, jeweils durch für Gesamtindien gültige Normen zu Breite, Länge, Befestigung, Ladegewicht, Geschwindigkeit usw. klassifiziert. Die 3 Fernstraßen (National Highways, N.H.) sind die Panaji-Ponda-Anmod-Straße, die Westküstenstraße und die Straße von Cortalim zum Hafen von Mormugao, die National Highways Nr. 4 A, 17 und 17 A. Sowohl staatliche als auch private Bus- und Warentransportunternehmen sichern in zufriedenstellender Weise den Personen- und Lastenverkehr auf Goas Straßen.

Demgegenüber ist bislang das *Eisenbahnnetz* noch nicht ausgebaut. Es gibt lediglich eine Einmeterspurbahn von Castle Rock im Staat Karnātaka zum Hafen von Mormugao in allgemeiner OW-Richtung durch die S-Hälfte des Distriktes hindurch, mit 14 Stationen. Die Gesamtlänge beträgt 82 km, sie wurde bereits Ende des letzten Jahrhunderts von den Portugiesen angelegt.

Unter den *Häfen* des Distriktes ist der von *Panaji* der bedeutendste für den Passagierverkehr entlang der Küste nach Bombay, 4 km entfernt von der Mündung des Flußes Mandovi. Er ist insofern ein Schönwetterhafen, als er vom 21.Mai bis 15. September wegen des Monsuns geschlossen bleibt. Überdies verläuft ein natürlicher Sandriegel, „Aguada Bar" genannt, quer über die Flußmündung, durch den der Schiffsverkehr geleitet werden muß, so daß an dieser Stelle laufend auszubaggern ist, um eine ausreichende Wassertiefe zu gewährleisten. *Colvale* etwa 30 km N Panaji an einer tief in das Land einspringenden Bucht, dort, wo der Chapora-Fluß in diese einströmt, besitzt lokale Bedeutung für kleinere Schiffe. Der Hafen *Betul* an der Südspitze des Taluka Salcete liegt am Ausgang des Flußes Sal, die Wassertiefe im Hafen beträgt 8 m bei Flut und 7 m bei Ebbe. Der Fluß selber ist bis 20 km aufwärts vom Hafen befahrbar. Auch hier ist die Kapazität lediglich für Segel- und Fischerboote ausreichend, nicht aber für größere Personendampfer oder Frachtschiffe. Noch weiter südlich im Taluka Canacona befindet sich der kleine Schönwetterhafen von *Talpona*, in den der gleichnamige Fluß einströmt, der nur bis 5 km vom Hafen aufwärts durch kleinere Schiffe befahrbar ist. Die Tiefe der Wasserrinne beträgt bei Flut lediglich 2 m.

Der *Luftverkehr* wird über den einzigen Flughafen des Distriktes in Dabolim 25 km S Panaji abgewickelt. Während der letzten Jahre der portugiesischen Herrschaft bestand nur eine Flugverbindung mit Daman und Diu, die Flugstrecke Bombay-Goa-Cochin wurde ab 1962 ausgebaut, durch Fokker Friendship- und Viscount-Maschinen bedient, zusätzlich durch DC-3 Dakotas zwischen Goa und Bombay, Flugdauer 1 Stunde. Deutsche Chartermaschinen fliegen nunmehr während der Touristensaison einmal wöchentlich ab Frankfurt im Direktflug (mit Zwischenlandungen) Dabolim an. So beförderte 1986 CONDOR 6300 Fluggäste nach Dabolim.

1971 besuchten 110 000 Touristen Goa, 15 000 Touristen benützten die von der Regierung organisierten Omnibus-Rundfahrten. 9/10 der Touristen waren Inder, 1/10 Ausländer. S. dazu Kap. 4 „Der Badetourismus in Goa". Eine Steigerung war nur zu erwarten, wenn die touristische Infrastruktur, besonders Anzahl und Qualität von Hotels, Straßen und Reisebussen verbessert werden konnten. Daß dies konsequent und zügig in den letzten 15 Jahren erfolgte, beweisen die Zahlen: Die Statistik von 1982 weist bereits 477 000 indische und 28 000 ausländische Touristen aus. Damit bei letzteren eine Steigerung um 154%in 11 Jahren. Es gab 1982 207 eingetragene Hotels und sonstige Unterkünfte mit 8500 Betten, abgesehen von privaten Unterkünften besonders entlang der Küste. Diese Zahlen sind zwischenzeitlich überholt, in den letzten 5 Jahren dürfte eine weitere Steigerung der Betten auf über 10 000 erfolgt sein.

Nach dem Abzug der Portugiesen 1961 setzte zur Belebung der Wirtschaft des Landes eine starke Bewegung, teils aus staatlicher, teils aus privater Initiative ein, um *Kooperativen* zu gründen, die den verschiedensten wirtschaftlichen Betätigungen dienen sollten, so den Banken, der Landwirtschaft, der Klein- und der Großindustrie. Es bestehen in Goa prozentual mehr derartige freiwillige Zusammenschlüsse als im übrigen Indien. Es gibt heute eine große Anzahl von Kredit-, Dienstleistungs-, Verkaufs-, Fischerei-, Geflügelhaltungs-, Wohnungsbau-, Tierzucht-, Molkerei-, Transport- und Verbraucherkooperativen, die kräftig zum wirtschaftlichen Aufschwung des Distriktes in den letzten 25 Jahren beigetragen haben. Es gibt 292 Banken, davon 50 auf kooperativer Basis. Pro Bank werden 4 000 Kunden bedient gegenüber 16 000 im gesamtindischen Schnitt. Auch in den ländlichen Gebieten sind bis zum kleinen Dorf Banken vertreten. Das gleiche gilt für Versicherungen.

10 - Bevölkerung, Gesellschaft, Brauchtum

Die Volkszählung von 1971 ermittelte 795 120 Einwohner mit festem Wohnsitz in Goa, die von 1981 1 007 749, Zunahme um rund 25% in einer Dekade, also etwa der durchschnittlichen Zunahme im übrigen Indien entsprechend. Die Einwohnerzahl dürfte zwischenzeitlich durch die starke Zuwanderung aus den 3 umliegenden Staaten Karnātaka, Andhra Pradesh und Mahārāshtra, denen gegenüber Goa einen höheren Lebensstandard besitzt, auf fast 1,2 Mio angestiegen sein. Davon leben 2/3 auf dem Land, 1/3 in Städten, wobei die Bevölkerungsdichte von Kreis zu Kreis sehr verschieden ist.

Das *Bevölkerungswachstum* verdeutlicht die folgende Dichte-Statistik für den Quadratkilometer: 1900 132, 1910 135, 1920 130, 1930 140, 1940 150, 1950 152, 1960 163, 1971 215, 1981 270. In 80 Jahren demnach Verdoppelung der Dichte, wobei der stärkste Anstieg in den beiden letzten Dekaden von 1961 bis 1981 erfolgte und die Dichte im Taluka Sanguem 16 mal geringer ist als im Taluka Mormugao (1971 50 bzw. 835/qkm). Nach der Volkszählung von 1971 besaßen die übrigen Talukas folgende Dichte: Tiswadi 637, Salcete 600, Bardez 467, Ponda 299, Bicholim 257, Pernem 219, Canacona 85, Satari 66. Als Städte gelten Panaji, Margao, Mormugao, Mapusa, Bicholim, Ponda, Sanguem, Pernem, Quepem, Valpoi und Chauri, deren Einwohnerzahl zwischen 55 000 und 1600 liegt. Nach der Zählung von 1971 gab es im Distrikt Goa 383 Dörfer mit 592 000 Bewohnern, in den 11 Städten lebten 203 000 Menschen. Dieses Zahlenverhältnis verschob sich bis heute zugunsten der Stadtbevölkerung, die rund 33% der Gesamtzahl betragen dürfte. Im Vergleich zu den übrigen indischen Bundesstaaten sind die Städte und Dörfer Goas klein, es gibt 131 Dörfer mit weniger als 500 und 97 Dörfer mit mehr als 2000. Außerdem liegen 8 aufgegebene Dörfer im Distrikt.

Regierung und Verwaltung des Distrikts wurden bis Mai 1987 ausgeübt vom Lieutenant-Governor als höchster exekutiver Autorität, dem ein Chief Minister und ein Council of Ministers zur Seite stehen, sie alle Mitglieder der Legislative Assembly. Ihre 30 Mitglieder werden für eine Dauer von 5 Jahren gewählt. Goa entsendet 2 Abgeordnete in das Parlament in Delhi.

In den ländlichen Gebieten werden die Dörfer vom Selbstverwaltungsorgan des Panchayat (wörtlich eines Fünferrates) verwaltet. In Goa gibt es 194 dieser Dorfbehörden (*gram panchayat*). Auch diese werden für 5 Jahre von der Dorfgemeinschaft gewählt.

Sprachen: Der überwiegende Teil Goas spricht Konkani, seit Januar 1987 zur Amtssprache Goas erhoben, dem Marathi verwandt, doch mit portugiesischen Wörtern durchsetzt. Weitere Sprachen in geringerem Umfang sind Marathi, Englisch und Portugiesisch. Etwa 3% der katholischen Familien sprechen noch portugiesisch, obwohl junge Christen es vorziehen, in englische Schulen zu gehen, wobei sie selbst bei der Korrespondenz in Konkani sich der lateinischen Schrift weitgehend bedienen. Die römisch-katholische Mission führte die lateinische Schrift ein, sie schuf eine Konkani-Literatur mit römischen Lettern und einer portugiesischen Orthographie. So war es nicht verwunderlich, daß beim Sprachenstreit der letzten Jahre in Goa, der heftige Ausmaße angenommen und zu Zwischenfällen mit Toten und Verwundeten geführt hatte, die Altbewohner Goas die Abschaffung von Marathi zugunsten des Konkani forderten und die Christen darüber hinaus die Abschaffung des Deva-Nagari-Schriftsystems zugunsten des römischen. Mit der Entscheidung von Januar 1987 lehnte Delhi strikt diese Forderung aus verständlichen Gründen ab.

Zur *Stellung der Frau:* s. auch „Südindien" des Verfassers, Band I, Kap. 12, Abschn. 3, wobei diese Ausführungen mutatis mutandis auch für die Goanesin gelten. Die Frau in ganz Indien spielte und spielt auch heute noch eine ganz untergeordnete Rolle im Leben der Gesellschaft. Als Kind hängt sie vom Vater ab, als Frau von ihrem Gatten, als Witwe und in ihrem Alter von ihren Söhnen. Zu keinem Zeitpunkt ist sie frei, gleichberechtigt oder angesehen. Erst nach der Unabhängigkeit wurde Ernst mit der schulischen Ausbildung von Mädchen gemacht. In den höheren Gesellschaftsklassen bringen es Mädchen sogar zu akademischen Graden, doch sind sie die Ausnahmen von der Regel, die besagt, daß eine Frau in das Haus gehört, Kinder gebären und dem Manne allezeit dienstbar sein soll.

Früher war es üblich, daß ein begüterter Mann neben seiner Frau sich eine Geliebte hielt, eine Sitte, die sein Prestige in der Männerwelt erhöhte. So auch in Goa, wo es separate Prostituierte für Hindus, Moslems und Christen gab und gibt. Die käufliche Liebe in Indien geht auf die Tempeltänzerinnen, *devadāsis*, zurück, die ursprünglich die Kulthandlung im Tempel mit Tanz und Musik bereicherten, durch Moslems und Portugiesen aber zu Dirnen abgewertet wurden. Mit wachsender Aufklärung der Mädchen ist zu erwarten, daß das in Indien oft hemmungslos und mit städtischer oder staatlicher Duldung praktizierte Dirnenwesen abnimmt. Zugenommen hat hingegen der Konsum von harten Getränken, mit steigendem Lebensstandard in Goa ist besonders unter den Industriearbeitern der Konsum des in Goa gebrannten Obstschnapses (*feni*) stark gestiegen.

Wohnungen: Der im Vergleich zum übrigen Indien höhere Lebensstandard Goas äußert sich in besserer Ernährung, Kleidung, Schulbildung und häuslicher Atmosphäre. Die Wohlhabenderen errichten sich geräumige Häuser aus Stein und Zement, die selbst europäischen Ansprüchen genügen (*wadas*). Mit der Unabhängigkeit setzte ein Zustrom von Hindus aus den Nachbarstaaten Karnātaka, Andhra Pradesh und Mahārāshtra ein, der mit seinen Unterbringungsproblemen den Bau von Mietskasernen auslöste, zuvor in Goa unbekannt. Die europäische Lebensweise mit Tischen, Stühlen, Schränken und der sonstigen Inneneinrichtung von Wohnungen wurde tel quel übernommen, in den mittleren und oberen Schichten mit Rundfunk und Fernsehgeräten, Waschmaschinen, Ventilatoren oder gar Klimaanlagen.

Die Häuser der Ärmeren werden nach wie vor aus dem Werkstoff Lehm errichtet, mit Bambus- oder Holzsprossen versteift, das Holz aus Kokosnuß- oder Mangobäumen, das Dach abgedeckt mit örtlich gebrannten Ziegeln oder wie eh und je mit Palmblättern oder resistentem Steppengras. Jedes Haus besitzt in der Regel einen größeren oder kleineren Hof, in dem stets eine Basilikum-Pflanze (*tulasi*) wächst.

Kleidung: Hindumänner kleiden sich im Stil der jeweiligen Mode in Bombay, sofern sie nicht europäische Kleidung vorziehen. Brahmanen pflegen ein Kopftuch (*pagoti*), ein Lendentuch (*dhotar, dhotī*) mit Silbersaum, eine Art langes Hemd (*angarkha*) und ein Schultertuch (*uparne*) zu tragen, die Männer anderer Kasten eine Art Kopfschal (*mandil*) und locker sitzende, weite Hosen. Die frühere Kopfbedeckung ist zugunsten einer schwarzen Kappe oder noch häufiger des weißen sog. Gandhi-Schiffchens verschwunden, das der Freiheitskämpfer während seiner langen Zeit in britischen Gefängnissen trug. Die jüngere Generation trägt überhaupt keine Kopfbedeckung mehr. Der Hauptbestandteil der weiblichen Kleidung war bis vor kurzem ein 3 m langer Sari und das kurzärmelige Mieder (*choli*). Heute ist die Länge des üblich getragenen Saris auf 2 m verkürzt, womit ein Unterrock (*parakar*) erforderlich wurde. Das Mieder wurde durch eine Bluse (*polake*) ersetzt, zuerst mit langen, dann mit kurzen Ärmeln und schließlich ohne Ärmel, wobei Rücken und Nabelgegend fast unbedeckt bleiben. Die Mädchen bis 13 oder 14 Jahren, d.h. bis zum Heiratsalter, trugen Röckchen, nach der Hochzeit legten sie den Sari an. Nach der „Liberation", wie heute im offiziellen Sprachgebrauch der Abzug der Portugiesen genannt wird, passen sich Mädchen und Frauen immer mehr der europäischen und der Panjabi-Mode an. Früher gingen sie barfuß, zuweilen auch in Sandalen wie die Männer, heute tragen sie überwiegend westlich geformte Schuhe.

Schmuck: In früheren Jahrhunderten war das Tragen von Schmuck aller Art sowohl bei Frauen als auch bei Männern durchaus üblich, was irgendwie mit dem Wert des Goldes zusammenhängt, nachdem es damals keine Banken zum Deponieren von Wertgegenständen gab. Ersparnisse wurden grundsätzlich in Schmuckgegenständen aus Edelmetall angelegt. Die Männer trugen einen goldenen Ohrring (*bhikbali*) mit Perlen und Smaragdanhänger oder einen quadratischen Ohrring mit Perlen und Goldfäden (*choukouda*), dazu eine goldene Halskette (*kanthi*), einen Oberarmring (*bahubal*), eine Kette um das rechte Handgelenk (*peti*), eine um das linke Handgelenk (*salkadi*) und schließlich einen oder mehrere Fingerringe (*angthyas*) aus massivem Gold, zuweilen mit eingraviertem Siegel. Bei Ärmeren der gleiche Schmuck, nur eben aus Silber. Dieser Männerschmuck alter Tage ist immer mehr im Schwinden, man begnügt sich mit Halskette, Goldring und Armbanduhr.

Weiblicher Schmuck bestand aus dem für den Tag und dem für festliche Zwecke. Für letzteren gab es ein Schmuckkästchen aus Messing (*karanda*). Wer keinen wertvollen Schmuck besaß, lieh sich diesen für festliche Zwecke aus, denn ohne solchen zu erscheinen, war nicht schicklich. Es würde zu weit führen, die Dutzende früher getragener Schmuckformen für die verschiedenen Körperteile zu erwähnen, es war dies eine komplette Nomenklatur für die Dame comme il faut. Der überreiche Schmuck der Inderin früherer Zeiten rührt auch daher, daß Mädchen bei ihrer Hochzeit viele goldene Gegenstände von Eltern und Schwiegereltern erhielten, nachdem sie besitzmäßig gegenüber ihrem Mann benachteiligt waren und völlig von ihm, vom Vater, vom Bruder oder Sohn abhingen. Erst das Inkrafttreten eines portugiesischen Zivilgesetzes im 19. Jh., das die Eigentumsverhältnisse von Ehegatten nach napoleonischem Zivilrecht ordnete, brachte hier eine Wandlung mit sich.

Nahrung: S. auch Kap. 5, die goanesische Küche. Reis ist die Grundnahrung für alle Goanesen, in 2 Arten zubereitet, der Reis noch in Hülsen halb gar gekocht (*ukda*), bevor er zerstoßen wird, um die Streu zu entfernen, oder geschälter Reis (*surai*), ohne den Reis zuvor mitsamt den Hülsen zu kochen. Noch vor 40 oder 50 Jahren nahm man morgens etwas Hirseschleim zu sich (*pej*), die Ärmeren zusammen mit gepökeltem Fisch oder gesalzenem Rohmango, die Reicheren mit gemischtem Gemüse. Die jüngere Generation hat sich daran gewöhnt, nach englischer „feiner Art" Tee zu trinken, die arbeitende Klasse nimmt morgens Brot und Gemüse. Das Mittagessen der mittleren und oberen Schichten wird zwischen 12 und 14 Uhr eingenommen, es besteht gewöhnlich aus Reis, Fischcurry, Hülsenfrüchten mit gesalzenem Trockenfisch oder gesalzenem Rohmango. Dazu wird durchgeseihtes Reiswasser getrunken. Doch lehnen strikte Vegetarier, und dazu gehören Brahmanen und viele Vaishyas, auch jede Art von Fischverzehr ab. Als Beigerichte werden gemischte Salate, Pickles oder dünne, in Öl gebackene *papads* serviert. Durch den permanenten Milchmangel im Distrikt wird Reiswasser oder Kokosnußsaft getrunken. Das Abendessen wird erst zwischen 20 und 22 Uhr eingenommen, es unterscheidet sich kaum vom Mittagessen. Seit der Unabhängigkeit haben sich die Eßgewohnheiten der Hindus insofern leicht verändert, als sie nun auch Weizen- und Milchprodukte zu sich nehmen. An Festtagen werden Süßspeisen in Dutzenden von Variationen zubereitet, aus Reis, Kokosnuß, Molasse (Zuckersirup), Pfannkuchen aus Weizenmehl, Milch und Zucker. So an jedem Sonntag des Monats Sravana (Juli/August) und an den zahlreichen Feiertagen des Hindukalenders. Auch ist seit den 60er Jahren mit der steigenden Zahl von Restaurants und Hotels es für die Begüterten üblich geworden, an solchen Tagen auswärts zu essen.

Gesundheitswesen: Ein Netz von staatlichen und privaten Hospitälern erstreckt sich über das Land. Etwa 2500 Betten stehen zur Verfügung mit 1200 Ärzten, ein Arzt kommt auf etwa 1900 Menschen, gegenüber 2700 im indischen Unionsdurchschnitt.

Es gibt keine schweren übertragbaren Krankheiten mehr im Distrikt. Malaria, Tuberkulose und Filaria (Fadenwurm-Krankheit) konnten wirksam bekämpft werden. Mit einer Sterblichkeitsrate von 6,9 auf 1000 Menschen liegt Goa an unterster Stelle in Gesamtindien, so auch in der Geburtenrate dank der an allen größeren Orten eingerichteten family planning centres.

Erziehungswesen: Der Distrikt bietet Grund-, Haupt- und Oberschulen sowie Fachschulen jeder Art in vergleichsweise hoher Anzahl an, so daß das Analphabetentum neben dem südwestindischen Kerala den niedrigsten Stand in Gesamtindien aufweist.

11 - Der Hinduismus und seine Feste

Nach wie vor wird das soziale Leben der Hindus von den Kastengesetzen beherrscht, so auch in Goa mit Kasten und Unterkasten. Neben verschiedenen Brahmanengruppen bestehen Vaishyas, Marathas, Bhandaris, Gomantak Marathas, Kharvis, Gaudas usf. Die Saraswat-Brahmanen folgen den vedischen Gesetzen und bezeichnen sich entweder als *smartas* (Shaivas) oder *madhavas* (Vaishnavas), die ersteren mit ihrem Hauptsitz in Queula, wo ihr theologisches Zentrum mit Klosterschule, *Kaivalyapur matha*, liegt, die letzteren mit Partagal als ihrem Zentrum. Noch vor 80 Jahren waren Zwischenheiraten zwischen diesen beiden Brahmanengruppen undenkbar. Erst 1911 einigten sich die *smartas* und *madhavas* bei der Konferenz von Mapusa auf Verständigung. Heute gibt es kein Tabu mehr, daß Shiva- und Vishnu-Anhänger die gegenseitigen Tempel aufsuchen und ihre Kinder der anderen Kaste zur Heirat überlassen. Die Dravida-Brahmanen im Distrikt folgen ihrem Glaubenslehrer Swami Adya Shankaracharya in Sringeri Peeth in Karnātaka N Halebīd, wo der Shiva-Orden *amnaya-matha* seinen Zentralsitz hat (s. „Südindien" des Autors, Bd. II unter „Sringeri"). Auch die meisten Hindus Goas außerhalb der Kaste der Brahmanen sind Anhänger dieser Glaubensrichtung.

Die Hindugottheiten sind viererlei: Die *grama devatas* (Dorfgottheiten, die die gesamte Dorfgemeinschaft beschützen), die *kula devatas* (Familiengottheiten), die *ishta devatas* (die individuell erwählten Gottheiten), die *vastu devatas* oder *gruha devatas* (die Hausgottheiten für bestimmte Hauszeremonien). Die in Goa am meisten vertretenen Dorfgottheiten sind Durgā, Bhagawatī, Rawalnātha, Santes, Bhūmika, Vettal, Mauli und Rohin, die meisten davon Aspekte Shivas. Familiengottheiten sind den einzelnen Familien heilig als Gegenstand besonderer Zeremonien (*kuladharma*), darunter rangieren Mahālakshmī, Mangesh oder Mangirisha, Mhalsa, Naguesh, Rāmnātha, Shantadurgā, Devakī, Krishna, Sapta Koteshwar u.a. Daneben werden über den gesamten Distrikt traditionell Gottheiten wie Vitthal seit langem verehrt, am ausgeprägtesten im Vitthal-Tempel von Sanquelim.

Religionsverteilung: Nach der Volkszählung von 1971 waren von der Gesamtbevölkerung von 795 000 E. Anhänger des Hinduglaubens 496 000, 270 000 waren Christen, 26 000 Moslems. Die übrigen verteilten sich auf Sikhs, Jainas, Buddhisten u.a. Dabei war festzustellen, daß die Christen eine geringere Wachstumsrate dank ihrer höheren

Bildung und ihres höheren sozialen Status als die Hindus aufweisen, damit entsprechend geringerer Kinderreichtum, die höchste Wachstumsrate haben die Moslems, durch ihre geistigen Führer zum Vielkindersystem aufgerufen, um die Vorherrschaft der Hindus auch in Indien langfristig zu brechen.

Foto 12: Skulpturen von Dorfgottheiten, nunmehr im Naturpark von Bondla

Zum Hinduismus in Goa bekennen sich nach der Zählung von 1971 also 62,5%der Gesamtbevölkerung. Die meisten beobachten noch heute strikt die Glaubensregeln, die religiösen Traditionen und die Familiensitten. Das Leben des Hindu besteht auch in diesem Distrikt wie anderswo von der Geburt bis zum Tod aus althergebrachten Ritualen und Zeremonien (*samskaras*, Sakramente), von denen 16 vollzogen werden müssen (nämlich die üblichen, „*nitya*"), und 24 weiteren, die individuell gehandhabt werden können (die besonderen „*naimittika*"). Die Hauptrituale werden bei Geburt, Verleihung der heiligen Schnur, Hochzeit, Schwangerschaft und Tod vollzogen (vgl. dazu „Südindien" des Autors, Bd. I, Kap. 7).

Geburt: Bei den ersten Anzeichen von Schwangerschaft beginnt eine Zeit der Freude für die ganze Familie, da Nachkommenschaft zu erwarten ist, im 5., 7. und 9. Monat wird die junge Frau mit Schmuck behangen und ihr Haar mit Blumen in Anwesenheit anderer Frauen, Witwen ausgenommen, geschmückt, alle ihre Wünsche werden willfährig von der Familie erfüllt. In städtischen Gebieten erfolgt die Geburt meistens in Krankenhäusern, während in ländlichen die Hausgeburt mittels einer Hebamme (*suin*) noch die Regel ist. Das 1. Ritual im Leben des Neugeborenen erfolgt am 6. Tag nach der Geburt, wo alle Familienmitglieder die ganze Nacht wachen und ein trommelartiges Instrument (*ghumat*) laufend geschlagen wird. Das ganze Dorf wird in dieser 6. Nacht bewirtet (sofern finanziell tragbar), die besonders ominös und voller Gefahren für den Säugling ist, weshalb man die bösen Geister durch Opfer besänftigt. Man glaubt, daß in dieser Nacht die Schicksalsgöttin zum Kind kommt und dessen Zukunft auf seine Stirn schreibt. Während der ersten 10 Tage nach der Geburt wird die Mutter als unrein angesehen, niemand außer der Hebamme berührt sie, religiöse Zeremonien irgendwelcher Art dürfen während dieser Dekade im Dorf nicht stattfinden. Am 11. Tag nehmen Mutter und Kind ein rituelles Bad, Kuh-Urin wird - wie in ganz Indien üblich - im ganzen Haus verschüttet, um dieses zu reinigen.

39

Die *Namensgebung* erfolgt bei Jungen am 13., bei Mädchen am 12. Tage, wobei diesen die Ohrläppchen durchbohrt werden. In Anwesenheit von Verwandten und Freunden flüstert die Mutter den Namen ins Ohr des Kindes. Anschließend werden die Anwesenden bewirtet. Manchmal wird dabei auch das Horoskop des Kindes vorbereitet.

Die *Haarschneidezeremonie* (*chaula*) beruht auf dem Glauben, das Haar des Neugeborenen sei unrein, von Brahmanen heute noch strikt befolgt.

Das *Anlegen der heiligen Schnur* (*upanayana* oder *vrata-bandha*) ist ein *samskara*-Ritual, eine Art Initiation für die Knaben der oberen Kasten, wiederum eine Reinigungszeremonie, mit der die Lehrzeit des Jungen beginnt, die 12 Jahre bei einem *guru* währen soll. Sie besteht darin, daß der Priester unter genauer Beachtung vedischer Vorschriften ihm eine Schnur aus Mungagras um Körper und Schulter legt.

Die *Heirat* vollzieht sich innerhalb der gleichen Kaste, wobei die Gattenwahl heute noch weit überwiegend von den Eltern vorgenommen wird. Dabei ist wichtig das vom Brahmanen gestellte Horoskop, das bei den Partnern volle Harmonie verlangt. Hindus betrachten die Heirat als eine heilige Handlung (*sarira samskara*) und es ist jahrhundertelange Tradition, daß Mann und Frau im richtigen Alter und im richtigen Zeitpunkt sich vereinigen. Es gibt drei Arten des Heiratszeremoniells: Die überlieferte Form basiert auf den von den heiligen Schriften der *grihya sutras* unter Verwendung vedischer *mantras* (Opfersprüche, mystische Formeln) vorgeschriebenen Riten. Statt vedischer können auch puranische Sprüche verwendet werden (die *Purānas* sind die 18 überlieferten Mythen, Schriftsammlung des 1. vorchr. Jahrtausends). Und schließlich besteht die 3. Form in einem von Reformern gepredigten, abgekürzten Verfahren, das das Ritual auf einen oder zwei Tage beschränkt. Die Initiative zu einer Heirat ergreifen gewöhnlich die Brauteltern, die nach einem geeigneten Schwiegersohn Ausschau halten. Wenn das Horoskop stimmt, so wird das Reisopfer (*prasād*) der Familiengottheit dargebracht, die mittels tantrischer Sprüche ihr Einverständnis bekunden muß. Heiraten zwischen der Tochter eines Bruders und dem Sohn einer Schwester, zwischen Bruder und der Schwester der Frau seines Bruders und zwischen Witwer und der Schwester der Verstorbenen sind absolut üblich.

Das *Heiratsalter:* Früher bestand die Sitte, ein Mädchen vor seiner Pubertät zu verheiraten, also zwischen 10 und 14 Jahren. Das Alter des Bräutigams lag zwischen 20 und 22. Mit dem in Goa gestiegenen Lebensstandard und der sexuellen Aufklärung beträgt das Durchschnittsalter des Mannes 25 bis 30, das der Frau 20 bis 25 Jahre.

Die Eltern vereinbaren unter sich die Höhe der Mitgift und die Geschenke, die vom Ausbildungsstand des Bräutigams abhängen. Ein Akademiker kann in Goa bis zu DM 20 000.– verlangen, oft unerschwinglich für Mädchen der mittleren und unteren Klassen. So ist die Mitgift heute noch ein ernsthaftes Problem.

Der Hochzeitszug bewegt sich zum Haus der Brauteltern, der Bräutigam bindet der Braut das Hochzeitsband (*tali*) um, es ist dies der Höhepunkt der Feier, der mit lauter Musik begangen wird, das Paar umschreitet nun das vom Priester entzündete Feuer. 1968 wurde ein Gesetz verabschiedet, das auch ohne Priester vollzogene Ehen für rechtsgültig erklärt. Einige Kasten verzichten daher auf deren Mitwirkung, an deren Stelle übernehmen ältere Männer der Gemeinde das Offizium.

In Goa ist nach portugiesischem Zivilrecht die Eintragung im Standesamtsregister vor der o.g. Eheschließung erforderlich, mit Geburts- und Impfnachweis, mit Wohnungsangabe und unter Mitwirkung von Zeugen. Findet die Heirat nur nach Hindusitte statt, so wird der Hindupriester hierfür zur Verantwortung gezogen.

Vor der Unabhängigkeit Goas waren Heiraten zwischen Hindus und Christen so gut wie ausgeschlossen, auch heute noch sind diese Zwischenheiraten außerordentlich selten. Das gleiche gilt für Eheschließungen zwischen Angehörigen verschiedener Kasten. Hier herrschen immer noch jahrhundertealte Tabus vor. Dagegen hat die Häufigkeit von Wiederverheiratung einer Witwe, besonders wenn es sich um eine junge Frau handelt, zugenommen. Doch immer noch nicht ist die Geringschätzung abgebaut, die einer Frau gezeigt wird, welche es wagt, sich ein 2. Mal zu verheiraten.

Was die *Scheidung* anlangt, so waren beide Partner, ob es sich um Christen oder Hindus handelte, nach portugiesischem Recht berechtigt, die Scheidung einzureichen, mit den Gründen, die auch bei uns zur Scheidung führen. Es gab und es gibt indessen sehr wenige Fälle, wo eine Frau, gleich welcher Religion, die Scheidung wegen Untreue des Mannes einreicht.

Die *Bestattungszeremonien:* sind für alle Hindus in Indien gleich und verbindlich. Erwachsene werden verbrannt, Kinder unter 8 Jahren begraben. Der Tote wird gewaschen und auf einer leiterartigen Bahre aus Bambusrohr festgebunden, der älteste Sohn oder der nächste männliche Verwandte nimmt ein rituelles Bad, die Bahre wird von 4 Verwandten und Freunden zum Einäscherungsplatz getragen, wo ein Holzstapel und Kuhdung bereit liegen. Man gibt Öl und Sandelholz auf den Toten, der Sohn oder, falls nicht vorhanden, der nächste männliche Verwandte entfacht das Feuer und umschreitet mit einem Freund dreimal den Holzstoß mit einem Wassertopf in der Hand. Dann bleibt er am Kopfende stehen und schlägt sich mit dem Handrücken auf den Mund, der Topf wird von einem Anwesenden mit einem Stein zerschlagen, der sorgfältig als Erinnerung an den Toten aufbewahrt wird (*asma*). Ist der Schädel des Toten durch das Feuer geborsten, ist für alle Anwesenden die Einäscherung zu Ende. Gewöhnlich sind Brahmanenpriester anwesend, die die vedischen Opfersprüche (*mantras*) rezitieren, sofern der Verstorbene den drei oberen Kasten (*varnas*) angehörte. Am dritten Tag kehrt der Sohn, von Verwandten und Freunden begleitet, zum Verbrennungsplatz zurück, sammelt Asche und Gebeine ein und übergibt diese einem Fluß oder dem Meer. Es folgen 10 Tage zeremonieller Unreinheit, am 10. Tag nehmen alle Mitglieder der Familie ein Reinigungsbad, sämtliche Kleider werden gewaschen. Der o.g. symbolische Stein wird mit dem hl. Kuhdung gewaschen und zur Verbrennungsstätte gebracht, den Priestern werden Spenden überreicht, die von abgetragenen Kleidern bis zu einer Kuh gehen. Das dort verschüttete Reisopfer wird normal sogleich von den Krähen gefressen. Es ist dies ein gutes Omen. Ist dies nicht der Fall, so wird angenommen, der Tote habe noch unerfüllte Wünsche, die zu erfüllen die Hinterbliebenen versprechen. Am 11. Tag wird *panchagavya* im ganzen Haus verspritzt, es ist dies ein Gemisch aus Kuhmilch, Quark, Ghee (Butterfett), Kuhharn und Kuhdung. Am 12. und 13. Tag wird eine neue hl. Schnur angelegt, der Tote vereinigt sich mit seinem Vater, Großvater und Urgroßvater, Freunde und Verwandte werden eingeladen, womit die offiziellen Totenfeiern zu Ende gehen.

Jährlich wird am Todestag ein gemeinsames Mahl abgehalten oder man stiftet etwas für die Gemeinde.

Unterprivilegierte Kasten und Stämme, die „scheduled castes and scheduled tribes", sind wenige in Goa vertreten, sie belaufen sich lediglich auf 14 000, die bekanntesten unter den Eingeborenenstämmen sind die Gaudas, die auch Konkani sprechen. Sie gehören zum Munda-Stamm, der von SO-Asien über Assam einwanderte und über ganz Indien sich verbreitete. Der Zeitpunkt ist unbekannt, doch waren sie sicher schon im Subkontinent, bevor Dravidas und Arier nach Goa kamen, der Stamm war damals eine kulturell hochstehende Volksgruppe, die den Anbau von Reis, Kokosnuß und anderen Nußarten, Pfeffer usw. ins Land brachte. Heute sind sie als Ackerbauern und in der Salzgewinnung tätig. Sie essen kein Fleisch vom Haustier, lediglich das von Wildtieren und Vögeln. Im Taluka Canacona leben 370 Gauda-Familien, d.h. etwa 2500 Menschen. Sie können Christen, Hindus oder Neu-Hindus sein, d.h. ihre Vorfahren wurden im 16. Jh. von den Portugiesen getauft, doch wurden deren Nachfahren, etwa 10 000 Christen, in den 20er Jahren unseres Jahrhunderts zum Hinduismus zurückgeführt. Es sind zuverlässige Menschen, die sowohl in Kirchen als auch vor Tempeln beten und opfern. Die Hauptgottheiten der Hindu-Gaudas sind Bali und Bhīma, dieser einer der Pāndavas, der heroischen Brüder im indischen Nationalepos *Mahābhārata*. Daneben adorieren sie ihre Familiengötter, so die lokalen Mhalsa, Kamakshī und Betal, sowie Shantadurga (Pārvatī-Aspekt), Mallikārjuna (Name eines *shivalinga* im dravidischen Südindien), Mahādeva (Shiva), Mahālakshmī (Gattin Vishnus), Chāmundā (Schreckensaspekt der Großen Göttin) u.a.

Wichtige Feiertage für die Hindu-Gaudas sind Ganesh Chaturthi, dem elefantenköpfigen Lieblingssohn Shivas und Pārvatīs geweiht, und Bali Pratipada, wo ein Miniaturviehstall aus Kuhdung geformt wird, in den man ein Obst-Opfer legt. An diesem Tag ehrt man das Vieh, das geschmückt und besonders reichlich gefüttert wird. Junge Schafhirten tragen auf dem Kopf ein Holzidol des beliebten Hirtengottes Gopal Krishna. In Mashel findet ihm zu Ehren eine besondere Feier statt.

Sie begraben oder verbrennen ihre Toten. Um die Seele des Verstorbenen zu besänftigen, erbringen sie der Dorfgottheit ein Reisopfer (*prasād*). Dem Priester wird eine Kupferplatte gegeben, der sie dem Gott darreicht. So glaubt man, die Seele des Toten sei nun in die Kupferplatte eingegangen. Der Priester gibt die Platte zurück, die nun in der Familie göttliche Verehrung genießt.

Die *Hindugesellschaft* (vgl. dazu auch Kap. 2 „Geschichte") kennt immer noch, außer in Großstädten, wo die Familie beruflich zerrissen wird, das joint family system, die Großfamilie, wo rechtlich der Einzelne nichts und die Familie alles besitzt, was von den Ahnen ererbt und von den Mitgliedern der Familie erworben wurde. Dieses Kollektivvermögen wird vom Familienoberhaupt verwaltet, das es gerecht zu verteilen hat. Auch die Portugiesen in ihrem Glaubenseifer, möglichst viele Hindus zum Christentum zu bekehren und portugiesische Sitten im Lande einzuführen, änderten nichts an den rechtlichen und sozialen Gepflogenheiten der Hindugesellschaft, die sich an den *smritis*, den geheiligten überlieferten Texten, orientierte. Portugiesisches Recht war nur für Christen anwendbar. Diese Sitten und Gebräuche der Nichtchristen von Goa wurden sogar von der portugiesischen Verwaltung in einem Kodex von 1854, verbessert 1880, niedergelegt. Nach diesem zivilen Kodex wurde eine Hindu-Heirat nicht als Sacramentum (im Gegensatz zu den Hindus, die die Hochzeit als heilige Handlung betrachten), sondern nur als Vertrag mit wirtschaftlicher Bedeutung bewertet. Monogamie war zwingend für alle Glaubensbekenntnisse vorgeschrieben, was nicht bedeutete, daß ein begüterter Mann sich nicht eine Geliebte halten konnte.

Hindufeste: Sie unterscheiden sich grundsätzlich nicht von den allindischen. Es sind dies Wallfahrten, allgemeine oder lokale Familienfeierlichkeiten, Jahrmärkte und Messen, die im Alltag des Hindus eine erwünschte, religiös vorgeschriebene und daher genau einzuhaltende Abwechslung sind. Auch das vorgeschriebene Fasten (*vrata*) wird strikt eingehalten.

Gudhi Padva: Das Neujahr in Goa beginnt an *Chaitra Pratipada,* im ersten Monat im Hindukalender (März/April), es ist das erste bedeutende Fest im Jahr. Der Tag wird als einer der dreieinhalb *muhurtas* angesehen, d.h. der im ganzen Jahresverlauf günstigsten Zeitpunkte, um eine neue Arbeit oder Unternehmung zu beginnen. Am Morgen nimmt die ganze Familie ein Bad und zieht neue Kleider an. Eine Bambusstange mit farbigen Seidentüchern und auf ihr aufgesteckt ein Metallbecher werden mit Blumengirlanden umhüllt und an der Eingangstüre aufgestellt. Der Hausgottheit wird ein Opfer (*prasād*) dargebracht aus zarten Neemblättern und schwarzem Pfeffer, dem eine festliche Mahlzeit folgt.

Rāmanavani: Am 9. Tag von Chaitra (März/April), da an diesem Tag Rāma, der Held des *Rāmayana*, geboren wurde. Es ist ein Tag des Fastens, Höhepunkt ist die Verehrung des Gottes vor seinem Idol im Tempel. Tagelang wird bei frommen Vaishnavas (Vishnu-Anhänger) aus diesem Volksepos vorgelesen.

Hanumān Jayantī: In der Vollmondnacht des Monats Chaitra erfolgte die Geburt des vergöttlichten Affenkönigs Hanumān, Sohn des Windgottes, Anführers des Affenheeres, das Rāma half, als dieser seine entführte Gemahlin Sītā im Kampf gegen den Entführer, den Dämonenkönig Rāvana von Sri Lankā, befreite.

Akshaya Tritiya: Es ist der halbe Tag von den dreieinhalb Tagen (*muhurtas,* s.o.), an dem, da Glück bringend, eine neue Arbeit oder Unternehmung begonnen werden soll. An diesem Tag wird den Manen (Seelen) der verstorbenen Mitglieder der Familie ein Opfer aus Sesam, Wasser und gekochter Speise dargebracht.

Naga Panchami: nāga ist die Schlange, der Tag ist dem Schlangengott Shesha gewidmet, auch Nāga ananta (Schlange ohne Ende, Schlange der Unendlichkeit) genannt, auf der Vishnu seinen kosmischen Schlaf schlief, dabei die Welt im Traum erschaffend. Ein besonderer Tag für alle Schlangenbeschwörer. In vielen Hinduhäusern wird das tönerne Abbild einer Kobra verehrt. An diesem Tag darf nicht in der Erde gearbeitet werden, um keine Schlange zu stören oder zu verletzen.

Sutachi Punav oder *Narali Paurnima*, der Kokosnuß-Tag. Am Vollmondtag von *Sravana* (Juli/August) werden Baumwollschnüre um den Leib gelegt wie die hl. Schnüre von Brahmanen. Die Kokosnuß spielt an der Küste des Indischen Ozeans eine eminente Rolle. Ihr ist daher dieser Tag geweiht.

Gokul Ashtami: Ein Fasten (*vrata*) am 8. Tag der dunklen Hälfte von *Sravana* (Juli/August) in Erinnerung an die Geburt Krishnas, der achten irdischen Inkarnation des zweithöchsten Hindugottes Vishnu. In seinen Tempeln wird ein Abbild des Gottes in eine Wiege gelegt.

Ganesh Chaturthi: Eines der wichtigsten Feste für die Shaivas (Shiva-Anhänger). Am 4. Tag der hellen Hälfte von *Bhadrapada* (Aug./Sept.) als Geburtstag des elefantenköpfigen Ganesha oder Ganapati, Lieblingssohn von Shiva und Pārvatī, gefeiert, den alle Studenten und Professoren als Gott der Weisheit und Gelehrsamkeit verehren. Die Schulanfänger begannen früher den Unterricht mit einer Verbeugung *„shri ganesha yanamah"* (Ich beuge mich vor Gott Ganesha). Seine Verehrung ist für jeden Shaiva am Beginn seines Gebetes obligatorisch.

In Goa wird sein Fest zweieinhalb Tage lang gefeiert und besitzt hier die gleiche Bedeutung wie *Durgā Pūjā* in Bengalen, *Onam*, das große Erntefest in Kerala, und *Dīvālī*, das Lichterfest in Gesamtindien. Ein tönernes und farbig bemaltes *Ganapati*-Symbol wird gekauft. Früh wird aufgestanden und gebadet, rote Blumen, Farne und Blätterspitzen von 21 verschiedenen Blattsorten werden zur Verehrung des Gottes bereitgestellt, das Idol wird in der Halle aufgestellt unter einem mit Früchten und Blumen behangenen Baldachin, um die Mittagsstunde trifft ein Priester ein (in Familien, die sich dies leisten können), und dann beginnen die Gebete zu seiner Lobpreisung (*arati*). Wo kein Priester anwesend sein kann, übernimmt das Familienoberhaupt das *pūjā*-Opfer. Aus dem hl. Buch (*pothi*) mit den zu singenden Hymnen wird rezitiert. Die dem Gott dargebrachte Speise sind 21 süße *„modaks"*, auf einem Blatt angeordnet. Unter Musikbegleitung werden nun die *arati*-Gebete gesungen, immer und immer wieder, wobei mindestens 5 Nachbarfamilien im Austausch zum gemeinsamen Absingen der *arati*-Hymnen aufgesucht werden. Das Fest besitzt eine solche Bedeutung in Goa, daß auch die Christen ihre Hindu-Freunde aufsuchen und ihnen ein glückliches Ganesha-Fest wünschen. Zum Schluß werden die Tonidole von Ganapati in einer Prozession zum Meer oder zu einem Fluß oder Teich gebracht und dort versenkt.

Vijaya Dashmi oder *Dasara:* Das allindische zehntägige Fest *Dasara* (*das* = zehn) im September/*Oktober,* dessen Ursprung im Epos *Rāmāyana* liegt und das den Triumph des Guten über das Böse veranschaulichen soll. In Bengalen nennt es sich *Durgā Pūjā,* es ist in der Tat ein Fest für die große Göttin Durgā, die in ihrem legendären Kampf gegen die Verkörperung des Bösen, gegen Mahishāsura, den großen bösen Geist in

Büffelgestalt, mit allen Waffen, die ihr die Götter des Kailāsa (des Götterberges im Himālaya) gaben, den Büffeldämon nach langem und schwerem Kampf niederrang (daraus ihre ikonographische Darstellung in der bildenden Kunst als die Große Büffeltöterin Mahishāsuramardinī). So ist sie das allindische Symbol für den Triumph des Guten und Gerechten in dieser Welt geworden. Der 10. und letzte Tag der hellen Hälfte des Monats Asvina (September/Oktober) ist der Höhepunkt (*Durgotsava*) der langen Feiern. Am Morgen dieses Tages nimmt die gesamte Familie ein rituelles Bad und verehrt anschließend die hl. Schriften, Eisenwaffen und Werkzeuge sowie eiserne Haushaltsartikel - im Gedenken an den von Durgā gegen den Unhold geschleuderten Wurfspeer. Nach festlicher Mahlzeit am Nachmittag besuchen sich befreundete Familien gegenseitig mit bestimmten Blättern in Händen, die Wohlergehen und Reichtum darstellen sollen. Auch dieser Tag wird als einer der dreieinhalb *muhurtas* angesehen, d.h. ein Tag, der besonderes Glück für den Beginn einer Arbeit oder eines Geschäftes verspricht.

Divāli: Die große Opferzeremonie im November für die Göttinnen Kālī und Lakshmī, die *shaktis* (weiblichen Aspekte) der großen Hindugötter Shiva und Vishnu. Es ist das heiterste Fest, von Tausenden von elektrischen Birnen, Öllämpchen und Kerzen beleuchtet, daher das Große Lichterfest Indiens, für Goa das zweitwichtigste nach dem für Ganesha. Jeden Abend leuchten die Lichter vor allen Häusern auf. Ein Miniaturstall wird in Goa geformt, das Vieh im Stall wird zeremoniell verehrt, geschmückt und besonders gut gefüttert, wie bei Bali Pratipada (s. weiter oben) Ehrentag für das Vieh. Junge Schafhirten ziehen umher mit einem Holzidol des Gottes Krishna auf dem Kopf, der unter der Landbevölkerung besonderes Ansehen als Schutzgott für Bauern und Hirten genießt (dank seines Eingreifens, wie er durch Emporheben des Berges Govardhana die Hirten vor den Wasserfluten des erbosten Wassergottes Indra schützte). So wurde das den o.g. Göttinnen geweihte Lichterfest auf Krishna, die 8. irdische Inkarnation von Vishnu, in Goa umgelenkt, besonders im Devakī-Krishna-Tempel in Marcela gefeiert (Devakī gilt als Krishnas Mutter). In Goa wird es am 14. Tag der dunklen Hälfte von Asvina (September/Oktober) begangen. In der Nacht des 13. Tages wird nicht geschlafen, am frühen Morgen wird ein riesiges Bild des Dämonen Narkasur aus Heu angefertigt und öffentlich verbrannt, worauf alle in ihre Häuser zurückkehren, ein Bad nehmen und dann mit Feuerwerk-Begleitung unter ihren Füßen die bittere *karata*-Frucht, eine Zwergart der Wildgurke, zertreten als Zeichen dafür, daß nunmehr der böse Geist getötet ist. Mit Freunden und Verwandten nimmt man beruhigt und freudig ein ausgiebiges Frühstück ein. Dabei schwenken die Frauen außer den Witwen Lampen um die Köpfe der Männer, die ihnen ein Geschenk zu geben verpflichtet sind.

Holi: Im März findet in ganz Indien das lauteste aller Feste statt, um das Frühjahr und damit den Segen der Monsunfluten und der neuen Ernte zu begrüßen. Frauen und Kinder bespritzen sich gegenseitig mit gefärbtem Wasser und Reispuder. In Goa nennt es sich *Shigmo*. *Dhakto Shigmo* beginnt 5 Tage vor dem Vollmondtag des Hindumonates Phalgūna (Febr./März) und endet am Vollmondtag, von Bauern und Arbeitern gefeiert. Die 2. Festart nennt sich *Vodlo Shigmo*, von allen Klassen gefeiert, es beginnt mit dem Vollmondtag von Phalgūna und dauert ebenfalls 5 Tage. Am 1. Festtag versammelt sich das Dorf und singt gemeinsam das *naman* genannte Lied und andere Lieder, wobei der Volkstanz *talgadi* aufgeführt wird. Vom 2. Tag an tanzt man von Tür zu Tür mit Musikbegleitung und einem Teller in der Hand, in den etwas Kleingeld geworfen wird. Am letzten Tag wird eine Prozession durch das Dorf veranstaltet und ein Knabe wird schön geschmückt als Bräutigam herumgeführt. So ist *Dhakto Shigmo* ein Festival von Gesang und Volkstanz.

Vodlo Shigmo wird nur im Dorftempel gefeiert, wobei am 1. Tag die Dorfgottheit ein rituelles Bad erhält und in safranfarbiges Gewand gekleidet wird. Ein Unterstand aus Palmblättern wird errichtet, in dem 2 Messinglampen abends angezündet werden, etwa 3 Stunden lang wird dann gesungen und musiziert. Danach wird die Gottheit unter einem Baldachin durch das Dorf getragen. Am 7. Tag in der 2. Hälfte von Phalgūna ist der Höhepunkt, man überschüttet sich gegenseitig mit rotgefärbtem Reispulver. Die in Margao gefeierte Dorfgottheit ist Damodar, mit einem gewaltigen Zustrom von Gästen, die immer an einem Dienstag eine Massenspeisung erhalten.

Neben diesen in Goa üblichen Hauptfesten gibt es eine große Menge lokaler Festivitäten in den verschiedenen Tempeln, über das ganze Jahr verteilt. In einigen dieser wird allwöchentlich eine Prozession veranstaltet, wobei junge Burschen einen Baldachin mit dem Idol des Dorfgottes auf Stangen tragen. Im Frühjahr wird in verschiedenen Tempeln *Vasant Pūjā* zu Ehren von Sarasvatī, *shakti* des Gottes Brahmā, Göttin der Gelehrsamkeit, wie Ganesha von Schülern und Lehrern verehrt, gefeiert, ein Frühlingsfest oft mit Drachensteigen. In anderen Tempeln wird während der Regenzeit *Jai Pūjā* veranstaltet, das Jasmin-Fest, wobei die Gottheit mit diesen dann blühenden Blumen überschüttet wird. Besonders in Mardol mit seinem Jasmin-Anbau wird das Fest lebhaft begangen.

Wallfahrten: Die Hindus von Goa unternehmen die als besonders verdienstvoll angesehenen Pilgerschaften nach Pandharpur im Distrikt Sholāpur (s. jeweils in „Maharashtra und Bombay" des Verfassers, Ortsteil) und nach Narsobawadi im Distrikt Kolhāpur, beide im Staat Mahārāshtra, nach Tirupati und Mahābaleshwar (s. dazu „Südindien" des Verfassers, Ortsteil). Nach einer solchen Pilgerschaft wird gewöhnlich ein Enkel nach den dort verehrten Gottheiten genannt. Wenn möglich nimmt man von dort geweihtes Wasser in kleinen Messinggefäßen mit Schraubdeckeln oder Devotionalien mit, die zuhause an Freunde und Bekannte verteilt werden.

Märkte: Werden fast vor jedem Tempel Goas abgehalten, Treffpunkt der Gläubigen und Händler. Ihre Dauer schwankt von einem bis zu fünf Tagen, besonders gerne von *mahājans* aufgesucht, d.h. von Personen, deren Familiengottheit identisch mit der Tempelgottheit eines bestimmten Platzes ist. Märkte besitzen eine religiöse, wirtschaftliche und soziale Bedeutung, sie sind das Rendezvouz aller Gesellschaftsschichten, wo man auch Neuigkeiten erfährt. Die religiösen Riten bestehen hierbei aus der zeremoniellen Waschung (*abhisheka*) des Götterbildes durch den amtierenden Priester (*pūjari*), das dem Gott dargebrachte Speiseopfer wird an die anwesenden Gläubigen verteilt.

Während der Markttage werden im Tempel religiöse Gespräche, oft von Ergebenheitsgesängen begleitet, geführt *(puran* und *kirthan)* und brennende Lampen um das Idol geschwenkt, von einem Lied für die Gottheit begleitet (*arati*). Nicht verwitwete Frauen umschreiten den Tempel mit irdenen Töpfen auf dem Kopf. Meistens findet dabei auch eine Prozession mit der sitzenden Gottheit unter einem Baldachin auf einem von jungen Männern gezogenen Wagen statt. Diese Tempelwagen können mit großen Holzrädern versehen sein (*rathas*) oder aber ohne Räder, eine Art Gehäuse, das auf Stangen über die Schultern gelegt getragen wird. Die erste Art in Partagal beim Rāmanavami-Fest (s. oben), die zweite in Marcaim zu beobachten. Kein größerer Jahrmarkt ist denkbar ohne Aufführung eines Dramas. Es wurden und es werden *dashāvatāra*-Spiele vorgeführt, d. h. aus der vita des Gottes Vishnu mit seinen 10 irdischen Theophanien (Erscheinungen). Die Goanesen sind musik- und singfreudig und so werden auch Szenen aus den beiden großen und uralten Volksepen *Mahābhārata* und *Rāmāyana* gerne und viel gespielt.

Auf dem Markt von Sirigao kann man Gläubige durch glühende Kohlen schreiten sehen, besonders bei Shaiva- und weniger bei Vaishnava-Festen, in Canacona 3 auf dem Boden liegende Männer, die Köpfe zusammen, die Beine in verschiedenen Richtungen. Über ihren Köpfen steht ein irdener Topf auf einer Herdplatte, auf der ein Feuer brennt, um Reis zu kochen. Ein vierter Mann steht dabei, dem mit einem Schwert eine Wunde am Kopf zugefügt wird, deren Blut in den Topf mit Reis tröpfelt, das Gemisch wird der Gottheit dargebracht - ad maiorem gloriam Dei nach indischer Sitte - und dann ringsherum verschüttet.

Gelübde: In Sanskrit *vratas*, zu verstehen im weitesten Sinn des Wortes, entweder als Versprechen an die Gottheit für die Erfüllung bestimmter Wünsche oder aber in Erfüllung religiöser Gebote, verbunden mit striktem Fasten. Diese sind abzulegen bzw. zu verwirklichen bei der Teilnahme an religiösen Feiern wie *Mahāekādashi*, dem Zwanzigtagefest der Vaishnavas mit täglicher Epiphanie Vishnus, an *Mahā Shivarātri*, der Neumondnacht Ende Februar/Anfang März, in der Shiva das tödliche Gift aß, das sich beim Buttern des Milchmeeres durch die bösen Geister, die *āsuras*, gebildet hatte, wodurch der Gott das Universum errettete, an *Nag Panchami* (s. oben „Hindufeste") u.a. Diese genannten Feiern eignen sich besonders für die Erfüllung von Gelübden, da sie *vratas* eher entsprechen als laute und fröhliche Volksfeste. Gelübde werden besonders häufig von Frauen abgelegt, die ein Kind, wenn möglich ein männliches, erwarten oder bislang unfruchtbar blieben. Diese Gelübde können über striktes Fasten an einem oder mehreren Tagen hinaus auch bestimmte Handlungen veranlassen, selbstquälerische oder gar die Gesundheit oder das Leben bedrohende, so in früheren Zeiten das Kopfopfer vor Kālī, dem weiblichen Schreckensaspekt Shivas, wobei der Gläubige sich mit dem Dolch den eigenen Hals durchschnitt, oder das Wagenopfer, wo sich Gläubige unter die Räder eines schweren Tempelwagens warfen.

Sport und Spiele: Bei der heutigen Schuljugend Goas sind Basketball, Baseball, Fußball, Hockey, Cricket usw. außerordentlich beliebt. In Goa gibt es relativ mehr Sportklubs und Spielplätze als in irgendeinem anderen Bundesstaat, bei einer Fahrt durch Goa ist der Anblick spielender und sporttreibender Kinder alltäglich.

12 - Das Christentum in Goa

Bei der Volkszählung von 1971 bekannten sich von den 795 000 Goanesen (heute schätzungsweise 1,2 Mio) 270 000 zum Christentum, demnach 34% der Gesamtbevölkerung. Bei der Volkszählung von 1851 waren noch zwei Drittel Christen, nämlich 232 000, Hindus waren mit 129 000 und Moslems mit weniger als 3000 vertreten.

Der christliche Glaube wurde nach der Kirchengeschichte nach Indien von Apostel Thomas, dem Ungläubigen, etwa um 52 n. Chr. gebracht und breitete sich im Süden, besonders in Kērala entlang der Malabar-Küste aus. Die Nachkommen dieser sog. Altchristen sind immer noch stolz auf ihr Thomasianisches Christentum (eingehende Würdigung in "Südindien" des Verfassers, Bd. I, Kap. 9, Abschn. 16). Die römisch-katholische Kirche faßte ab Vasco da Gama und seiner Entdeckung des Seeweges nach Indien um das Kap der Guten Hoffnung herum 1498 in Südindien Fuß. Die Eroberung Goas durch die Portugiesen (s. Kap. "Geschichte") öffnete dem Christentum ab 1510 den Zugang. Im Gefolge der Seefahrer kamen die Mönche und Missionare, zuerst 1510 die Franziskaner, dann 1542 Franziskus Xavier (s.u.) von der Gesellschaft Jesu, von Ignatius von Loyola begründet, 1548 die Dominikaner, 1572 die Augustiner, 1612 die Karmeliter und 1640 die Theatiner. Mit der Ankunft dieser zahlreichen Mönchsorden wurde Goa zum Ausgangspunkt der Mission in Mittel- und Nordindien. Unter dem Schutz der Könige von Portugal wurde Goa bald die erste Diözese des lateinischen oder westlichen Ritus (der syrische oder östliche Ritus wird bei den Altchristen Südindiens praktiziert). 1533 wurde die Kirche von Goa Suffraganskirche (Suffragan: einem Erzbischof unterstellter Bischof) der Erzdiözese von Funchal auf der portugiesischen Insel Madeira. Damit besaß sie Jurisdiktion über die weiten Gebiete vom Kap der Guten Hoffnung und Südafrika bis China.

1557 wurde Goa Metropolit-Erzdiözese, die Suffragan-Diözesen von Cochin und Malakka wurden ihr unterstellt, später die von Macao in China, Funay in Japan, Cranganore und Mylapore in Südindien, Nanking und Peking, und zuletzt Mozambique (1612). 1572 hatte bereits Papst Gregor XIII. den Erzbischof von Goa als den Primaten des Ostens anerkannt. Die Zeit zwischen 1634 und 1739 war für die Portugiesen und die katholische Kirche besonders schwierig. Holländer und Engländer kämpften um die Vorherrschaft im Arabischen Meer, das portugiesische Mutterland war politisch und militärisch geschwächt, die Hilfsgelder von dort floßen nur noch spärlich, die holländischen Hugenotten zerstörten die katholische Kirche von Ceylon und Mangalore in Südindien, die portugiesischen Missionare mußten dort das Land verlassen.

Schließlich wurde den Jesuiten in Portugal selber der Prozeß gemacht, wo der Marquis de Pombal, der einflußreiche Minister des portugiesischen Königs José I., 1759 den Jesuitenorden auflöste, 1835 wurden alle übrigen Orden innerhalb Portugals verboten.

In der Zwischenzeit waren aber genügend einheimische Priester herangebildet worden. Der erste goanesische Priester wurde bereits 1558 ordiniert. 1660 gab es mindestens 1000 eingeborene Priester, davon brachten es 8 zum Bischof. Viele darunter arbeiteten als Missionare über die ganze Welt zerstreut. Ab 1946 stellte Goa 2 Kardinäle, einen Nuntius, einen Patriarchen (Goa und Ostindien), 6 Erzbischöfe und 24 Bischöfe für Indien, Pakistan, Burma und Afrika. Auf Grund des Konkordates vom 23.6.1886 wurde die Metropolit-Erzdiözese von Goa durch Papst Leo XIII. zur Würde eines Patriarchats von Ostindien erhoben. Gleichzeitig errichtete der Papst eine katholische Hierarchie in Indien durch Schaffung von Kirchenprovinzen mit 8 Erzbischöfen und 17 Bischöfen, denen der Patriarch von Ostindien in Goa vorstand. Mit dem politischen Wechsel von 1961 und dem Abzug der Portugiesen verließ auch der portugiesische Erzbischof das Land, an seine Stelle trat ein Einheimischer. Der jetzige Erzbischof übernahm die Erzdiözese von Goa und Daman 1978, er ist der 34. Erzbischof von Goa und der 6. Patriarch von Ostindien - der erste Inder auf diesem hohen Stuhl.

Als Afonso de Albuquerque, vom portugiesischen König Dom Manuel als 2. Gouverneur (1510-15) nach Ostindien gesandt, am 25.11.1510 mit seinen Schiffen im Mündungsdelta des Flußes Mandovi ankerte und die im heutigen Panaji gelegene Burg des moslemischen Statthalters angriff und eroberte, hatte die Geschichte des römisch-katholischen Christentums in Goa begonnen. Er ließ sogleich innerhalb von Alt-Goa eine Kapelle der Hl. Katharina erbauen, deren Namenstag mit dem des Sieges zusammenfiel. Sie wurde schon 1531 in eine Kirche umgebaut und 1534 zur ersten Kathedrale von Goa und Asien überhaupt erhoben, sie lag gegenüber der neuen Kathedrale und wurde 1652 abgerissen. Sie war so die Mutterkirche aller späteren in Asien errichteten Kirchen. Wie die Bekehrung der Goanesen im 16. und 17. Jh. erfolgte, ist in Kap. 2 „Geschichte" dargelegt.

Die heute in Goa lebenden Christen, *kristanv* ganannt, haben sich mehr der westlichen Lebensart angepaßt (wie die Parsen in Bombay) als die übrige Bevölkerung. Zur Zeit der Bekehrung und Inquisition wurden alle indischen Namen in portugiesische umgewandelt. Wie hier vorgegangen wurde, möge ein Auszug aus alten Dokumenten illustrieren: „Die Taufe von Loqu wurde mit großem Pomp gefeiert. Der Erzbischof zelebrierte persönlich und der Gouverneur stand Pate. Loqu, seine Frau und sein Neffe erhielten die Vornamen Lukas, Isabel und Antonio." Die Getauften bekamen zusätzlich portugiesische Familiennamen wie Gomes, Fernandes, Rodrigues usw., und zwar diejenigen Namen, die die portugiesischen Zeugen bei der Taufe der Katechumenoi trugen. Das hl. Offizium der Inquisition sorgte mit seinen Hunderten von Erlässen dafür, daß alles Indische - Kleidung, Sitten, Gebräuche, Glauben - verschwand und durch den portugiesischen Stil ersetzt wurde. Es ist dies der Grund, weshalb christliche Goanesen sich, abgesehen vom körperlichen Habitus, kaum von Europäern unterscheiden. Und doch sind bei näherer Betrachtung auch die ersteren in vielem noch dem Hindutum verhaftet, so sprechen die meisten Konkani und die wenigsten Portugiesisch, so folgen die meisten bei Geburt, Heirat und Tod den Hindusitten, so beachten sie die Kastenunterschiede, obwohl vor 400 Jahren konvertiert. Die portugiesischen Geistlichen ermutigten sogar die Einhaltung der Kastentrennung, da sie ihrem eigenen Klassensystem entsprach (nobreza, clero e povo - Adel, Geistlichkeit, gewöhnliches Volk). Die Kasten der Katholiken entsprechen denen der Hindus von Goa mit dem Unterschied, daß die vielerlei Unterkasten der Hindu-Brahmanen in eine einzige Kaste der *bammon* (Katholiken) zusammengeflossen sind, die Unterkasten der Kshatriyas (Adel und Großgrundbesitzer) in die einzige Kaste der christlichen *charddo* und alle übrigen Kasten einschließlich der Unberührbaren in die weiter unten unter 3-5 angeführten. So sind auch alle Vorurteile der Hochkastigen gegenüber unteren Kasten lebendig geblieben. Bis zur Mitte des letzten Jh. wurden die Priester vornehmlich aus den zwei o.g. oberen Kasten genommen, heute ist dies nicht mehr der Fall.

In vorwiegend christlichen Dörfern besitzen die *bammon* und die *charddo*, die übrigens selten zusammen in einem Dorf vertreten sind, die schönsten Häuser auf den besten Plätzen, während die kastenniedrigen Christen an den Rand verdrängt sind. Diese soziologische Struktur wurde ausdrücklich von den nunmehr behördlich aufgelösten Confrarias (katholische Bruderschaften) gutgeheißen. Neben Kastenpräjudizierung gibt es bei den Christen Goas wie überall die Unterschiede zwischen arm und reich, so kann sich ein reich gewordener *shudra* eines größeren Ansehens in der Gemeinde rühmen als ein arm gebliebener.

Es gibt also folgende christliche Kasten:

1. Die Brahmanen, die in Kirche, Verwaltung und in den freien Berufen vorherrschen. Früh schon sicherten sie sich die wichtigsten Klöster und kirchlichen Würden. Es waren ja immer die Brahmanen, die den Ton angaben, so auch bei den christlichen Brahmanen.

2. Die Charddos - sie bilden eine ländliche Aristokratie, die in einigen Dörfern vorherrscht, es sind die ehemaligen Kshatryas, die Kriegerkaste, und die Vaishyas, die Händlerkaste, beide bilden in den christlichen Dörfern eine ländliche Oberschicht, beide christliche Kasten versuchten mit portugiesischen Adelstiteln ihre privilegierte Position zu festigen. Im 17. Jh. wurde für sie ein Kloster gegründet, weil die Brahmanen ihnen den Eintritt in ihre Klöster verweigerten.

3. Die Shudras, Bauern und Handwerker, teils frei, teils abhängig.

4. Die Corumbins, landlose Hilfsarbeiter, die zu den niedrigen Kasten gehören und in ihren Bräuchen und sogar in der religiösen Praxis den niedrigen Kasten der Hindugesellschaft entsprechen.

5. Die Farazes, die in allem der Kaste der Unberührbaren, den Parias, entsprechen. Ihnen sind gewisse unangenehme Ämter vorbehalten, wie des Schinders, Totengräbers, Jaucheentferners, Straßenarbeiters usw.

Bei den beiden letzteren unteren Schichten sind nicht selten zahlreiche Spuren des Hinduismus zu treffen, so keine Wiederverheiratung der Witwen, die Sitte, nicht außerhalb der Kaste zu heiraten, das Essen aus der Hand, auf dem Boden sitzend, das Waschen des Fußbodens und des Hofes mit Kuhurin usw. So läßt sich der portugiesische Einfluß stärker in den oberen Kasten feststellen.

Die kirchliche Organisation ist die gleiche wie allenthalben in der katholischen Welt. Die höchste Spitze ist der katholische Administrator für Goa mit dem Hauptsitz in Panaji. Unter ihm der Generalvikar, dem die Gemeindepriester untergeordnet sind. Der apostolische Administrator ist dem Papst unmittelbar verantwortlich, seine Jurisdiktion umfaßt das ehemalige Unionsterritorium von Goa, Daman und Diu (ab Mai 1987 daraus ein Bundesstaat gebildet). Im Distrikt Goa bestehen 145 Gemeindekirchen und 571 Kapellen. Die Kirche erhält keine staatliche Unterstützung, die Geistlichen leben von den Spenden der Gemeinde und von den Zinsen der Kirchengüter.

Daß bei den Christen Indiens Vollkörperbestattung nach urchristlicher Sitte vorherrscht, möge noch erwähnt werden. Im Gegensatz zur Hindugesellschaft ist das sog. joint family system (Großfamilie), das früher vorherrschte, zugunsten der Trennung des einzelnen Christen von seiner Familie nach der Heirat abgeschafft worden. Eigentum und Erbangelegenheiten werden durch das portugiesische bürgerliche Gesetzbuch geregelt, das auf dem Code Napoléon basiert. Auch bei Christen, wie bei Hindus, wird die Geburt eines Sohnes als Brotverdiener und Hilfe für die Eltern in späteren Tagen mehr geschätzt als die eines Mädchens. In Familien höherer Kasten heiraten oft nur ein oder zwei Jungen oder Mädchen, die übrigen bleiben unverheiratet, um den Lebensstandard der Familie nicht zu gefährden. Diese letzteren ergreifen dann Berufe, die ihren Lebensunterhalt sichern wie Lehrer oder Angestellte. Die Heirat selber erfolgt zumeist innerhalb der gleichen Kaste. Das durchschnittliche Heiratsalter der Mädchen beträgt 21 Jahre, das der Männer 27, in der arbeitenden Klasse darunter, bei Menschen höherer Bildung darüber. Zwischenkastenheiraten werden immer häufiger, je nach dem Grad der Lockerung der Familien-, Kasten- und Berufsbindung. Die dem Hindu auferlegte Enthaltung von alkoholischen Getränken kennen die Christen Goas nicht. Zuhause oder bei gesellschaftlichen Begegnungen werden diese ohne jedwede Restriktion gereicht.

Zum *Hausbau der Christen:* Ursprünglich, im 16. und 17. Jh., als die Priester begannen, die Sitten der Eingeborenen nach ihren katholischen Vorstellungen zu ändern, veränderte sich auch die bis dahin gepflegte Art der Reichen, ihre Häuser zu erbauen. Die Priester stellten Hausbaumodelle her, die ihrer portugiesischen Heimat entsprachen, wo der Barockstil damals vorherrschend war. So entstanden in den „Alt-Besitzungen" (Old Conquests) geräumige Herrenhäuser mit Balkon, Eingangshalle, Speiseraum, mit vielen sonstigen Zimmern, auf portugiesisch balcao, entrade, sala, refeitorio, cozinha etc. An den Straßenrändern fallen immer wieder diese Villen reicher Portugiesen und Goanesen aus jener Zeit oder der beiden letzten Jahrhunderte auf. Doch die Wohnungen der armen, zum Christentum übergetretenen Goanesen blieben, was sie waren, sehr kleine Lehmhäuser, die die Bewohner so reinlich wie möglich zu halten bestrebt waren.

Zur *Kleidung:* Die Christen des Distriktes kleiden sich auf europäische, moderne Art, die Jugendlichen tragen Jeans, wie hierzulande. Nur die Frauen der arbeitenden Klassen tragen noch einen Sari, der *kapodd* genannt wird, die Männer verwenden Hosen und Khakihemden, doch für festliche Gelegenheiten einen kompletten Anzug mit Schuhen anstelle der Sandalen. Es schickt sich nicht, bei solchen Anlässen nur mit offenem Hemdkragen zu erscheinen.

Zur *Nahrung:* S. auch Kap. 5, die goanesische Küche. Die Christen sind keine Vegetarier, die Grundnahrung besteht aus gekochtem Reis und Curry, wie bei Hindus, doch mit Fisch und Fleisch. Durch die Portugiesen hat sich die Zubereitung der Speisen bei beiden Religionsgemeinschaften im Verhältnis zum übrigen Indien etwas verändert, z.B. werden mehr Essig, mehr Eier und mehr stark gesüßte Speisen verwendet. Christliche Goanesen essen gewöhnlich mittags und abends das gleiche Gericht aus Curryreis mit Fisch, zum Frühstück nehmen sie Tee und Brot oder indisches Fladenbrot. Einmal pro Woche gibt es auf dem Land Fleisch und Gemüse. Stadtmenschen essen dies täglich, unterschiedslos ob Rind- oder Schweinefleisch, ob Hammel oder Geflügel. An Weihnachten wird Gebäck nach europäischer Art von den Hausfrauen gebacken. Natürlich sitzen Christen auf Stühlen an Tischen und essen aus Tellern mit Besteck, während die Hindus auf dem Boden sitzen und mit der rechten, der „reinen" Hand, das ihnen auf Blättern dargereichte Essen verzehren.

Zur *Musik:* Während die gebildeten christlichen Schichten klassische Musik, soweit der älteren Generation angehörig, und die Jugend die modernen westlichen Songs bevorzugen, besitzen die kleinen Leute nach wie vor ihre traditionellen Lieder und Gesänge, die ein Gemisch indischer und portugiesischer Kompositionen darstellen. Die Christen schätzen im allgemeinen nicht die klassische indische Musik.

Die meisten Christen Goas sind zwar fleißigere Kirchgänger als die Christen Europas, sie sind indessen nicht bigott, sondern eher tolerant gegenüber Nicht-Kirchgängern und anderen Religionsgemeinschaften, nicht wenige Freidenker sind unter ihnen, auch viele, die den Anschluß Goas an Indien befürwortet und dafür gekämpft haben. Konkani ist die Muttersprache der Christen, doch sprechen nicht wenige noch Portugiesisch zu Hause, die jüngere Generation Englisch. Es gibt sogar auf dem Lande noch Familien, die sich ausschließlich des Portugiesischen bedienen und das Konkani völlig vernachlässigen. Alle aber beherrschen die lateinische Schrift, in der sogar Konkani in mindestens einem Dutzend Zeitschriften gedruckt wird, welche in Goa und in Bombay erscheinen.

Ihre *Märkte und Feste* schließen sich eng an ihre jeweilige Kirche an, die in fast jedem Dorf der 4 Talukas (Kreise) Salcete, Mormugao, Tiswadi und Bardez stehen. In den übrigen Talukas gibt es sie in vielen, doch nicht in allen Dörfern. Ihre Pilgerziele sind der Schrein des hl. Franziskus von Xavier in der Basilika Bom Jesus zu Alt-Goa, die Jesus von Nazareth-Kapelle am Siridao-Strand, die Kirche von Linares beim Fort

Aguada, die Kirche der Hl. Drei Könige (Reis Magos) zu Verem und das Grab von Frater Agnelo in Pilar. Zum erstgenannten Pilgerziel kommen Wallfahrer nicht nur aus Gesamtindien, sondern aus der ganzen Welt. Daß der Karneval in Goa besonders lang und aufwendig gefeiert wird, dürfte sich herumgesprochen haben. Im übrigen decken sich ihre Feiertage mit den üblichen der Christenheit.

Kap. 2 - Geschichte und Kunstgeschichte von Goa

Es sei vorab festgestellt, daß in der weiten und reichhaltigen Kunstgalerie, die das alte Indien darstellt, Goa einen bedeutsamen Platz eingenommen hätte, hätte nicht die religiös-fanatische Intoleranz von Moslems und Portugiesen damit tabula rasa gemacht. Die letzteren sorgten dafür, daß auch der letzte Hindutempel in den Alt-Gebieten ihres Kolonialreiches zerstört wurde. Was übrig blieb, sind Trümmerstätten und die seit der Unabhängigkeit wenigen, in Museen geborgenen Reste skulpturaler Kunst. In der Mehrzahl der Kultstätten wurden indessen auch diese dem Hindukult dienenden größeren und kleineren Gegenstände ad majorem gloriam Dei in brutalem Vandalismus völlig vernichtet, auf Befehl der Gouverneure und Geistlichkeit wurde kein Stein auf dem anderen gelassen, um tief verwurzeltem „Heidenglauben" der Hindus auch materiell den Boden zu entziehen. So treten uns im Kunstbereich von Goa an allererster Stelle portugiesisch-christliche Sakralarchitektur und Kleinkunst entgegen.

Im altindischen Mythos forderte Parashurāma das Land von der See und ließ die Aryas, die ihn begleiteten, am Ufer der Flüsse Gomatī und Aghanāshini (die heutigen Flüsse Mandovi und Zuari) ansiedeln.

Die eigentliche Geschichte Goas beginnt mit dem 3. vorchr. Jh., als es noch Teil des weitgespannten nordindischen Maurya-Reiches war. Später kam es unter die Herrschaft der Sātavāhanas von Kolhāpur zu Beginn der christlichen Ära. Die Bhoja-Dynastie mit ihrer Hauptstadt in Chandrapur, dem heutigen Chandor, beherrschte das Gebiet im 4. Jh. Der Archaeological Survey of India grub bei *Chandor* im Taluka Salcete (66 km von Panaji) den frühesten Backsteintempel Goas mit Sanktum, Umgang und Versammlungshalle mit Portikus, geostet und 16,4 x 14 m groß, aus. 12 Steinbasen, in 2 Reihen von je 6 angeordnet, lassen vermuten, daß das Hallendach von Holzpfeilern getragen wurde. Die Backsteine sind handwerklich gut geformt und gebrannt. Eine Kupferplatte mit Schenkungsinschrift bestätigt das frühe Datum des 3. bis 4. Jh. Die alte Stadt Chandrapur war wohl geschützt durch Lehmmauern. Auch rotbemalte Keramik aus dem 3. Jh. fand sich am Flußufer. Sie war bewohnt vom 3. bis zum 12. Jh. Diese und weitere Fundstücke werden im St. Xavier College in Bombay aufbewahrt.

Auch der Tempel von Shri Mahāmaya in *Nunden* im Taluka Sanguem gehört der Frühzeit, dem 5./6. Jh., an. Er besitzt einen pyramidalen Turm und ist aus Laterit-steinen errichtet.

Die Hindu-Höhlen von Arvalem (s. Fotos 85 u. 86) im Taluka Bicholim stammen aus dem 6./7. Jh., lokal bekannt unter dem Namen „Pandavanchy Orya", ausgegraben am Hang eines nach Westen schauenden Laterithügels. Die mittlere Höhle besteht aus einer Kammer mit 3 Schreinen. Die Halle mit 4 quadratischen Pfeilern, davor liegen Stufen. Die nördliche Höhle ist ein quadratischer Schrein mit dem granitenen *linga*, dem phallischen Emblem des Gottes Shiva, auf einer Plattform. Darauf Inschrift in Brāhmī, der Urschrift aller süd- und südostasiatischen Schriftsysteme aus dem 6./7. Jh.

Die südliche der 5 Höhlen ist ein länglicher Raum mit einem Sockel in der Mitte und darauf wieder *linga*.

13

14

15

Foto 13: *Der Schlangengott Naga aus Peddem Tal Canacona, um 400 n. Chr.*

Foto 14: *Steinlöwe aus Goa Velha, der 2. Residenz der Goa-Kadambas, 12. Jh.*

Foto 15: *Der Shiva-Tempel von Curdi, Tal Sanguem, Portikuspfeiler aus Basalt, Wände aus Laterit, 13. Jh.*

Ein weiterer frühhinduistischer Tempel wurde in *Curdi* 8 km S Sanguem entdeckt (s. Foto 15), ein Shiva-Schrein, eine Treppenflucht führt von ihm zum Fluß Tirtha hinab, daneben kleine Felsgrotte. In der Struktur ähnlich der o.g. Kultstätte von Arvalem. Werkstoff war Laterit und Granit. Er besteht aus dem Schrein, worüber der helikoidal aufsteigende *shikhara*, wie der nordindisch-indoarische Tempelturm genannt wird, sich erhebt, und einem Portikus, einer kleinen Eingangshalle. Die Außenwände tragen das Pilastermotiv und etwas geometrischen Dekor. Der Portikus wird von Pfeilern getragen, die oben Kapitelle und Steinringe aufweisen. Schöner ornamentaler und floraler Dekor findet sich an den Bauteilen. Im Portikus noch der rückwärtige Teil eines Nandī erhalten, des Tragtieres von Shiva. Er dürfte aus der Zeit der Shilāhāras stammen, die von 750 bis 1010 in Goa herrschten.

17

Foto 16: Heldenstein aus Malcornem im Hist. Archiv von Goa, oben Devanagari-Schriftband

Foto 17: Witwenstein aus Malcornem, Tal Quepem

16

Im 6. Jh. einverleibte König Anirjitavarman von Kumāradvīpa, dem heutigen Kumbarjuva, das Land seinem Herrschaftsgebiet. Ab 580 herrschten die Chālukyas von Bādāmi etwa bis 750 über das Gebiet von Revatidvipa, dem heutigen Redi im Distrikt Ratnagiri, die nach der buddhistischen Epoche wieder die vedischen Opfer und den Kult von Vishnu und Mahādeva (Shiva) einführten. In Colvale im Taluka Bardez wurde eine große buddhistische Skulptur aus dem 3. Jh. n. Chr. ausgegraben. In einer Kupferplatte des 4. Jh. n. Chr. aus Siroda wird eine Landschenkung an 2 Brahmanen durch einen Fürsten erwähnt. Ein anderer Bericht in Brāhmī spricht von einer Land-schenkung an einen buddhistischen *vihāra*, d.h. das Kloster von Shivapur durch König Chandravarman, wohl von der Maurya-Dynastie. Shivapur ist das moderne Shiroda in Salcete.

Zu Beginn des 11. Jh. dehnten die Kadambas von Goa unter Shāshthadeva II. (1005-1050) ihre Herrschaft über ganz Goa aus und vertrieben die Shilāhāras. Um 1052 ver-legten sie ihre Residenz von Chandrapur (Chandor) nach Goāpurī (Goa Velha am Ufer des Zuari-Flusses, s. auch Foto 14). Während der Zeit von Jayakeshi I. (1050-1080) wuchs Goāpurī zu einem bedeutenden Handelsmittelpunkt heran mit weitreichenden Beziehungen, die Seeherrschaft der Kadambas erreichte damals neue Dimensionen, unter ihrem Schutz blühten die Kultstätten der Brahmanen und Jainas, ihre Residenz lag in Chandramahal, dem modernen Kepe im südlichen Goa. Im 13. Jh. wurde das Gebiet durch von den Yādavas bevollmächtigte Minister verwaltet, die die Macht der Kadambas zu bloßen Lokalherrschern reduzierten. Der bedeutendste unter diesen Ministern war Hemādri unter dem Yādava-König Rāmachandra (um 1270). Von den vielen ihm zugeschriebenen Tempelbauten ist lediglich der Shrī Mahādeva von *Tambdi-Surla* als gutes Beispiel der Kadamba-Yādava-Architektur des 13. Jh. erhalten (s. Ortsteil, Fotos 102 bis 114, Farbtafel XIII u. Bilder 7 bis 10). Die Kadambas erlangten erneut eine gewisse Unabhängigkeit, als sich der Griff der Yādavas unter der Wirkung ihrer Niederlage gegen Malik Kafur, den General des türkischen Sultans Ala-ud-din Khilji von Delhi, lockerte. Kāmadeva, der letzte der Kadambas, gab Goāpurī auf und flüchtete sich nach Chandor, der ersten und letzten Residenz der Kadambas, wo er ein Fort errichtete. Als das Heer des Mohammad bin Tughluq Chandor angriff und die Stadt bis auf den Grund zerstörte, erlosch die Dynastie der Kadambas.

Helden- und Witwensteine: Ahnen- und Heldenkult sowie die Verehrung von Witwen, die sich freiwillig auf dem Holzstoß mit der Leiche ihres Mannes verbrennen ließen, sind in ganz Indien nachzuweisen. In allen Teilen der Union finden sich konkrete Beweise dafür in Form des Ahnenaltars und Ahnensteines, vor dem Dorf aufgestellt, kultisch verehrt, weiterhin in Form von Heldensteinen, die den im Kampf gefallenen Helden (*vīra*, daraus *vīragal* = Heldenstein) in einer Stele mit mehreren Szenen über-einander darstellen, und schließlich in Form der Witwensteine, für Witwen errichtet, die sich freiwillig verbrennen ließen (*satī*, daraus *satīkal* = Witwenstein). Ob hier besonders in Südindien praktizierte neolithische oder bronzezeitliche Einflüsse vor-liegen, mag dahingestellt sein. Tatsache ist, daß auch in Goa Menhire, so in Tambdi-Surla (s. Foto 102), vorgefunden wurden. Im Tamil- und Kannada-Land stehen Mega-lith-Steine, darauf mit Ocker Name und Taten des Verstorbenen, ganz unserer Sitte der Grabsteine entsprechend. Bei den Heldensteinen sei auch an die attischen Grabstelen ab dem 5. vorchr. Jh. erinnert (so im Kerameikós zu Athen), wo der Tote immer in der Blüte seiner Jugend gegen den Feind siegend dargestellt wird.

Die in Goa gefundenen Steinstelen befinden sich nunmehr in den für die goane-sische Kunst zuständigen 3 Museen in Alt-Goa (s. Fotos 30-33), Panaji (s. Foto 75) und

Bombay, in der letzteren Stadt im Heras Institute of Indian History and Culture. In den sog. Neueroberungen (s. Vorbemerkung zum Ortsteil) sind sie teilweise noch in loco, da noch nicht abtransportiert oder erfaßt. Dort waren und sind sie zumeist unter Bäumen oder innerhalb des Tempelbereichs aufgestellt, schmale und hohe Basaltblöcke, oben halbrund oder giebelförmig zulaufend, mit szenischer Abfolge von unten nach oben, in 2 bis 6 Paneelen übereinander, mit einem breiten Fuß, in einen Sockel (*pītha*) gestellt, der das Aufstellen für die kultische Verehrung gestattet.

Die ältesten dieser Erinnerungsmale gehen auf die Zeit der Goa-Kadambas (1008-1300) zurück. Einige darunter tragen Inschriften, dann kulturgeschichtlich relevant. Die Todesart des Helden wird meist im untersten Relief dargestellt, im mittleren wird er von himmlischen Jungfrauen (*apsaras*) himmelwärts emporgetragen, oft mit Musikbegleitung, im oberen Paneel weilt er in himmlischen Gefilden. So ist es normal, von unten nach oben zu lesen, wie schon tausend Jahre zuvor in den frühbuddhistischen Pfeilern und Steinzäunen (*vedikās*) mit Buddhaleben. Der Tod konnte im Kampf zu Land oder zu Wasser erfolgen, zu Fuß, auf Pferde- oder Elefantenrücken, bei der Jagd auf Wildtiere oder aber in Selbstaufopferung für die Götter vor einem Tempel, wobei ihm der Kopf abgeschlagen wurde (so im Kālī- und Bhairava-Kult).

Die Witwensteine (*satīkal*, s. Fotos 32 u. 33) sind zahlreicher als die Heldensteine vertreten - zumal der schreckliche Brauch der Witwenverbrennung (*satī*) bis zum Verbot durch die Engländer im letzten Jahrhundert geübt wurde - und gehen auch zeitlich viel weiter zurück. Im südindischen Nāgārjunakonda fanden sich viele solche aus dem 2. und 3. nachchr. Jh. Eine abgewinkelte Hand oder beide Arme erhoben sind das untrügliche Merkmal eines Witwensteines. Im späten Mittelalter bis zum 18. Jh. wurde es üblich, Abdrücke der Handflächen der zum Feuertod entschlossenen Witwen in Ocker an Mauern oder Toreingängen anzubringen, ein weniger aufwendiges Verfahren.

Zurück zur Geschichte: Goa wurde Teil des mächtig erblühten südindischen Reiches von Vijayanagara im 14.Jh. Deren Könige führten arabische Pferde über die Häfen von Goa ein, um ihre Reiterei im Kampf gegen die türkischen Barbaren zu verstärken. Goa geriet 1469 unter das Bahmani-Sultanat von Gulbarga, als Mahmud Gawan, ein General von Mohammad III. (1463-82), das ganze Konkan-Gebiet erobert hatte. Als die Bahmani-Dynastie des Dekkhan durch das zentralistische Delhi-Sultanat unterging, wurde Goa Teil des Sultanats der Adil-Shahs von Bijāpur 1488. Während deren Regierung wurde Ila oder Velha Goa (Alt-Goa) die zweite faktische Hauptstadt der Bijāpur-Sultane.

Die Portugiesen: Im Februar 1510 startete Afonso de Albuquerque von Cochin, dem ersten portugiesischen Stützpunkt an der Malabar-Küste aus, mit einer Flotte von 23 Schiffen, bemannt mit 1200 Männern, mit der Absicht, das arabische Hormuz (Ormuz) an der Küste des Arabischen Meeres zu erobern. Als er jedoch in Onor zwischenlandete, wurde er im Auftrag des Hindukönigs von Vijayanagara, der damals in schwere Kämpfe mit dem moslemischen Bahmani-Reich im Dekkhan verwickelt war, von dessen Abgesandtem Timoja aufgesucht, der ihm riet, sein Ziel aufzugeben und direkt

Goa anzulaufen. Albuquerque suchte an der Malabar-Küste einen zentral gelegenen Platz, der sich als Hauptstadt des von ihm erträumten portugiesischen Reiches entlang der Westküste Indiens eignete und hatte dafür bereits Goa vorgesehen, so daß der Besuch Timojas seinen Plänen sehr gelegen kam, zumal der türkische Schah von Bijāpur im Kampf gegen das südindische Hindureich von Vijayanagara unterlegen und die ansässige Hindu-Bevölkerung gegen die Türken wegen deren Massenmorden an Hindus auf das äußerste aufgebracht war.

Unter diesen Umständen erschien Albuquerque mit seiner Kriegsmacht im Februar 1510 unerwartet im Hafen von Goa. Sein Neffe, Dom Antonio de Noronha, ließ sich mit einigen Männern aussetzen, griff die Burg Panjim (den Adil-Khan-Palast in Panaji) an und nahm sie ein, ein erster Erfolg, der den Portugiesen den Weg zur Einnahme der Stadt selber, des heutigen Alt-Goa (Velha-Goa) öffnete. Am 17.2.1510 boten 8 moslemische Häuptlinge unter der Führung von Mir Ali die Kapitulation der Stadt an. Der Einzug Albuquerques gestaltete sich triumphal: Das von der Moslem-Tyrannei befreite Volk warf ihm und seinen Männern Blumen und Gold- und Silberblättchen zu.

Bereits am 12.3.1510 ließ Albuquerque die in der portugiesischen Münzprägeanstalt von Goa hergestellten Kupfermünzen als neue Währung unter der Bevölkerung verteilen. Doch seine Herrschaft dauerte das erste Mal nur 3 Monate: Adil Shah, der lokale Moslemherrscher von Bijāpur, ließ 60 000 Mann zusammenziehen, zu denen sich die unzufriedenen Moslems von Goa gesellten, belagerte die Stadt, die Portugiesen waren gezwungen, abzuziehen, sie retteten sich auf die in der Nähe der Kirche Penha da França ankernde Flotte. Es war dies der 23. Mai 1510.

Nach dem Ende des Monsuns beschloß der portugiesische Statthalter, den Platz erneut anzugreifen, wobei er die unerwartete Hilfe von 10 gerade aus Portugal ankommenden Schiffen erhielt. So segelte er nach Cannanore an der Malabar-Küste und kehrte mit einer Flotte von 28 Schiffen und 1700 Männern, verstärkt durch die Hindutruppen von Timoja und die des Rāja von Garsopa, auf die Insel Angediva im äußersten Süden von Goa zurück und drang am 24.11.1510 erneut in den Hafen von Goa ein. Am Tage darauf wurde nach heftiger Gegenwehr die Stadt von den Portugiesen im Sturm erobert. Albuquerque wurde erneut begeistert von den Hindus begrüßt, die in ihm ihren Befreier vom verhaßten türkisch-moslemischen Schreckensregime sahen. Nachdem er auch die Fastinsel Tiswadi erobert hatte, schickte er sich an, den Hindus ihr von den Moslems geraubtes Eigentum zurückzugeben. Er gab den Befehl, die Sitten und Gebräuche des Volkes zu respektieren (nach seinem Tode sollte sich jedoch diese Toleranz in Verfolgung der Hindus umwandeln). Die Portugiesen konnten auch die Kreise Bardez und Salcete einnehmen, die sie aber erst nach einem Vertrag mit den Moslems endgültig in ihr Kolonialgebiet eingliedern konnten. Die Kreise (Talukas) Bicholim, Satari und Ponda kamen erst im 18. Jh. dazu. 1541 erließen die Portugiesen Gesetze, denen zufolge die Hindus zwangsweise zum Christentum bekehrt werden sollten, nachdem dies ihnen zuvor nicht durch friedliche Mittel gelungen war. Wer sich widersetzte, verlor Eigentum und Land und wurde in vielen Fällen zu den Galeeren verurteilt. Es begann die gesetzlich angeordnete Massenzerstörung von Hindu-Kultstätten, an der Hindus selber mitwirken mußten. Schließlich ordnete die „Carta Regia" vom 8.3.1546 das totale Verbot des Besuchs von Hindutempeln und die Verehrung hinduistischer Kultobjekte an. Alle Hindufeste wurden untersagt. Die sich widersetzenden Brahmanen wurden ausgewiesen. Am 25.6.1557 wurden die Nichtchristen von der Ausübung öffentlicher Ämter ausgeschlossen, die auf Neubekehrte übertragen wurden. Mit dem Gesetz vom 25.3.1559 wurde die Aufstellung „heidnischer Idole" in Häusern unter Androhung des Verlustes von Heim und Hof verboten. Daß sämtliche konfiszierten Gegenstände der Kirche zuflossen, liegt auf der Hand. Aufsässige Brahmanen wurden ab 1560 zu Sklaven- und Galeerenarbeit verurteilt.

Unter dem Vizekönig Constantino de Bragança wurde das Inquisitionsgericht (Tribunal do Santo Oficio) eingeführt. Mit deren Foltermethoden beginnt das schwärzeste Kapitel in der Geschichte von Goa. Tausende von Hindus flohen, die Dörfer zerfielen, die Felder lagen brach. Schließlich wurde unter dem Druck der Inquisition ein Gesetz erlassen, nach dem alle, die noch nicht dem Hinduglauben abgeschworen hatten, Goa zu verlassen hatten. Wer trotzdem blieb, verfiel lebenslänglicher Galeerenstrafe. Kreuz oder Joch war die einzige den Eingeborenen gebotene Wahl.

Hätte sich nicht die politisch-militärische Lage des portugiesischen Kolonialreiches im Jahrhundert zwischen 1634 und 1739 verschlechtert, so wäre das Hindutum in Goa völlig ausgerottet worden. Doch im Innern der Neubesitzungen griffen Korruption und Zerfall der öffentlichen Hand um sich, Vizekönige und Geistlichkeit stritten sich, die Holländer nahmen den Portugiesen die Molukken und Sumatra, die Perser den Hafen Ormuz, schließlich verloren sie Malakka, Ceylon und in Indien selber Mangalore, Cochin, Craganore und andere Plätze an die Holländer sowie alle Forts, die sie entlang der indischen Küste errichtet hatten. Die portugiesischen Besatzungssoldaten waren demoralisiert, führten ein unmäßiges Leben, so hatte die Rechtsprechung keine durchsetzende Kraft mehr, der Druck auf die Hindus wich allmählich. 1759 kam der Marquis von Pombal im portugiesischen Mutterland zur Macht, in dieser kritischen Periode außen- und innenpolitischer Schwäche riß er das Steuer herum, erkannte die Jesuiten als die Verursacher allen Leides der portugiesischen Nation, ließ sie verhaften und ins Gefängnis werfen. 2 Jahre später, 1761, wiederholte sich der Vorgang in Goa, Jesuitenorden und viele andere Orden wurden verboten, ihr Eigentum beschlagnahmt, 1774 wurde das Inquisitionstribunal abgeschafft und ein säkulares Regime eingeführt. Den Hindus wurden wieder alle bürgerlichen Rechte einschließlich der freien Ausübung ihrer Religion gegeben. Es ist dies der Grund, weshalb in den von den Portugiesen im 17. Jh. neu eroberten Gebieten (Novas Conquistas) nur relativ wenige Hindutempel zerstört wurden.

In reicheren Tempeln der Portugiesenzeit, als die Verfolgungen durch die Kirche nachließen, findet man Kleinkunst oft der höchsten Qualität. Christliche und moslemische Einflüsse wirkten hierbei auf die indischen Kunsthandwerker. So findet man vielerorts *Holzschnitzereien, Silberfolien* an Türen zum Sanktum wie in Mardol oder

Siroda, oder das während der Renaissance in Italien so beliebte *Graffito*-Verfahren. Dies bei aus Laterit errichteten Bauten, deren Außenhaut mit einem Glattstrich aus Kalk versehen wurde. Auf den Kalkputz legte man eine Schicht rot eingefärbten Gipses und darauf eine Schicht weißen Gipses, worauf Ornamente aller Art eingeritzt wurden. Bevor diese obere Schicht abband und hart wurde, wurden die Ornamente aus ihr herausgekratzt, so daß der rote Untergrund zum Vorschein kam, der dann die gewünschte Zeichnung in roter Farbe hergab, die sich kräftig von der weißen Oberschicht abhob. Wahrscheinlich wurde diese Technik von den Portugiesen aus Europa mitgebracht. Man findet sie heute noch in einigen Teilen Mitteleuropas vertreten, so im Engadin. Auf diese Weise können reizvolle Effekte entstehen, so Vogel- und Tierformen, Göttergestalten, geometrischer und floraler Dekor jeder Art. Jedenfalls ist die Graffitoverzierung goanesischer Tempel ein echter Beitrag des kleinen Landes zur Kunst Indiens und griff auch auf die Nachbarstaaten Goas über.

Goa, das heutige Alt-Goa (Velha Goa), war vor der portugiesischen Inbesitznahme die 2. Hauptstadt des Sultanates von Bijāpur gewesen, mit vielen Neubauten, Moscheen und einem Festungsgürtel, Anlegeplatz vieler arabischer Handelsschiffe. Nach der Einnahme der Stadt wurde der Moslempalast im Fort, später die Residenz der portugiesischen Vizekönige, die „Casa de Sabaio", in europäischen Formen umgebaut. Im 16. Jh. entstanden ansehnliche Straßen und Gebäude wie die Rua Direita (Gerade Straße), Misericordia, das Lazarus-Hospital, das Kloster des hl. Franziskus von Assisi, die St. Paulus-Schule usw. Die Verschönerung der Stadt konnte durch die Verwendung eines fast wie Marmor hochverdichteten Kalksteines bewerkstelligt werden, da durch die Eroberung von Bassein im Norden 1534 den Portugiesen dieser schöne, dort gebrochene Werkstoff zur Verfügung stand. Zur gespannten Lage wegen der holländischen Bedrohung um 1600 s. Ortsteil unter „Aguada".

Im 17. Jh. dehnten die Portugiesen unter Gouverneur Nuno da Cunha (1629-37) ihren Machtbereich auf Bardez und Salcete aus (zur gespannten Lage wegen der holländischen Bedrohung um 1600 vgl. Ortsteil unter „Aguada"). Die Marathen unter Shivajī hatten eine starke Flotte aufgebaut und belästigten mit dieser die Portugiesen zur See, Bardez nahmen sie im Sturm. Sambhājī, sein Sohn (beide die Nationalhelden der Marathen im Kampf gegen die Islami), zog vor die Tore von Alt-Goa, doch mußte er die Belagerung wegen der anrückenden Moghuln aufgeben. So gelang den Marathen kein militärischer Sieg gegen Engländer oder Portugiesen, die durch ihre kommerzielle Zusammenarbeit weiterhin Goa, Daman, Diu und Nagar Haveli fest in der Hand behielten.

Im innenpolitischen Bereich schufen die Portugiesen in Goa die Institution der Comunidades (Gemeinschaften als Selbstverwaltungskörper), die schon auf frühindische Zeiten des 1. nachchr. Jh. zurückgeht, wobei das gesamte Kulturland von altersher im Besitz von Dorfgemeinschaften war, die es auch bebauten - doch die Portugiesen führten dieses demokratische Prinzip, das von den türkischen Eindringlingen ab dem 13. Jh. zerschlagen worden war, folgerichtig weiter bis zum 20. Jh., so daß nach der Unabhängigkeit im Jahre 1961 das junge Indien mühelos dieses bedeutsame Patrimonium unbeschadet übernehmen konnte. Dabei wurde ein Teil des erwirtschafteten Ertrags zum Nutzen der Allgemeinheit verwendet, so zur Anlage von Tiefbrunnen, zur Bewässerung, zum Straßen- und Schulbau, für sanitäre Zwecke, wozu ein hohes Maß an Selbstverantwortlichkeit und Selbstbestimmung durch den Dorfrat (*panchayat*) erforderlich war. Das Vorhandensein dieser demokratisch fundierten Comunidades ist der Grund dafür, daß Goa das Problem des Landarbeiterproletariats nicht kannte, das in Nordindien durch die Ausbeutungspolitik und menschenverachtende Tyrannei türkischer Sultane und Moghuln unlösbar erscheinende Dimensionen angenommen hatte, die durch die Bevölkerungsexplosion der heutigen Zeit zu einem Existenzproblem Indiens geworden sind. Nicht nur Autonomie wurde der Kolonie Goa vom portugiesischen Mutterland gegeben, wenn auch beschränkt und von wechselndem Maße, je nach den Machtverhältnissen in Portugal, sondern auch demokratische Ansätze (bis zur Machtergreifung Salazars), so im Umstand erkennbar, daß sogar der Partido Indiano, die Partei der Eingeborenen im Jahre 1890, die Wahlen gewinnen konnte.

Im letzten Jahrhundert festigte sich weiterhin die Situation der von der katholischen Geistlichkeit in Goa bis 1761 verfolgten und enteigneten Hindus. Sie waren wieder in den vollen Besitz der staatsbürgerlichen Rechte als portugiesische Untertanen eingesetzt worden und konnten zu den höchsten Staatsämtern aufsteigen. Ihre Tempel und deren Eigentum, soweit überhaupt noch vorhanden, wurden nunmehr staatlich geschützt. 1910 wurde im portugiesischen Mutterland die Republik unter dem Motto „Freiheit, Gleichheit, Brüderlichkeit" der französischen Revolution ausgerufen, damit fielen die letzten rassischen und religiösen Schranken zwischen den so verschiedenen Bürgern der portugiesischen Kolonien. Staatliche Verordnungen sorgten dafür, daß auch in Goa sämtliche Einwohner, gleich welcher Religion oder Hautfarbe, vor dem Gesetz gleich wurden, so daß Goa bis zur Unabhängigkeit eine relativ prosperierende Kolonie war. Längst hatten die Hindus angesehene Stellungen in der Gesellschaft eingenommen, sie wurden vielerorts sogar den Neu-Christen vorgezogen.

In den frühen Morgenstunden des 18. Dezembers 1961 marschierten indische Truppen in Goa ein, eine 450 Jahre alte Herrschaft der Portugiesen ging damit zu Ende. Die Stimmen der Bevölkerung waren geteilt. Für einen Teil wurde damit ein während langer Zeit als aussichtslos angesehener Freiheitskampf doch noch gut beendet, für einen anderen Teil war dieser Einmarsch eine Annexion. In der Weltöffentlichkeit fragte man sich damals, ob Premierminister Nehru, der stärkste Verfechter der Gewaltlosigkeit im internationalen Verkehr, eine neue Politik der Gewalt damit eingeläutet habe und von den Prinzipien der friedlichen Koexistenz abgewichen sei. Nach der Unabhängigkeit von England im Jahre 1947 hatten die Machthaber in Indien lange gezögert, die noch vorhandenen europäischen Kolonien zu besetzen. Erst Anfang der 60er Jahre rang sich Nehru zu einer Politik der Stärke durch. So ist der Krieg Indiens mit China zu verstehen, wobei es sich um Tausende von Quadratkilometer große Gebiete handelte, die zwischen den beiden Mächten strittig waren. Indien verlor diesen Krieg. Es war dies

18   19

Foto 18: *Zuzug von Indern nach Goa, hier Stroh-*
hüttensiedlung von Umsiedlern aus Karnataka auf
dem Felsplateau von Fort Aguada

Foto 19: *Zuzug von Indern nach Goa, hier*
Wasserträgerinnen aus Belgaum in Karnataka

Foto 20: *Zuzug von Indern nach Goa, hier*
Getränkeverkäuferin an einem Touristenstrand   20

ein Vorgeplänkel in der Auseinandersetzung mit der portugiesischen Kolonie, eine
Andeutung schärferer Gangart der Regierung in Delhi. Es waren nach dem Abzug der
Engländer im August 1947 noch 2 Kolonialmächte auf dem Subkontinent präsent, die
Franzosen und die Portugiesen. Frankreich räumte 1954 freiwillig Pondicherry, indes-
sen dachten die Portugiesen nicht im geringsten an einen Abzug. Die Anhänger eines
indischen Goa, zumeist Hindus, weniger Christen, führten in jenen Jahren zahlreiche
gewaltlose Demonstrationen durch, meistens von außerhalb Goas organisiert. Die
Anzahl der die Friedenspolitik von Mahatma Gandhi nachahmenden Satyagrahis
(Anhänger friedlicher Demonstrationen) nahm immer mehr zu, so beschloß die portugiesische Verwaltung, das Problem auf radikale Weise zu lösen, indem sie der Polizei

63

den Befehl gab, einfach in die Menge zu schießen, wobei es Tote und Verletzte gab. Es war der indischen Regierung klar, daß ohne ein Eingreifen ihres Militärs eine Beendigung der portugiesischen Herrschaftsansprüche nicht realisiert werden konnte. Doch Nehru hielt sich, vorerst noch, an seine Prinzipien der friedlichen Koexistenz, Eckpfeiler der indischen Außenpolitik seit der Unabhängigkeit und 1954 in der Präambel eines Abkommens zwischen Indien und China über Tibet formuliert. Doch wurde in der indischen Öffentlichkeit und Presse das Problem Goa immer mehr hochgespielt, es wurden Behauptungen verbreitet, militante Goanesen würden erschossen werden, Goa sei ein Lager für Nato-Waffen geworden, in der Hauptstadt Panaji herrsche Unordnung und es sei daher ein Ausgangsverbot verhängt worden. Die Atmosphäre war aufgeheizt und so mußte der damals schon alte und krank gewordene Nehru der Volksstimmung nachgeben und den Einmarschbefehl erteilen, mit dem damit verbundenen Bruch internationalen Rechts. Die spärlichen portugiesischen Truppen konnten keinen ernst zu nehmenden Widerstand den Marschkolonnen der indischen Soldaten entgegensetzen. Wenn aber die Freiheitskämpfer in der „Operation Vijaya" (Operation des Sieges) die Hoffnung erweckt hatten, Goa werde nun ein Gliedstaat der indischen Union, so waren sie vorerst enttäuscht, es drohte die Verschmelzung mit dem nördlich gelegenen Unionsstaat Mahārāshtra, es hätte dies das vorzeitige Ende goanesischer Eigenständigkeit bedeutet. So einigte man sich auf eine Übergangslösung, nämlich Goa vorerst als „Union Territory of Goa, Daman and Diu" direkt der Zentralregierung in Delhi zu unterstellen. Bei diesem Provisorium blieb es bis zum Mai 1987, als endgültig Delhi seine Bereitschaft erklärte, den provisorischen Status zu beenden und Goa zu einem vollwertigen Unionsstaat des indischen Staatenverbandes zu machen.

Nicht alle Goanesen, besonders nicht die christlichen, sind heute glücklich über diese Veränderung, die einen erheblichen Zuzug von Hindus (s. dazu Fotos 18-20) von außerhalb Goas bedeutete, mit all den Folgeerscheinungen, die in den übrigen indischen Staaten zu beobachten sind: Unterbietung des bisherigen Lohnniveaus durch Billigarbeiter, Wohnungsprobleme, Bau überfüllter Hochhäuser, Bettelei und gar Prostitution. Früher hatte Goa den Status eines Freihafens genossen, in dem alle ankommenden Güter der Welt relativ billig zu haben waren. Heute blühen Schwarzhandel und Schmuggel, wer sich dies nicht leisten kann, ist auf indische und daher teilweise zweitrangige Ware angewiesen.

Die ortsansässigen christlichen Inder, die seit Jahrhunderten lusitanische Kultur und Sprache pflegen, fühlen sich verdrängt, befürchten, ihre Kinder könnten nicht mehr dem Druck der zahlreichen nichtgoanesischen Kinder Widerstand leisten, würden später berufliche Nachteile erleiden, könnten nicht mehr die Kulturgüter des Abendlandes in den Schulen erlernen. So fühlen sich viele Luso-Inder zunehmend als Fremde in der eigenen Heimat, es wurde dem Verfasser berichtet, daß goanesische Christinnen, sofern sie ihre europäischen Kleider in Geschäften und Läden tragen, bei der Bedienung überall benachteiligt werden gegenüber denjenigen, die einen Sari tragen. So werden sie deutlich in eine mit Unsicherheit beladene Minderheitsposition gedrängt, das

Land wird zumeist von Nichtgoanesen verwaltet, Delhi sieht das lusitanische Erbe als Fremdkultur an. Sogar die Prohibition sollte unter Premierminister Desai eingeführt werden, der Goanese sollte auf seinen so sehr geliebten Feni, den lokalen Kokosnuß-schnaps, verzichten, den die Franziskaner-Mönche herzustellen in früheren Jahrhunderten den Goanesen gelehrt hatten. So geht heute ein Riß durch die Bevölkerung, den zuzugeben die Alt-Goanesen nur in einem vertraulichen Gespräch bereit sind.

Foto 21: Altes portugiesisches Haus am Nordufer des Mandovi-Flusses   *Foto 22: idem*

Was im Straßenbild auffällt, sind einerseits die überall im Lande in den letzten 25 Jahren auf Kosten der indischen Regierung restaurierten Kirchen mit ihren weiß getünchten Fassaden, die durch Alter und Monsun stark gelitten hatten, ohne daß die portugiesische Kolonialverwaltung besondere Anstrengungen unternommen hätte, die Schäden auszubessern, und die bei den regierungsseitigen Bemühungen um Förderung des Tourismus keine gute Visitenkarte abgegeben hätten - und andererseits, ebenso zahlreich wie die Kirchen, die in den portugiesischen Altgebieten großzügig angelegten Landsitze der ehemaligen Feudalherren (s. Fotos 21-24), teilweise bis in das 17. Jh. zurückreichend. Wie die Kirchen sind diese Villen frisch gestrichen in pastellzarten Farben. Bei näherer Betrachtung stellt man überrascht fest, daß sie nur von wenigen älteren Menschen instandgehalten werden, deren Angehörige bei der Option nach der Unabhängigkeit vorzogen, portugiesische Staatsangehörige zu bleiben und die daher das Land verlassen mußten. Oder aber handelt es sich um Häuser von Goanesen, die zur Arbeitssuche nach Bombay umsiedelten oder gar nach Portugal, Brasilien oder Afrika auswanderten, die aber immer wieder in ihre Heimat besuchshalber oder aber im Falle älterer Menschen für immer zurückkehren. Für sie alle werden die mediterran anmutenden Landhäuser erhalten, die teilweise kostbar mit schweren, altportugiesischen Möbeln und wertvollen Leuchtern und Teppichen ausgestattet sind, die Holzböden auf Hochglanz gebohnert, so daß die Verwandten bei ihren Besuchen ein zweifaches Heimatgefühl erleben, das der schönen goanesischen Landschaft und das der Geborgenheit im Stil der 50er Jahre. Nicht zu Unrecht wird von diesen immer noch „lusitanisch" gesonnenen christlichen Goanesen gefürchtet, ihr Land würde nunmehr

*Foto 23: Holzbalkon im „lateinischen"
Viertel der Stadt Panaji*

*Foto 24: Einrichtung einer portu-
giesischen Villa in Goa*   24

von landfremden Einwanderern überschwemmt (s. Fotos 18-20), die Ausbildungs- und
Berufs-Chancen würden durch indische Billig-Arbeiter verschlechtert und ihre Kultur
und ihr gepflegter Lebensstil durch die allindische Massenzivilisation untergehen. Es
wird sich in naher Zukunft bereits erweisen, ob die goanesische Eigenständigkeit die
innere und die politische Kraft besitzt, sich gegen außen tatkräftig genug abzu-
schotten, das Selbstbewußtsein dazu ist vorhanden, gestärkt durch den sich kräftig entwickelnden Tourismus, der Goa einen Sonderstatus innerhalb der Union zuweist als
dem schönsten indischen Touristengebiet ohne jedwede alkoholische Beschränkung,
mit seinen langen Badestränden, die immer noch teilweise menschenleer sind.

Seit Februar 1987 wurde nach langem und manchmal blutigem Kampf von der Zentralregierung in Delhi die örtliche Mundart, das Konkani, eine dem Marathi von
Mahārāshtra sehr verwandte Sprache, als eigenständige Sprache anerkannt, sehr zum
Verdruß der in Goa lebenden Inder nicht-goanesischer Abstammung. Radikale Kon-
kani-Befürworter hatten sogar die Einführung des lateinischen Alphabetes verlangt,
eine Forderung, die selbstverständlich abgelehnt wurde. Ein weiterer Schritt zur Eigen-
staatlichkeit ist die im Mai 1987 vollzogene Umwandlung vom Union Territory of
Goa, Daman and Diu in einen Bundesstaat mit gleichen Rechten und Pflichten wie die
übrigen indischen Staaten.

Kap. 3 - Ortsteil

(Beginnend mit Alt-Goa und Panaji.)

Vorbemerkung: Die sog. „Alt-Eroberungen" der Portugiesen waren die Kreise (Talu-kas) Ilhas in der Mitte (nunmehr Tiswadi), Bardez im N und Salcete im S. Allgemein gesprochen finden sich keinerlei hinduistische Alt-Tempel in diesem Bereich, da von den Portugiesen zerstört, die vorhandenen Kultstätten stammen frühestens aus dem Ende des 17. Jh.

Dagegen sind in den „Neu-Eroberungen" der Portugiesen, das sind die Talukas Bicholim, Canacona, Pernem, Ponda, Quepem, Sanguem und Satari, die meisten dieser Alt-Tempel noch erhalten, wenngleich deren alte Bausubstanz vielerorts durch Anbauten und Veränderungen schwer erkennbar ist. Der Taluka Mormugao wurde nach der Unabhängigkeit neu gebildet.

Alt-Goa: Old-Goa, Velha Goa, heute kleines Dorf mit etwa 700 E. im Taluka Tiswadi, 10 km O Panaji, über gute Asphaltstraße von dort zu erreichen. Regelmäßige Busver-bindung zwischen Panaji und Alt-Goa. Am Ufer des Flußes Mandovi, auch Gomati genannt, gelegen. Alt-Goa, früher bekannt als das „Rom des Ostens", Handelszentrum zwischen Ost und West, hinterläßt ein reiches Patrimonium lateinisch-portugiesischer Kultur des 16. bis 19. Jh. an römisch-katholischen Kirchen und kirchlicher Kleinkunst und sollte daher von jedem Besucher Goas aufgesucht werden.

Geschichte der Stadt: Sie führt auf das 11. Jh. zurück, als die Kadambas (1007-1300) dort eine Brahmanensiedlung (*brahmapurī*) gründeten. Die Stadt blühte als Handelsplatz der indischen Westküste auf, Ibn Battuta, der arabische Reisende, der 1342 nach Goa kam, erwähnt ausdrücklich diesen Umstand in seinem Reisebericht. Durate Barbosa, der um 1500 die Stadt aufsuchte, schildert sie als groß, mit stattlichen Gebäuden, Tem-peln, Moscheen, Straßen und Plätzen, von Festungswällen und Türmen beschützt. Der Palast des Adil Shah war der auffallendste Bau. Mit der Ankunft der Portugiesen ent-standen viele neue Bauten. Um die Mitte des 16. Jh. hatte das portugiesische Reich in Übersee seinen Höhepunkt erreicht. Goa wurde das Zwischenlager des asiatischen Handels, von wo aus Gewürze und viele andere Waren auf den nach Portugal zurück-fahrenden Schiffen in den W gebracht wurden. Khambāt (oder Cambay) in Gujarāt und Goa wurden die wichtigsten Häfen, wo die aus Europa kommenden Waren an die indischen Händler verkauft wurden. Der König von Portugal behielt sich selber das Monopol des Gewürzhandels vor, der einen Umfang von 30 000 Zentnern pro Jahr besaß. Von jeder im- oder exportierten Ware kassierten die Portugiesen etwa 30% des Warenwertes, wodurch ein ungeheurer Reichtum in die Stadt Goa floß. Die Sümpfe vor der Stadt wurden aufgefüllt und sie begann, über die Mauern hinaus zu wachsen. 1543 brach eine furchtbare Epidemie aus, die etwa 200 000 Menschen im Gebiet von Goa dahinraffte, ein Rückschlag für die städtische Entwicklung, dem aber bald ein neuer Aufschwung folgte. Kirchen und Klöster der verschiedenen Ordensgemein-schaften, deren früheste die der Franziskaner war, sowie zahllose Bürgerhäuser wurden errichtet. Die Glanzzeit war das 1. Drittel des 17. Jh., damals hatte Velha Goa schätzungsweise eine Viertel Million E. Es war ein Zentrum europäischer Kultur, geleitet von Jesuiten. Es entstand die erste Universität Indiens 1557, der erste Gerichtshof Asiens 1544, die Stadt wurde besiedelt von Menschen aller Rassen, zeitgenössische Schriftsteller nannten sie „Goa dourada" (Goldenes Goa).

Doch eine neue Epidemie von bisher unbekannten Ausmaßen im Jahre 1635 bremste diesen Aufschwung. Und wieder hatte sich ein Menschenalter später die Stadt so erholt, daß der Holländer Philip Baldaeus um 1672 schreiben konnte, die Läden entlang der Hauptstraße seien voll von Seide und Porzellan, Sklaven würden auf den Plätzen wie eh und je versteigert werden. Dellon, ein weiterer zeitgenössischer Reisender, berichtet vom durch die Inquisition verursachten Terror. Dies, eine erneute Epidemie und der Fehlschlag der Portugiesen, gegen die mächtige britische Flotte ihre bisherige Seeüberlegenheit aufrechtzuerhalten, führten zu einem endgültigen Zerfall der Stadt, der den portugiesischen Vizekönig, den Herzog von Alvor, dazu bestimmte, seine bisherige Residenz in Alt-Goa aufzugeben, die er in den alten Sultanspalast (das jetzige staatliche Sekretariat) in Panaji 1759 verlegte. Diese Verlagerung staatlicher Autorität und deren restriktive Religionspolitik mit der Ausweisung vieler Orden 1835 ließen die bisherige Stadt Velha Goa zu einem Dorf zusammenschrumpfen. Die stattlichen Gebäude der Stadt zerfielen.

Der ehemalige Ruhm der Stadt, Hauptstadt des überseeischen Reiches von Portugal, hat relativ wenige Reste an Zivilbauten und städtischen Einrichtungen zurückgelassen. Die Stadt war von einer Festungsmauer umgeben. Westlich der jetzigen Katharinen-Kapelle war *Ribeira Grande* (das Große Ufer) mit Handwerksbetrieben, Arsenal, Münze, Kanonengießerei, der Katharinen-Kai, das berüchtigte erzbischöfliche Gefängnis *Aljube*, die St. Martins-Kapelle, das Bonventura-College, das königliche Hospital und die Elefantenställe. Auf der rechten Seite des Katharinen-Kais war *Ribeira das Galeras*, das Galeeren-Ufer, wo prächtige Großruderboote mittelmeerischer Bauart angeblich hergestellt wurden. Es war dies auch der Landeplatz für die aus Portugal eintreffenden Schiffe. Daneben war *Terreiro Grande*, 500 m entlang dem Mandovi-Ufer, das administrative und kommerzielle Viertel der Stadt einschließlich Vizekönigs-Palast, das *Terreiro do Paco*. Nach O lag der große Markt, Bazar Grande. Südlich des Bazars dehnte sich die eigentliche Stadt aus, durch den Torbogen der Vizekönige zu betreten, der sich am Westende des Palastes erhob. Dort begann die *Rua Direita* (Gerade Straße) und führte 2 km als Hauptachse durch die Stadt, an ihr lag „*O Leilao*", der Platz für öffentliche Versteigerungen.

Im Gebiet der Sé-Kathedrale, des alten erzbischöflichen Palais und von Kloster und Kirche des Franziskus von Assisi lag das gewaltige Inquisitionsgebäude, nördlich davon der Senat und die *Casa dos Contos*, das königliche Schatzamt. Neben dem Inquisitionsbau befanden sich Kirchen und Wohnungen der *Misericordia*, einer Gemeinschaft von Laienbrüdern, und die Kapelle Nossa Senhora de Serra, über der Stätte des ehemaligen Eingangstores zur moslemischen Stadt errichtet.

Die an der Bom-Jesus-Kirche vorüberführende Straße mündete auf einen Platz, wo der Markt abgehalten wurde. Daneben ein großer Steinpfeiler, Rest des alten Prangers. Dort im Stadtzentrum lag auch die *Bartilha*, wo gestohlene Güter verkauft wurden. Die Kirche zum Wundertätigen Kreuz lag im äußersten S der Stadt auf dem Hügel *Boa Vista*. Dort im S war an der Straße nach Carambolim nahe dem Gomanteshwara-Tempel die Kirche der Hl. Dreieinigkeit.

In der SO-Ecke der Stadt, auf der rückwärtigen Seite der St. Cajetan-Kirche, waren das St. Pauls-Kollegium, Kirche und Kloster des hl. Dominikus, Kirche und Kloster der Karmeliter, die Kirche Nossa Senhora de Monte, Kirche der hl. Lucia, Lazarus-Hospital und St. Thomas-Kirche. Südlich des Franziskus von Assisi-Klosters lag der *Terreiro dos Gallos*, der Platz, wo dann die Bom-Jesus-Basilika und das Bekenntnis-Haus der Jesuiten errichtet wurden. Davon westlich folgte das Kloster Sao Joao de Deus (Johanneskloster).

Kunst und Architektur von Alt-Goa: Für die Portugiesen des 15. und 16. Jh. waren Politik und Religion, Eroberung fremder Länder und deren Missionierung Synonyme. Obwohl das sog. Alt-Christentum Indiens schon in apostolischer Zeit mit der Ankunft Thomas' des Ungläubigen auf indischem Boden begründet worden sein soll, dem katholische Flüchtlinge aus Syrien, die sich an der Malabar-Küste niedergelassen hatten, eine weitere Stärkung gebracht hatten, erfolgte erst mit der Ankunft der Portugiesen eine zielstrebig vorangetriebene Konvertierung der Eingeborenen zum römischkatholischen Glauben, gefördert durch die Franziskaner, die als erster Orden 1500 sich niederließen, denen Karmeliter, Augustiner, Dominikaner, Jesuiten und andere Orden folgten. Der Bau von Kirchen und Klöstern war die unmittelbare Folge. Deren Architektur lehnte sich eng an die damals in Europa vorherrschenden Kunstrichtungen von Spätgotik, Renaissance, Manierismus und Barock an. Vgl. Fassadenentwicklung in Bild 5. Zu Beginn des 17. Jh. sprossen die meisten Kirchen empor. Die Architekten inspirierten sich hauptsächlich an italienischen Vorbildern, die für das ganze Abendland richtungweisend waren. So wurde die St. Cajetan-Kirche nach dem Prototyp von Neu-St. Peter in Rom gestaltet, während die Bom-Jesus-Kirche im Spätrenaissance-Stil noch die Waagerechten und Senkrechten der dorischen, jonischen und korinthischen Ordnung aufweist. Die Sé-Kathedrale mit tuskischen Außensäulen, korinthischen an den Portalen, über erhöhtem Stylobat, durch Treppenflucht zugänglich, mit Tonnenwölbung der Decke über dem Schiff, ist ein weiteres Beispiel goanesischer Prunkarchitektur, so daß mit Recht damals von Goa als der „Königin des Orients" gesprochen wurde. Es hieß einstens: „Quem viu Goa, nao precisa ver Lisboa" (Wer Goa gesehen hat, muß sich Lissabon nicht mehr anschauen). Von dieser Pracht sind heute nur noch wenige Überreste zu sehen, dem Zahn der Zeit haben vor allem einige Kirchen im Stil der Neoklassik und der Renaissance getrotzt. Der Barock schlug sich hauptsächlich in den Altären der Renaissance-Kirchen nieder, sein überladener Prunk und seine Goldarbeiten sollten den Katechumenoi unter den Eingeborenen wohl die Macht dieses neuen Glaubens demonstrieren. Der im 16. Jh. in Portugal vorherrschende Manuel-Stil (nach

König Manuel von Portugal 1495-1521) mit gedrehten und ineinander verflochtenen Säulen, überdekorierten Eingangsportalen, hochliegenden Kirchenfenstern, setzte sich hier nicht durch, zumal aus klimatischen Gründen es notwendig war, wegen der erforderlichen Belüftung die Fenster so niedrig wie möglich anzusetzen. Das einzige Beispiel der Manuel-Architektur wurde experimentell an der Kirche zu Unserer Lieben Frau vom Rosenkranz ausgeführt. In der Kirche findet man auch ein Rippengewölbe, wie es die Gotik liebte. An der St. Franziskus-Kirche ist lediglich das Portal in dem für Portugal spezifischen Manuel-Stil gestaltet.

Werkstoff aller Kirchen Alt-Goas war der rötliche, örtlich anstehende Laterit, dem man gegen die Unbill des Monsuns einen Gipsüberzug gab. Für Stützen wie Pfeiler und Pilaster wurde von auswärts herbeigebrachter Basalt verwendet. Alle Kirchen sind basilikal gestreckt, außer der Bom-Jesus-Kirche und der Cajetan-Kirche, beide auf dem Grundriß eines gleichschenkeligen griechischen Kreuzes. Die Eingänge wurden wegen des heftigen Monsuns möglichst klein gehalten, der Schäden an den Bauten anrichtete, die jedes Jahr neu behoben werden mußten. Jedes Gebäude, das nicht sorgfältig unterhalten wurde, zerfiel rasch im feucht-heißen Klima. Die Architekten waren Ausländer, doch die Ausführenden am Bau Einheimische. Es zeigt sich dies an den nach italienischen Vorlagen gemalten Heiligenbildern, ungeschickt in Konzeption und Ausführung, die an den Innenwänden erscheinen, besonders an der Franziskus-von-Assisi-Kirche. Auch in der Unserer Lieben Frau vom Rosenkranz ist am geschnitzten Kenotaphion zur Seite des Altars die einheimische Hand zu spüren. Bessere Technik verraten die Holzschnitzereien und die wenigen Steinskulpturen, hier gelang den indischen Steinmetzen und Holzschnitzern eine bessere Nachahmung westlicher Kunst.

Franziskus von Xavier: s. Karte 1. Die kleine Flotte von 5 Schiffen, die Lissabon am 7. April 1541 mit Ostindien als Ziel verließ, hatte unter anderem den neuen Gouverneur von Goa, Dom Martin Afonso de Souza, und einen schmächtigen Mann, Vater Francisco, an Bord, 35 Jahre alt, der die schwierige Aufgabe übernommen hatte, das Christentum unter den Untertanen seiner portugiesischen Majestät in dessen indischen Kolonien zu verbreiten. Durch seine frühe Verbindung mit Ignatius Loyola, dem Begründer des Jesuitenordens, und durch seinen glühenden Glaubenseifer war er für diese Mission geradezu prädestiniert.

Francisco de Xavier y Jassu stammte aus adeligem Hause, geboren 1506 im Stammschloß der Familie im Königreich Navarra. 1530 erhielt er die Priesterweihe und kam in Verbindung mit Loyola, der nach seiner Kriegsverwundung seinen Waffenberuf aufgegeben und sich geistlichen Studien gewidmet hatte und später den Jesuitenorden gründete. 1537 wurde Xavier von Papst Paul III. als Priester nach Venedig entsandt. Im Mai 1542 erreichte er Goa mit seinem Schiff. Schon 4 Monate später brach er zu seiner Missionsreise nach Südindien auf. Doch sein Wirkungszentrum blieb Goa, wo er eng mit dem Paulus-Kollegium verbunden war. Die Nachricht, daß der christliche Glaube auf einigen Inseln der Molukken Fuß gefaßt hatte, veranlaßte ihn zu einer gefährlichen Fahrt, wobei er die Halbinsel Malakka erreichte. Dort ließ er die hl. Texte in

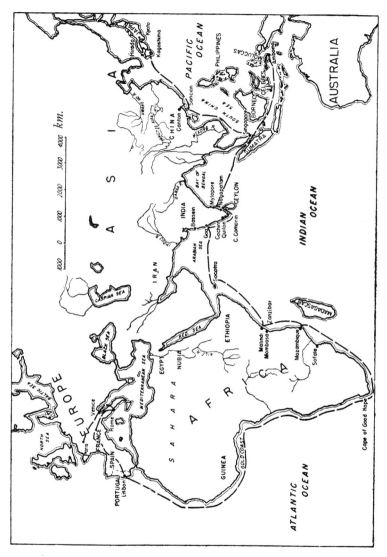

Karte 1: Die Reisen des hl. Franziskus von Xavier nach Fernost

Malaiisch übersetzen, um das Evangelium den Eingeborenen näher zu bringen. 1548 kehrte er nach Goa zurück, um 1549 eine noch wagnisreichere Seereise nach Japan anzutreten, wo er vom dortigen König Yamaguchi freundlich aufgenommen wurde.

Doch der japanische Adel widersetzte sich jeder Missiontätigkeit und so kehrte er 1552 nach Goa zurück, um im gleichen Jahr eine 2. Reise nach Fernost anzutreten, dabei erreichte er indessen nur die vor der chinesischen Küste gelegene Insel Sanchan, wo er durch eine heftige Krankheit am 3. Dezember 1552 im Alter von nur 46 Jahren starb. Sein Körper wurde nach Malakka und 1554 nach Goa verbracht und beim Paulus-Kollegium beigesetzt, 1613 aber zur Bom-Jesus-Kirche umgebettet. Nach seiner Heiligsprechung kamen seine Gebeine in einen Silbersarg, der in einem eigens gebauten Mausoleum der Bom-Jesus-Kirche Aufnahme fand. Alle 10 Jahre werden diese öffentlich den Gläubigen in Goa gezeigt.

Rundgang: s. Karte 2, Monumente in Alt-Goa. Die meisten der größeren Altbauten Alt-Goas sind heute abgegangen, darunter der Palast des Adil Shah, von dem nur noch Teile original erhalten sind, die Kirche St. Katharina, der Senat und Inquisitionspalast, auf der W-Seite des Mandovi-Flußes das Arsenal mit den Dockanlagen, die Münze, das königliche Hospital, das St. Lazarus-Hospital u.a., die nur noch Fundamente oder Schutthäufen hinterließen. Die noch vorhandenen werden seit der Unabhängigkeit, bzw. der Eingliederung Goas in die Indische Union vom Archaeological Survey of India betreut und unterhalten.

Der Rundgang beginnt bei der Kathedrale und endet dort.

1 - Die *Sé-Kathedrale* (s. Karte 2 Nr. 1, Bild 1 und Fotos 25 u. 26). Begonnen 1562, vollendet 1619, von der portugiesischen Regierung für die Dominikaner errichtet. Nicht weit entfernt stand eine Katharinen-Kirche von 1510, die in der Folge durch eine Bulle Papst Pauls III. 1534 zur Kathedrale erhoben wurde. Doch dann entschloß man sich, eine neue Kathedrale zu erstellen, deren Grundstein 1562 gelegt wurde. Erst 1619 wurde sie fertiggestellt und geweiht, die Altäre 1662. Stolz hatte der damalige Vizekönig von Goa, Graf von Redondo (1561-64), verkündet, daß ein „großartiges Gotteshaus, würdig des Reichtums, der Macht und des Ruhmes der Portugiesen, die die Meere vom Atlantik bis zum Pazifik beherrschten, gebaut werden solle". Die Kathedrale ist der hl. Katharina von Alexandria geweiht, die 307 n. Chr. den Märtyrertod starb. Es ist der größte Kirchenbau am Platz, 76 x 55 x 35 m, über einer hohen Lateritplinthe, mit Kalkmörtel verputzt, von rechteckigem Grundriß, Eingang im O, Presbyterium mit dem Hauptaltar und dem Transept im W rechteckförmig vorgebaut, das Transept nicht als Querschiff äußerlich erkennbar, da beiderseits ohne vorspringende Flügel. Das Außenbild stilmäßig in portugiesischer Gotik. Das Langhaus dreischiffig, entsprechend 3 Eingänge, durch 2 Reihen massiver Pfeiler die Schiffe ausgeschieden, die Seitenschiffe durch Zungenwände gegliedert, worin beiderseits je 4 Kapellen sich aneinanderreihen. Im Querschiff an W-, S- und N-Wand beiderseits je 3 Altäre. An die N-Wand des Chores angehängt die Sakristei, im S ist die Flucht des Langhauses durch einen in die Mitte gestellten Glockenturm unterbrochen (dem ein 1776 eingestürzter

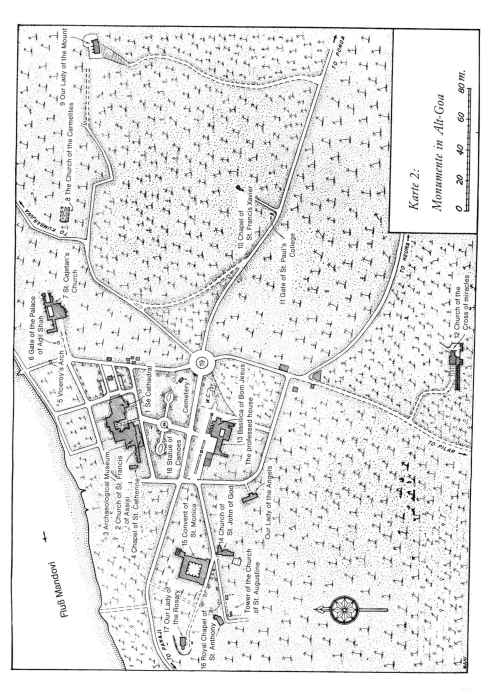

Fluß Mandovi

Karte 2:

Monumente in Alt-Goa

0 20 40 60 80 m.

1 Sé Cathedral
2 Church of St. Francis of Assisi
3 Archaeological Museum
4 Chapel of St. Catherine
5 Viceroy's Arch
6 Gate of the Palace of Adil Shah
7 St. Cajetan's Church
8 The Church of the Carmelites
9 Our Lady of the Mount
10 Chapel of St. Francis Xavier
11 Gate of St. Paul's College
12 Church of the Cross of miracles
13 Basilica of Bom Jesus
The professed house
14 Church of St. John of God
15 Convent of St. Monica
16 Royal Chapel of St. Anthony
17 Our Lady of the Rosary
18 Statue of Camoes
19

Our Lady of the Angels
Cemetery
W.C.
Tower of the Church of St. Augustine

TO KUMBARJUA
TO PONDA
TO NEURA
TO PILAR
TO PANAJI
MANI

73

im N entsprach), seine Glocke durch ihren reichen und vollen Klang „Goldene Glocke" genannt. Das Hauptschiff tonnengewölbt, das Transept mit Rippenwölbung, Schiff und Chor von massiven Pfeilern getragen. Carraramarmor ist in die Pfeiler eingelassen. Beim Eingang rechts das historische achteckige Taufbecken aus einem einzigen Granitblock, aus dem der hl. Franz von Xavier 1542 zahllose Katechumenoi getauft haben soll, das dann hierher versetzt wurde. Am Eingang links großes Bild des Christophoros mit dem Jesus-Knaben auf der Schulter.

Foto 25: links Kirche des hl. Franziskus von Assisi, rechts die Sé-Kathedrale, Alt-Goa

Foto 26: Chor der Sé-Kathedrale in Alt-Goa   26

Am Haupteingang stehen korinthische Säulen, an deren Plinthe eine lateinische Inschrift steht, daß zur Regierungszeit des Königs Sebastian 1557-78 diese Kathedrale 1562 gebaut wurde und daß auch die folgenden Könige zum Ausbau beitrugen. An den 2 Säulen des Chores stehen die Statuen des hl. Franz von Xavier, rechts ist in einer Zelle ein Taufbecken von 1532. Im linken Seitenschiff reihen sich links vom Eingang die Marien-, Sebastians-, Sakraments- und weitere Marienkapellen an. Rechts die Antonius-, Bernhardus-, Wunderkreuz- und Heilig-Geist-Kapellen. Die beiden letzteren mit schön geschnitzten, perforierten Holzretabeln, das Kreuz aus der abgegangenen Kirche zum Wunderkreuz 6,4 m hoch. Im Schiff stehen 2 Holzkanzeln vor den tragenden Pfeilern rechts. Im Querschiff rechts St. Josef-, Dolorosa- und Petrus-Altar, über 4 Altären Bilder aus Heiligenleben. Der Hauptaltar 11,5 x 10,6 m der hl. Katharina von Alexandria gewidmet. Er besitzt in der Mitte 3 Nischen übereinander, in denen Bilder der Maria, der Himmelfahrt Mariens und der Kreuzigung stehen. Darüber die Taube des Heiligen Geistes. An der Altarbasis Aufmarsch von Aposteln, Evangelisten,

74

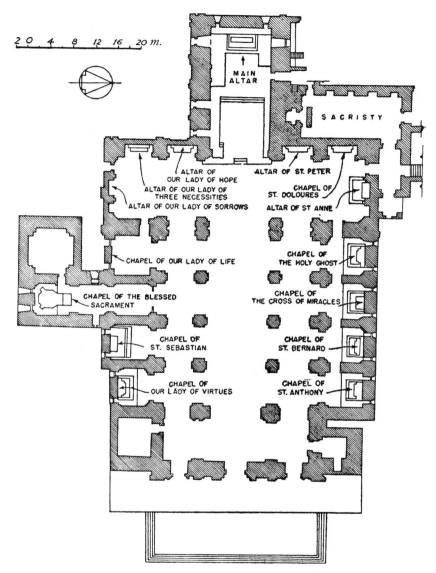

MAIN
ALTAR

SACRISTY

ALTAR OF
OUR LADY OF HOPE

ALTAR OF ST. PETER

ALTAR OF OUR LADY OF
THREE NECESSITIES

CHAPEL OF
ST. DOLOURES

ALTAR OF OUR LADY OF SORROWS

ALTAR OF ST ANNE

CHAPEL OF OUR LADY OF LIFE

CHAPEL OF
THE HOLY GHOST

CHAPEL OF THE BLESSED
SACRAMENT

CHAPEL OF
THE CROSS OF MIRACLES

CHAPEL OF
ST. SEBASTIAN

CHAPEL OF
ST. BERNARD

CHAPEL OF
OUR LADY OF VIRTUES

CHAPEL OF
ST. ANTHONY

2 O   4   8   12 16   20 m.

Bild 1: Grundriß der Sé-Kathedrale in Alt-Goa

Patriarchen und Kirchenlehrern mit Christus in der Mitte. Beiderseits des Altars auf hohem Postament die Holzfiguren von St. Peter und Paul, daneben 4 Holzschnitzereien mit dem Martyrium der hl. Katharina. Das über 3 Treppen gelegene Presbyterium, der Chorraum, hat die gleiche Breite wie das Mittelschiff. Auf der Epistelseite großes, reich gearbeitetes Elfenbeinpult, einst dem Franziskus-Kloster gehörig. Nahe dem Hauptaltar Orgel des 18. Jh. auf einer vorspringenden Galerie. Dort Sitze für das Priesterkapitel, Thron für den Erzbischof in altchristlicher Anordnung. Auf der rechten Chorseite führt eine Türe in die tonnengewölbte Sakristei mit vergoldetem Altar, darauf Kirchenmodell nach dem von Neu-St. Peter zu Rom. Weiterhin Malereien mit Szenen aus der Vita der hl. Katharina und in Schränken untergebrachtes Priesterornat.

Die Kathedrale besitzt nur noch einen Seitenturm mit 5 Glocken, die größte wurde in Cunculim gegossen und 1652 aufgehängt. Es ist die Glocke, die während der Inquisition bei jedem Autodafé läutete. Der andere Turm wie erwähnt 1776 eingestürzt.

Das *Gebäude der Inquisition* lag südlich der Kathedrale, quadratisch vor dem Senatsgebäude (Ratshaus), auf dem jetzt die Gärten des Archaeological Survey of India angelegt sind. Ursprünglich stand dort der *Sabaio*-Palast, den Adil Shah, der letzte Moslem-Herrscher, benützte, bis die Portugiesen kamen. Anschließend war er die Residenz der portugiesischen Vizekönige und Gouverneure bis 1554, als sie in den „Festungspalast" (s. Nr. 6) verlegt wurde. Die Inquisition nahm Um- und Anbauten für ihre Zwecke vor. Pryard, ein Zeitgenosse, beschreibt es als ein weitläufiges Gebäude mit großer Halle, die selbst die prächtige Halle des königlichen Palastes in der Größe übertraf. Darin viele Räume und zahllose Gefängniszellen, nach den Worten des hier einige Monate lang eingesperrten Franzosen Dellon „das schmutzigste und häßlichste Gefängnis in der Welt", Kapelle, Eingangssaal, Gerichtssaal, Wohnung des Großinquisitors. Im Gerichtssaal ein riesiges Kruzifix, in Raummitte eine Plattform, darauf 5 m langer Tisch mit mehreren Lehnsesseln, der Tisch jetzt im Institute Menezes Braganza, Panaji. Die geistlichen Inquisitionsgerichte wurden von König Johann III. von Portugal eingeführt, um die durch Luther und Calvin ausgelöste Reformationswelle aufzuhalten. 1560 kamem sie nach Goa und wüteten über 200 Jahre mit zahlreichen Opfern unter Hindus und Europäern. Erst 1774 wurden sie amtlich abgeschafft. Antonio Baiao in „Inquisiçao de Goa" schreibt, daß von 1561 bis 1774 16172 Urteile gefällt wurden, von denen viele mit dem Tode endeten.

2 - Kloster und Kirche des heiligen Franziskus von Assisi: s. Karte 2, Nr. 3, Bild 2 und Fotos 27-29. Westlich von der Kathedrale 1517 von den Franziskanern erbaut, 1661 Neubau, von 1762 bis 65 instandgesetzt. Werkstoff sind große Lateritquader, mit Kalkmörtel verputzt. Die Kirche ist von W nach 0 ausgerichtet, das Schiff mit beiderseits je 3 Kapellen, 2 Altäre im Querschiff. Hauptaltar im östlichen Chor. Im O auch Turm und Sakristei. Das eingeschoßige Kloster wurde im N der Kirche vorgelegt und beherbergt nunmehr das Archäologische Museum von Alt-Goa.

Die Fassade der Kirche (s. dazu Bild 5 im Ortsteil unter Margao, „Fassadenentwicklung") ist dreigeschoßig in portugiesischem Renaissance-Stil aufgebaut, mit jeweils 3

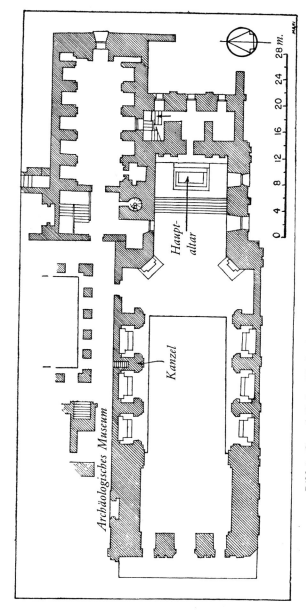

Bild 2: Grundriß der Kirche des heiligen Franziskus von Assisi in Alt-Goa

27

29

Foto 27: Kirche des hl. Franziskus von Assisi in Alt-Goa

Foto 28: idem, Fassade

Foto 29: idem, Chor

28

Fenstereinbrüchen, worüber jeweils das griechische Tympanon mit 2 Schräg- und einem Waagerecht-Geison liegt, über dem 3. Geschoß liegt ein 4. mit 2 Hexagonal-Türmchen in den Ecken und dazwischen Barockgiebel. Die Geschoße jeweils durch gekröpft geführte Doppelgesimse getrennt. In der Vertikalen wird die Front durch tuskische Pilasterstellungen flankierend zu den Fensteröffnungen gegliedert. Über dem Hauptportal liegt ein Dreipaß-Tympanon. Das Innere ist eine rippengewölbte Hallenkirche (also ohne Seitenschiffe und Querschiff). Auf den die Seitenkapellen ausscheidenden Zungenwänden, die den Obergaden tragen, sind floral gemalte Fresken. In einer Fassadennische steht eine Figur des hl. Michael. Auf einem Podest mit den Insignien der Franziskaner Holzstatue des hl. Franziskus von Assisi. Links vom Eingang kunstvoll mit floralen Mustern geschnitzte Holzkanzel. Der Hauptaltar unter einer Rippendecke mit Pflanzenfresken besitzt ein von den 4 Evangelisten getragenes Tabernakel. Über dem Hauptaltar eine große Figur des hl. Franziskus und eine gleich große von Christus am Kreuz. Zwischen den beiden Gestalten sind die 3 Gelübde des Heiligen geschrieben: Armut, Demut, Gehorsam. Beiderseits des Hauptaltars große und gute, auf Holz gemalte Bilder aus seiner vita, so die Szenen, wie ein Engel seiner Mutter offenbart, daß sie ein Kind gebären wird, das später ein großer Heiliger werde, wie er auf die Welt kommt, wie er erstmals gesalbt wird, wie er in der Kirche der hl. Dominica betet und Christus ihm befiehlt, sein Reich zu stärken, wie er den Ordenseid der Dominikaner ablegt, wie er den Sultan von Damaskus aufsucht und wie er seine Wunden Papst Gregor IX. zeigt. An der W-Seite des Obergadens sind geschnitzte Holz-Paneele und darauf gemalte Szenen aus franziskanischem Heiligenleben.

Der Ursprung von Kirche und Kloster geht auf frühe Anfänge von 8 franziskanischen Brüdern zurück, die bei ihrer Ankunft 1517 vom damaligen Statthalter einige Häuser sich sicherten, die einem verstorbenen Grundbesitzer (*thanadar*) gehörten. Zuerst bauten sie eine kleine Kapelle mit 3 Altären. 1521 folgte eine Heiliggeistkirche, Vorgänger des jetzigen Baus, der 1661 an gleicher Stelle entstand.

3 - Das *Archäologische Museum:* (s. Karte 2 Nr. 3 und Fotos 30-35b) im ehemaligen Kloster des hl. Franziskus von Assisi, 1964 durch den Archaeological Survey of India angelegt. Eine Bronzestatue von Afonso de Albuquerque, des Eroberers von Goa und dessen Gouverneur von 1509 bis 1513, steht am Museumseingang. Die Sammlungen enthalten Hinduskulpturen, Helden- und *satī*-Steine (für Hindu-Witwen, die sich auf dem Holzstoß ihres Mannes freiwillig verbrennen ließen) der früh- und spätmittelalterlichen Periode, sowie Gemälde der portugiesischen Statthalter von Goa (s. Fotos 35a und b). In der sog. Key Gallery, der Vorhalle zum Museum, befinden sich Plastiken der Umā Mahesha, ein *dvārapāla* (Türwächter), ein *satī*-Stein, Portraits von Vasco da Gama, Joao de Castro und Bernardo Peres da Silva. In den Skulpturengalerien um den offenen Innenhof liegen Teile kirchlicher Innenarchitektur und Ikonen aus verschiedenen Plätzen von Goa. Am interessantesten eine Vishnu-Skulptur (s. Foto 34) mit *dashāvatāra* (den 10 leiblichen Erscheinungsformen des Gottes) in den Randzonen. Diese 10 irdischen Erscheinungsformen (*avatāras*) sind Fisch, Schildkröte, Eber, Mannlöwe, Zwerg, Parasurāma, Rāma, Krishna, Buddha und Kalki, die letztere diejenige des zukünftigen Weltzeitalters. Hier also alle 10 Formen um Vishnu als Zentralfigur angeordnet. Nach Dr. P.R.K. Prasad im Journal of the Directorate of Archives „Purabhilekh Puratatva" vol. IV 1986 soll die Plastik der Shilāhāra-Periode des 9./10.Jh. angehören, während nach anderer Meinung sie dem Hoysala-Stil des 13. Jh. entspreche. Sie ist aus grünem Basalt, 1,17 m hoch und soll aus Savoi Verem stammen. Links von der Stehfigur des Gottes steht Lakshmī, rechts Garuda, beide klein, und noch kleiner Fliegenwedlerinnen neben Garuda. Drei Unterarme des Gottes sind abgebrochen. Alle Figuren mit reichem Schmuck. Auffallend ist die Umrandung mit den 10 Inkarnationen, nicht wie üblich mit Fisch beginnend, sondern durcheinander.

In den *Heldensteinen* der Galerie sind einzigartige Darstellungen von Schiffskämpfen, die die Seemacht der Kadambas (1007-1300) verherrlichen sollen. Auf einem der Steine (s. Foto 30) oben ein thronender König mit Königin und zahlreichem Gefolge,

Foto 30: Heldenstein aus Malcornem (Salcete) im Old Goa Museum

Foto 31: Heldenstein im Old Goa Museum, unten Schiffskampf, Mitte der Held wird von himml. Mädchen geleitet, oben im Himmel 31

32   33   34

35   35a   35b

Foto 32: Witwenstein aus Malcornem (Salcete) im Old Goa Museum

Foto 33: Witwenstein aus Malcornem im Old Goa Museum

Foto 34: Vishnu mit seinen 10 Erscheinungsformen, Old Goa Museum

Foto 35: Durga, als Mahishamardinī den dämonischen Stier tötend, Old Goa Museum

Foto 35a: Portrait des Gouverneurs Barreto (1573-76)

Foto 35b: Portrait von Vasco da Gama

81

im unteren Paneel der gleiche in heftiger Seeschlacht mit Schiffen und Soldaten. Im oval geschwungenen Oberteil ein kreuzblumenartiges Gebilde, seitlich Mond und Sonne eingemeißelt, Sinnbild dafür, daß der Ruhm dieses Königs ewig währen soll. Auf den *satī*-Steinen (Witwensteine, s. Fotos 32 u. 33) werden nicht nur die ihrem Gemahl auf den Scheiterhaufen folgenden Witwen verherrlicht, sondern auch kämpfende Helden, also gleichzeitig Witwen- und Heldenstein. Auf einigen Bildbändern werden Selbstaufopferungen in Erfüllung von Gelübden gezeigt. Man sieht, wie eine neben dem Opfer stehende Person ihm mit einem Schwert den Kopf abschlägt. Die Inschriften sind im alten Kannada der Vijayanagara-Epoche, daneben auch arabische und persische Inschriften der Adil-Shah-Dynastie von Bijāpur. Auch einige portugiesische Wappenschilder sind ausgestellt. In den beiden der Skulpturengalerie folgenden Räumen Modelle eines portugiesischen Schiffes des 16. Jh. und der Festung Diu sowie indo-portugiesische Münzen.

Im ersten Stock ist die Portraitgalerie mit 60 Gemälden portugiesischer Gouverneure von 1510 bis 1961, teilweise von lokalen Künstlern auf Holz aufgemalt, die jeweils angegebenen Daten stimmen mit deren Statthalterschaft überein. Ursprünglich in den Gouverneurspalästen aufgehängt und so von wechselnden Standorten bei Wechsel des Gouverneurs, kamen sie erst 1962 in das Museum. Die Bilder sind insofern kulturgeschichtlich relevant, als sie die jeweiligen Aufmachungen und Wappenschilder ausweisen. Auch einige portugiesische Präsidenten sowie der Diktator Salazar sind dargestellt.

4 - *Kapelle der Hl. Katharina:* s. Karte 2 Nr. 4 und Foto 36. Westlich der Kirche des hl. Franziskus von Assisi, aus großen Lateritquadern errichtet, mit Turm an beiden Seiten der Fassade. Das Innere einfach mit nur einem Altar, in einer Nische darüber eine Madonna-Figur. 1510 von Afonso de Albuquerque als Siegesmonument zur Eroberung von Goa errichtet, um seinen Einzug am Katharinentag zu feiern. Dieser erste Bau wurde 1550 von Gouverneur Georg Cabral erweitert, der eine Erinnerungstafel anbringen ließ, jetzt an der Mauer neben der Seitentür. 1931 Anbringung einer Marmorplakette mit der portugiesischen Inschrift „Mauertor der Moslem-Stadt", die tatsächlich hier begann. Die Fassade in Renaissancestil mit einer Marienstatue.

Neben der Katharinenkapelle lag das *königliche Hospital*, 1510 von Albuquerque gegründet für seine Soldaten. Im 16. Jh. wurden hier zwischen 400 und 600 Kranke versorgt. 1597 übernahmen die Jesuiten die Verwaltung, die einen Neubau hinstellten, dessen Pracht und Eleganz von Reisenden gerühmt wurde, ein zweistöckiges Gebäude mit einem Wappenschild an der Fassade mit der Aufschrift: „Hospital Real", das jetzt im Museum von Alt-Goa aufbewahrt wird. Als die Jesuiten 1759 vertrieben wurden, zerfiel der Bau allmählich. Das Krankenhaus wurde 1842 nach Panaji verlegt als Militärhospital.

Westlich davon befand sich das *Arsenal*, die „Ribeira Grande". Neben den Docks umfaßte es die Münze und Kanonengießerei, wo alles für die Armee Benötigte handwerklich hergestellt wurde. Als die Portugiesen die Stadt von den Moslems einnahmen, fanden sie dort 40 große Schiffe, 26 Briggs, viele kleinere Seefahrzeuge, 40 schwere Kanonen, 55 kleinere, 200 Musketen und eine große Menge weiterer Kriegsgerätes vor. Unter den Portugiesen arbeiteten dort 700 Handwerker aller Art. Der Platz wurde 1753 durch Feuer zerstört, doch 1773 wieder aufgebaut. 1869 wurde das Arsenal radikal demoliert, da von den dort stationierten Engländern nicht mehr benötigt.

Foto 36: St. Katharinen-Kapelle, das älteste Gotteshaus in Alt-Goa

Foto 37: Torbogen der Vizekönige in Alt-Goa

5 - *Der Torbogen der Vizekönige:* s. Karte 2 Nr. 5 und Foto 37. Die vom Mandovi-Fluß zur Cajetan-Kirche führende Straße „Rua Direita" führt durch einen Torbogen hindurch, als „Viceroy's Arch" bekannt, aus Laterit, die flußseitige Fassade mit grünlichem Granit abgedeckt, Hauptzugang zur portugiesischen Stadt. Über dem Bogen steht eine Ädicula, in deren Rundnische sich eine Steinstatue von Vasco da Gama befindet, auf deren Rückseite in entsprechender Nische eine Argonautenstatue.

Zwei Inschriftenplatten aus Bronze an den Innenwänden des Bogens, der bald nach der Eroberung der Stadt durch die Portugiesen errichtet wurde, jedoch einige Veränderungen erlitt, so daß er 1954 völlig neu errichtet wurde. Die eine Inschriftenplatte von 1656 ist der Unbefleckten Empfängnis Mariens gewidmet, die andere rechts feiert die Unabhängigkeit Portugals von 60jähriger spanischer Vorherrschaft im 17. Jh. Auf dem Bogen wurde auch wieder die Widmungsinschrift angebracht, die besagt, daß er von Gouverneur Francisco da Gama (1597-1600) im Jahre 1600 zur Erinnerung an seinen Urgroßvater Vasco gestiftet wurde. Beim Einzug jedes neuen Gouverneurs wurde der Bogen prächtig geschmückt. Die Errichtung des Denkmals wurde mit großem Pomp gefeiert und der portugiesische Chronist Diego de Couto, Verfasser der *Decadas da Asia*, nahm teil und lieferte eine lebendige Schilderung.

6 - *Das Tor des Adil-Shah-Palastes:* s. Karte 2 Nr. 6 und Foto 38. Nördlich der zur Cajetan-Kirche führenden Straße gelegen, auf der linken Seite des Torbogens der Vizekönige. Der Türsturz ruht auf 2 ornamentalen Pfeilern, auf der Außenseite bruchstückhafte Steingitter. Zum ganz im Hindustil errichteten Tor auf erhöhtem Sockel führen 6 Stufen hinauf. Das Tor wurde anscheinend von Sabajī, dem Hinduherrscher vor den Moslems, errichtet und im Moslempalast inkorporiert. Dieser Moslempalast war

mehrgeschoßig, von zeitgenössischen Reisenden als prächtigstes Gebäude der Stadt gepriesen, wohl nach 1471 begonnen, als die Moslems die Stadt erobert hatten. Bis 1695 blieb der Palast die Residenz der portugiesischen Gouverneure, hernach wurde er für Festivitäten aller Art verwendet. Mit der Verlegung der Residenz nach Panaji wegen örtlicher Epidemien zerfiel der Bau allmählich und wurde 1820 abgerissen, seine Quader wurden nach Panaji für den dortigen Hausbau transportiert. Der Palast schaute nach Süden, von den Portugiesen *Palacio de Fortaleza* (Festungspalast) genannt. Davor lag der *Terreiro do Paco*, ein großer Platz, von schönen Häusern umgeben. Die Palastsäle, die schönsten der Stadt, enthielten Gemälde von Schiffen, die ab Vasco da Gama nach Indien gesegelt waren, es waren dies 1612 806 Schiffe. In einem Saal befanden sich die Portraits aller Vizekönige und Gouverneure. Vor dem Palast stand der Gerichtshof, rechts davon der *Tronco*, das Hauptgefängnis, und links die königlichen Magazine.

38   40   41

Foto 38: Torbogen des Sultanspalastes von Adil Shah in Alt-Goa

Foto 39: Die St. Cajetan-Kirche in Alt-Goa, Fassade

Foto 40: idem, Inneres, Kreuzkuppelanlage

Foto 41: idem, Altar

39

7 - *Die St. Cajetan-Kirche:* s. Karte 2 Nr. 7, Bild 3 und Fotos 39-41. Folgt ostwärts, ein gewaltiger Baublock, mit eindrucksvoller Fassade (s. dazu „Fassadenentwicklung" in

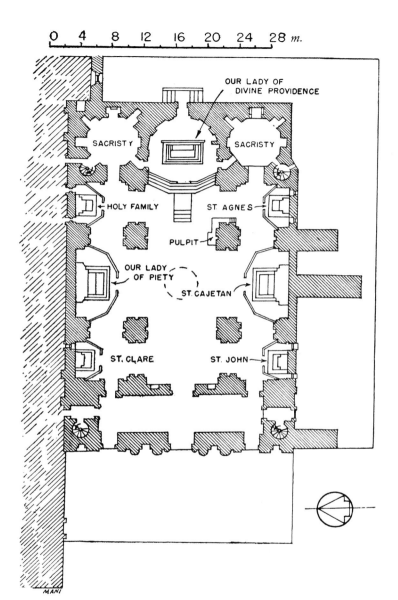

Bild 3: Grundriß der Kirche des heiligen Cajetan in Alt-Goa

Bild 5, Ortsteil unter Margao), die dreigeschoßig aufsteigt, der Untergaden mit großer rechteckiger Mitteltüre, darüber ein portugiesisches Wappen, und 2 halbrund gewölbten Seitentüren, mit 4 Blendnischen dazwischen, in denen die Granitfiguren von Petrus, Paulus, Johannes und Matthäus stehen, darüber Tympana alternierend mit Schräg- und Halbrundgeisa, nach oben folgt jeweils ein Kreisfensterchen. Der Mittelgaden mit 7 Fensternischen und Balkonen, die mittlere breit, flankiert von je 3 Seitenfenstern. Die beiden Geschoße verklammert durch 10 hohe Pilaster korinthischer Ordnung, die ein breites, oben stark vorkragendes Steingebälk tragen, als kräftig trennendes Gesims zwischen Unter- und Oberbau, dem der Obergaden mit regelmäßig wechselnden Fenster- und Pilasterstellungen aufliegt, unterbrochen durch ein riesiges zentrales Tympanon mit 2 Schräggeisa, das sich der Front des Obergadens vorlegt. Über diesem oberen Block steht am linken und rechten unteren Dachzwickel ein niedriger, vierseitig durchfensterter Glockenturm. Am Eingang steht in großen Lettern: DOMUS MEA DOMUS ORATIONIS (Mein Haus ist ein Haus des Gebetes).

Der Grundriß ist der eines Zentralbaus über gleichschenkeligem griechischem Kreuz. Sein Rechteck mit eingezogenem Chor wird durch keine ausbuchtenden Bauteile unterbrochen. Das Innere wirkt wie eine dreischiffige Hallenkirche, deren quadratische Mitte durch 4 stämmige Pfeiler ausgewiesen wird. Die Hauptapsis, gewidmet Mariä der göttlichen Vorsehung, ist mit Hauptaltar durch Treppen überhöht, beiderseits je eine Sakristei, alle 3 Räume des Presbyteriums (Priesterraumes) polygonal gebrochen. Dieser Mittelchor ist muschelförmig angelegt, mit der Marienfigur, sitzend mit einem Kelch in Händen, mit Engeln zu ihren Füßen. Darüber halten 2 Engel ein Spruchband: „Comedite panem et bibite vinum quid miscui vobis" (Eßt Brot und trinkt Wein, den ich Euch mischte). Auf der Seite 6 Erzengel mit Verstafeln. Über dem großen Zentralraum, von den Pfeilern getragen, liegt eine Rundkuppel über breiter Trommel, darauf Inschrift: „Quaerite primum regnum Dei et Justitiam eius, et haec omnia adjicientur vobis" (Suchet zuerst das Königreich Gottes und seine Gerechtigkeit und alles wird Euch zufallen). Die Rundkuppel wird von einer Laterne mit Umgang gekrönt.

Die Rippendecke des Mittelschiffes ist hoch, die der Seiten abgesenkt, mit Pflanzenornamenten geschmückt. Die beiden Sakristeien mit Kuppelgewölbe gedeckt. Je 3 Altäre, links der hl. Familie, der gnadenvollen Maria, der hl. Clara, rechts der hl. Agnes, Cajetan und Johannes, fluchten den Seitenwänden entlang, in Barockstil prunkvoll geschnitzt und vergoldet mit gedrehten Schäften und Engelsfiguren, darüber auf Leinwand gemalte, hierographische Szenen italienischer Schule. In Nischen stehen Heiligenfiguren aus Holz. An den Wänden gute Stuckarbeiten. Am südöstlichen Mittelpfeiler bemalte Holzkanzel. Auch die überhöhte Plattform vor dem Hauptaltar diente als Kanzel, von den 4 apokalyptischen Gestalten der Evangelistensymbole getragen. Darunter liegt eine Brunnenanlage, was vermuten lassen könnte, daß diese früher der *tank* (*tīrtha*) eines Hindutempels in loco war.

Die Kirche sollte nach dem Willen der Erbauer eine Kleinreplica von Neu-Sankt-

Peter zu Rom als Verbindung von Zentralbau mit Basilika sein, die italienischen Brüder vom Orden der Theatiner waren von Papst Urban III. ausgesandt, um im Königreich von Golkonda in Zentralindien zu missionieren, sie wurden dort aber abgewiesen, ließen sich 1640 in Goa nieder und erstellten die Kirche im gleichen 17. Jh. aus mit Gips verkleidetem Laterit.

8 - Von der weiter östlich auf einem Hügel gelegenen *Karmeliterkirche* (s. Karte 2 Nr. 8) stehen nur noch die Fassadenruine und eine erhöhte Terrasse, die einstens als Altar diente. Bauzeit ab 1621. Nachdem die Karmeliter dem portugiesischen König den Treueid verweigerten, wurden sie 1707 aus Goa ausgewiesen, weshalb der Bau aufgegeben wurde und zerfiel.

9 - Noch weiter östlich, ebenfalls auf einem Hügel an der Hauptstraße nach Ponda gelegen, ist die *Kapelle Unserer Lieben Frau vom Berg* (s. Karte 2 Nr. 9). Treppenfluchten führen zur aus Laterit mit Gipsverkleidung gebauten Kapelle, die 3 Altäre beherbergt, Marien-, Antonius- und Andreas-Altar. Der Urbau wurde 1510 auf Weisung von Afonso de Albuquerque erstellt, ein zweimaliger Umbau veränderte sein Aussehen.

Foto 42: Kapelle des hl. Franziskus von Xavier in Alt-Goa

10 - Die *Kapelle des hl. Franziskus von Xavier* (s. Karte 2 Nr. 10 und Foto 42) liegt unweit des Paulus-Kollegiums (s. Nr. 11) bei der Straße von Goa nach Ponda. Der kleine Bau besteht wie üblich aus Laterit, mit Kalkmörtel verputzt, mit von Holzsparren getragenem Ziegeldach. Schlichtes Inneres mit einem einzigen Altar. Der Stil ist der

dorischen Ordnung angepaßt. Als Xavier 1622 kanonisiert wurde, wurde sie ihm geweiht. Von 1545 bis 1570 diente sie als Kultraum für das Paulus-Kollegium unweit davon, das wegen der hier herrschenden Epidemie aufgegeben wurde. So zerfielen beide Bauten, die heutige Kapelle stammt von 1884.

11 - *Tor des Pauluskollegiums*, (s. Karte 2 Nr. 11) südlich der Cajetan-Kirche an der nach Ponda führenden Straße, einziger Überrest dieses 1542 eröffneten und berühmten Seminars und der 1 Jahr später fertiggestellten Kollegiatskirche. Das Tor stellte die Fassade in Form eines Bogens dar mit einer Ädicula und einem krönenden Kreuz darüber. Beiderseits der Bogenöffnung je eine neokorinthische Säule über hoher Plinthe, der Bogen selber von dorischen Pilastern getragen, diese und die Säulen aus Basalt, der Bau selber aus dem üblichen Laterit, mit Kalkmörtel verputzt. Das Seminar soll über den Resten einer Moschee errichtet worden sein und war dazu bestimmt, christliches Wissen allen Bekehrten gleichgültig welcher Rasse und Nationalität zu vermitteln, um diese in der Missionsarbeit auf indischem Boden einzusetzen. Nach dem Ausbruch der großen Epidemie 1570 verblieben nur noch die Jesuiten in den Gebäuden, die langsam zerfielen, so daß die Regierung sie 1832 abreißen und als Baumaterial nach Panaji verbringen ließ. Das Kollegium erlangte große Bedeutung, als Francisco Xavier 1544 darin wohnte und es nach dem Tode des bisherigen Leiters, des Vaters Borba, übernahm. Es soll in seiner Blütezeit 3000 Studenten aufgenommen haben. Seine historische Bedeutung liegt darin, daß in der angeschlossenen Kirche die erste mit Orgel begleitete Messe abgehalten wurde, daß hier eine Menge Andersgläubiger, von Indien bis Japan, getauft wurden, daß Xavier häufig hier predigte und sein Leichnam zuerst hier nach seiner Überführung von China bestattet wurde. Das College besaß eine Menge Bücher, 1556 wurde eine Druckerei eingerichtet und dort der „Catecismo da Doutrina Crista" (Katechismus der christlichen Lehre) von Xavier 1557 gedruckt. 1570 bei der o.g. Epidemie starben dort 58 Priester und so beschloß man, das Seminar auf den Hügel Nossa Senhora de Rosario (Unsere Liebe Frau vom Rosenkranz) mit seinen ständig wehenden Winden zu verlegen. Es wurde dann Colegio de S. Paulo o Novo (Neu-St. Paul) genannt.

12 - Ganz im S auf einem Hügel gelegen sind *Kloster und Kirche des Wundertätigen Kreuzes* (s. Karte 2 Nr. 12). Aus Laterit mit Kalkmörtel verputzt sind beide Bauten nunmehr zerfallen. Die Kirche wurde eigens zur Aufnahme des Wunderkreuzes 1619 von den Karmelitern errichtet, ein Neubau folgte 1674. Das Kloster von 1621 war die Heimstätte für die Oratorianer des Philipp Neri in Goa. Nachdem die Karmeliter ausgewiesen worden waren, wurde 1835 der Komplex aufgegeben, das Wundertätige Kreuz wurde in eine Kapelle der Kathedrale verbracht. In loco nur noch eine ruinöse Fassade.

In der Nähe, an der Straße nach Neura, steht ein einsamer Pfeiler, der *Pranger*, auf überhöhter Plattform, der einst auf dem zentralen Platz der Stadt stand, an dem Gesetzesbrecher angebunden und öffentlich ausgepeitscht wurden, bis zum Ende des 17. Jh. in Gebrauch. Der Basaltpfeiler besaß an ihm befestigte Eisenringe, nach Form und Ornament gehörte er einst zu einem Hindutempel.

13 - Das *Bekenntnishaus der Jesuiten und die Bom-Jesus-Basilika:* (s. Karte 2 Nr. 13, Fotos 43-48 und Farbtafel XVI) Südwestlich des Hauptplatzes, an dem die Kathedrale liegt, befindet sich das Bekenntnishaus der Jesuiten, ein zweistöckiger Lateritbau, mit Kalkmörtel verputzt. Trotz der den Jesuiten entgegenschlagenden Feindschaft konnten diese den Bau 1585 vollenden, von dem ein Teil 1663 niederbrannte, Wiederaufbau 1783.

44

43

Foto 43: *Bom-Jesus-Basilika in Alt-Goa, Fassade*

Foto 44: *idem, Grabanlage mit Reliquiar des hl. Franziskus von Xavier*

Die *Bom-Jesus-Kirche* (Kirche des Guten Jesus) wurde ebenfalls aus dem anstehenden Laterit errichtet, das Dach war ursprünglich ziegelgedeckt. Sie besitzt einen kreuzförmigen Grundriß und ist „orientiert" mit der Apsis im O. Die außen an der N-Seite fluchtenden Strebepfeiler sind neuerliche Zutaten. Ein eingeschoßiger Zangenbau verbindet die Kirche mit dem Jesuitenhaus. Die mächtige Frontseite wird nach römisch-romanischen Stilgesetzen waagerecht und senkrecht durch das Repertoire althergebrachter Bauglieder aufgelockert, so daß ein ästhetisch überzeugender Eindruck einer solchen Schauwand entsteht: In der Waagerechten durch Fenstereinbrüche und stark ausgebildetes Kranzgesims, das die 3 Stockwerke optisch voneinander trennt, in der Senkrechten durch Pfeiler- und Pilasterstellungen der 3 klassischen Ordnungen. Der Untergaden mit hohem gewölbtem Eingang, 2 Doppelsäulen über hoher Plinthe flankieren ihn, denen beiderseits ein vorgelegter Pilaster folgt, an den Geschoßecken stehen gleich hohe Rechtecknischen, jeweils von 2 antithetisch gestellten Säulen gerahmt. Im unteren Teil der Nischen sind Türen eingelassen, über dem Türsturz sind Bildfelder mit figuralem und ornamentalem Schmuck angebracht. Über die ganze Breite des UG legt sich die o.g. breite Kragkonsole als eine Art jonischer Figurenarchitrav. Der Mittelgaden ist etwas niedriger, sonst aber in ähnlicher Anordnung von Fenstern und Pilastern, letztere dorisierend mit dorischem Triglyphon als horizontale Abgrenzung zum Obergaden, der korinthische Halbpfeiler in Fortsetzung der beiden unteren Stützenstellungen trägt, die kreisrunde Barockfenster umstehen. Der geschlossene Fassadenblock wird nach oben durch das 3. Kraggesims abgegrenzt, worü-

45   *46*   *47*

Foto 45: idem, Hauptaltar

Foto 46: idem, Marienaltar

Foto 47: idem, Erzengelaltar

Foto 48: Bekenntnishaus der Jesuiten, an Bom-Jesus angebaut

48

ber als Dachzier eine Attika in Form eines dorischen Tempelchens steht, der sich eine zu den Ecken hin auslaufende, barock geschwungene Viertelschnecke beiderseits anschmiegt. Ein Glockenturm liegt über dem Chor. Insgesamt trotz des stilistischen Synkretismus ein erfreulicher Anblick, der oberflächlich an romanisch-poitevinische

Schaufassaden erinnert im konsequent durchgeführten Zerlegungsprinzip der Wände. Die Rechteck-Apsis birgt den Hauptaltar, in den beiden Querhausflügeln ist jeweils eine Kapelle untergebracht, es ist eine einschiffige Saalkirche mit Transept, so daß ein T-förmiger Grundriß entsteht. Je ein Altar steht an deren Langwänden, an denen oben eine breite Galerie entlangführt für höher gestellte Persönlichkeiten bei Zeremonien aller Art. Die Innenmaße der repräsentativen Kirche sind relativ groß, 56 x 17 x 18 m, obwohl die Innenausstattung eher dürftig ist.

Von ihrer Bestimmung her ist es eine Jesus-Kirche, von Jesuiten gebaut, im Mittelmedaillon der Dach-Attika sind die 3 Majuskel IHS geschrieben, Jota, Eta, Sigma, die 3 Anfangsbuchstaben von Jesus auf griechisch. Die beiden die Frontempore tragenden Säulen mit Tafelinschriften in portugiesisch und lateinisch, die berichten, daß der Bau der Jesus-Kirche am 24. November 1594 begonnen wurde und daß Aleixo de Menezes, Erzbischof von Goa und Primus von Indien, sie am 15. Mai 1605 weihte. Beim Betreten der Kirche sieht man rechts den Antonius-Altar und links eine vortrefflich geschnitzte Holzstatue des hl. Xavier in ekstatisch verklärter Haltung. Etwa in Schiffmitte an der N-Wand das Kenotaphion eines Wohltäters der Kirche, des Dom Jeronimo Mascarenhas, des Kommandeurs von Cochin, mit dessen Mitteln die Kirche fertiggestellt werden konnte. Auf der südlichen Gegenseite eine mit Holzschnitzereien übersäte, überdeckte Kanzel, auf 3 Seiten die Gestalten von Jesus, der vier Evangelisten und von vier Kirchenlehrern, am Kanzelboden 7 tragende Atlanten. Der reich vergoldete Hauptaltar in der Apsis mit der Gestalt des Jesuskindes und riesig darüber die Figur des hl. Ignatius von Loyola, des Ordensgründers, der inbrünstig zu einem Sternmedaillon mit den 3 Buchstaben IHS emporblickt. Darüber steht das Bild der christlichen Trinität mit Gottvater, Gottsohn und Heiligem Geist.

Der S-Flügel des Querschiffes birgt die mit gedrehten Säulen und floralem Dekor aus Holz geschmückte Kapelle mit den körperlichen Überresten von Francisco de Xavier, hier 1659 beigesetzt. Zuvor wurden sie in der Franziskus-Kapelle der Kirche aufbewahrt, nachdem sie 1624 von der Kirche des St. Pauls-Kollegium - nach der Heiligsprechung von Xavier im Jahre 1622 - in die Kirche überführt worden waren. Der Körper des Heiligen wurde in ein neues Silberreliquiar 1637 gelegt, das von goanesischen Silberschmieden 1636-37 angefertigt worden war. Auf jeder Langseite ist es in 7 Paneele aufgeteilt, mit hagiographischen Szenen aus seiner vita. Es ist 2,13 m lang, je 0,91 m breit und hoch. Auf dem Deckel überhöhtes Kreuz mit 2 Engeln. Zwischen den 7 Paneelen steht jeweils eine 30 cm hohe Engelsgestalt. Das Gewicht beträgt 135 kg. Das Reliquiar ist das beste Zeugnis indischer, von Italien geleiteter Kunst. Im Reliquiar befindet sich nunmehr die Glasurne mit den irdischen Resten des Heiligen, der reich gewandet wurde mit dem Wappenschild der Königin Maria Francisca de Sabeia. Darin liegen auch eine große Goldmedaille und ein Stab, mit Gold und Smaragden bedeckt, beide am 23. Oktober 1699 auf Anordnung des Königs von Portugal, Dom Pedro II., eingefügt. 1922 wurde noch das Familienwappen der Xaviers auf dem Mausoleum angebracht.

Das Innere der Kapelle enthält schöne Holzschnitzarbeiten und Malereien im italienischen Renaissance-Stil aus der vita des Heiligen. So an der S-Wand in 3 Reihen übereinander, in der unteren 2 Bilder mit Xavier, wie er von portugiesischen Adeligen empfangen wird, und seine Unterredung mit dem König von Bango in Japan. In der mittleren Reihe 3 Gemälde, wie er inständig um das Ende der Pest betet, die die Insel Manas befallen hatte, wie er die abstoßende und eiternde Wunde eines Kranken in einem Hospital von Venedig küßt, und wie Papst Paul III. ihm seinen apostolischen Segen vor seiner Abreise nach Indien erteilt. In der oberen Reihe 3 Bilder mit ihm als Diener eines Herrn, seine schwere Erkrankung auf der Insel Sanchan vor der chinesischen Küste und der Heilige in religiöser Verzückung. An den übrigen 3 Wänden der Kapelle sind weitere Szenen aus seinem Leben und seinen Wundertaten aufgezeichnet. Oberhalb der Holztüre auf der Kapellenrückseite ein Ölbild auf Leinen mit dem Bildnis des hier Bestatteten.

Die rechteckförmige Bodenplatte der Grabanlage ist aus rötlichem und purpurfarbenem Jaspis mit Marmoreinlagen. Darüber Bronzeplatten, auf allen 4 Seiten sind Episoden aus seinem Leben eingraviert, 2 Cherubim halten Schriftrollen, die Bronzeszenen zeigen ihn, wie er den Eingeborenen der Molukken predigt, das Kreuz emporhaltend und die Katechumenoi taufend, wie er schwimmend den Wilden der Insel Morro entkommt und wie er auf der chinesischen Insel Sanchan stirbt. Eine schöne Silberstatue steht vor dem Reliquiar, das, wie erwähnt, meisterhaft gearbeitet und mit Edelsteinen geschmückt ist.

Die Grabanlage wurde von Cosmas III., Herzog der Toscana, gestiftet. Ein berühmter Bildhauer und Erzgießer aus Florenz, Giovanni Batista Foggini, stellte das Kunstwerk in 10jähriger Arbeit her, das in Einzelteilen nach Goa verbracht und dort 1698 zusammengesetzt wurde.

Neben der Xavier-Kapelle verläuft links ein Gang, der zur Sakristei durch eine Türe führt, welche exquisite Holzschnitzereien mit 4 Heiligen im Relief aufweist. Die Gangwände tragen 9 schöne Gemälde auf Leinwand über üppig skulptierten Wandschränken. Im Chor-Altar ist ein eisernes Kistchen eingelassen, das eine von Papst Pius XII. der Stadt 1953 gespendete goldene Rose birgt. Am Altarfuß liegt das Grab des Gründers des Kirchenvorstandes, des Balthasar da Veiga, der 1659 starb. Ein Bild vom Zustand der körperlichen Überreste von Xavier vor etwa 100 Jahren befindet sich nahe beim Altar. Dreizehnmal wurden die Gebeine des Heiligen öffentlich ausgestellt, erstmals 1782, letztmals 1974, wobei über 900 000 Gläubige vorüberzogen - ein christlichgoanesisches Volksfest, das laut und fröhlich auf indische Art gefeiert wurde.

14 - *Johanneskloster und Kirche* (s. Karte 2 Nr. 14 und Foto 49): Ein im Westen der Stadt auf einem Hügel, dem „Monte Santo", liegender Klosterbau von 1685, gegründet von den Johannitern, Nachfolgern des Hospitaliterordens von Jerusalem während der Kreuzzüge zur Pflege von Kranken und Verwundeten. Das Kloster wurde 1835 aufgegeben, doch 9 Jahre später wieder verwendet als Wohnhaus für die dem Nonnenkloster der hl. Monica zugeteilten Geistlichen. Gründliche Instandsetzung 1953.

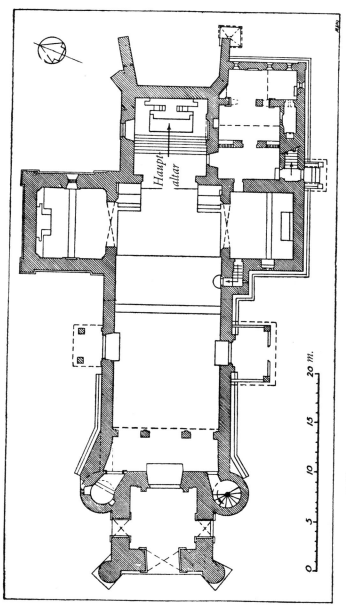

Haupt-
altar

Bild 4: Grundriß der Kirche unserer l. Frau vom Rosenkranz in Alt-Goa

93

15 - *Monica-Kloster und Kirche* (s. Karte 2 Nr. 15 und Foto 49): nördlich gegenüber Nr. 14 der riesige, im Grundriß quadratische und dreistöckige Lateritbau. An den Kreuzgang mit großem Innenhof schließen sich zahlreiche Räume und Wohnzellen für die Nonnen an. Einige der Säle mit gewölbter Decke, darauf Fresken mit Pflanzendekor und biblischen Szenen. Der Komplex wurde 1606 begonnen und 1627 vollendet. Nach einem Brand 1636 Wiederaufbau ein Jahr später. Das Kloster genoß den Schutz der portugiesischen Könige. Es gab 11 Kapellen, ein Noviziat und Mädchenseminar. Jetzt beherbergt der Bau das Mater-Dei-Institut für Nonnen, 1964 eingeweiht. Sankt Monica ist das älteste und größte Nonnenkloster in ganz Süd- und Ostasien, mit Platz für 100 Nonnen. Am Eingang hängt ein bischöfliches Wappen. Die Außenfront stellt einen Synkretismus korinthischer, tuskischer und Kompositordnung dar.

Auf einem Hügel oberhalb des Klosters steht ein Turm (s. Foto 51) als einziger Rest der abgegangenen *St. Augustinus-Kirche*.

16 - *Die Antonius-Kapelle* (s. Karte 2 Nr. 16 und Foto 50): Auf dem gleichen Hügel gelegen, noch weiter im Westen. Antonius ist der Nationalheilige von Portugal und so wurde ihm 1543 diese Memoria errichtet, als königliche Kapelle bekannt. 1835 wurde sie so baufällig, daß sie geschlossen werden mußte, wurde jedoch nach gründlicher Restaurierung 1894 wieder geweiht. Eine zweite Erneuerung noch unter portugiesischer Verwaltung erfolgte 1961. Die Seitenaltäre für die das Fieber heilende Mutter Gottes und für die beiden Ärzteheiligen Cosmas und Damian. 4 Doktorenportraits an den Wänden. Die Kapelle wird von den Nonnen von Sankt Monica betreut.

Foto 49: links St. Monica, rechts Johanneskirche und Kloster, Alt-Goa

Foto 50: Königliche St. Antonius-Kapelle, Alt-Goa

17 - *Die Kirche unserer lieben Frau vom Rosenkranz* (s. Karte 2 Nr. 17, Bild 4 und Foto 52) befindet sich ganz im Westen des gleichen „heiligen" Hügels, am Absturz zur Flußebene des Mandovi. Grundriß siehe Bild 4. Sie besitzt einen zweigeschoßigen Portikus, über dem ein Turm aufsteigt, über der Kirchenfassade jeweils Rundturm an den Ecken. Das Kirchendach ziegelgedeckt, von Holzsparren getragen. Im Innern 2 Kapellen und 3 Altäre, der Hauptaltar der der Titularin. Die Kirchenfenster liegen stark überhöht unter dem Dach, in Verbindung mit den 4 Türmen hat der Bau etwas festungsartiges.

Er gehört zum ersten Stil portugiesischer Kirchenarchitektur in Goa, errichtet im Manuel-Stil (nach dem portugiesischen König Manuel 1495-1521), Merkmal die gedrehten Säulen und überreich geschmückte Eingänge, mit indischen Elementen vermischt, weiterhin mit gotischen Einflüssen in der Rippenwölbung der Vorhalle. Das marmorne Kenotaphion rechts vom Hauptaltar der Apsis mit dem Sarg von Catarina a Piro weist kunstvolle Elemente im Stil der moslemischen Bijāpur-Steinplastik auf. Die Inschrift lautet: „Darunter liegt das Grab von Garcia Sa (1549), der Kapitän von Malacca war und diese Dame plebejischer Herkunft, in Miragia in Portugal geboren, zur Zeit der Dürre heiratete, als er Gouverneur war". Es wird überliefert, daß Xavier sie ehelich verband.

51 *52* *53*

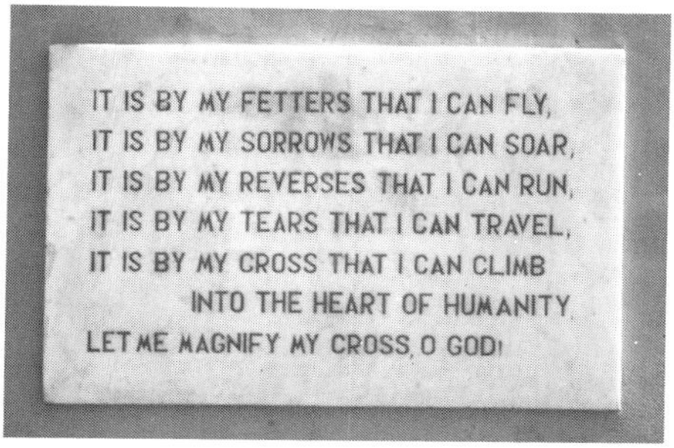

IT IS BY MY FETTERS THAT I CAN FLY,
IT IS BY MY SORROWS THAT I CAN SOAR,
IT IS BY MY REVERSES THAT I CAN RUN,
IT IS BY MY TEARS THAT I CAN TRAVEL,
IT IS BY MY CROSS THAT I CAN CLIMB
        INTO THE HEART OF HUMANITY.
LET ME MAGNIFY MY CROSS, O GOD!

Foto 51: Rest der St. Augustin-Kirche, Alt-Goa

Foto 52: Bergfried-Turm der Kirche unserer lieben Frau vom Rosenkranz, Alt-Goa

Foto 53: Gandhi-Denkmal in Alt-Goa

Foto 54: Gandhi-Worte am Gandhi-Denkmal

54

Es ist ein Votivbau, den Afonso de Albuquerque gelobt hatte, als er von dieser Stelle aus den Kampfverlauf 1510 zwischen seinen Streitkräften und denen des Sultans Adil Shah verfolgte. Erst nach seinem Tode konnte sein Gelübde mit diesem 1526 begonnenen und 1543 als Gemeindekirche fertiggestellten Bau erfüllt werden.

18 - Bei der Rückkehr zur Stadtmitte sieht man in der Mitte des Gartens zwischen der Kathedrale im N und der Bom-Jesus-Kirche im S die *Camoes-Statue* (s. Karte 2 Nr. 18) aus Bronze von 1960 (1987 im Museum für Reparaturzwecke). Camoes war der portugiesische Nationaldichter des 16. Jh., eines seiner Gedichte, die „Lusiadas", beschreibt die Reise von Vasco da Gama nach Indien nach der Vorlage der Äneis des Vergil. Die 3 m hohe Stehfigur des einäugigen Dichters hält in der rechten Hand eine Schriftrolle mit Auszügen aus diesem Gedicht.

Eine *Statue von Mahatma Gandhi* (s. Karte 2 Nr. 19 und Fotos 53 u. 54) steht auf der Hauptkreuzung inmitten des großen Platzes, in den 5 Straßen münden, eine 3 m hohe Bronzestatue, die Gandhi zusammen mit einem *harijan*-Mädchen (*paria*, Kastenlose) zeigt, die einen Korb trägt und zu ihm aufschaut. Er trägt einen langen Stock in der Hand. Auf dem fast 5 m hohen Sockel steht der Spruch (auf englisch): „durch meine Fesseln kann ich fliegen – durch meine Sorgen kann ich mich emporschwingen – durch meine Rückschläge kann ich laufen – durch meine Tränen kann ich reisen – durch mein Kreuz kann ich das Herz der Menschheit erreichen – laß mich mein Kreuz verherrlichen, o Gott".

Panaji: oder Panjim, s. Karte 3 (Stadtplan auf Rückseite der Faltkarte von Goa), die jetzige Hauptstadt von Goa im Taluka Tiswadi, war ein bescheidenes Hafenfort beim Dorf Taleigao, der Ortsname könnte sich von „Pahajuni Kali" herleiten, wie in einer Inschrift aus der Zeit der Kadamba-Könige (1107) erwähnt, in der die karitativen Taten von Gand Pal Kelima, Statthalter des Königs im Gebiet Goa, aufgezählt werden. Es wäre dies die Bucht von Pahajuni, wie der Ostteil des Platzes genannt wurde, in der Nähe des Flußufers des Mandovi inmitten eines durch die Flußnähe stets grünen Gartens. Shashtadev II. (1010-45) war der Begründer der Nebenlinie der Kadambas von Goa. Gopaka, das spätere Alt-Goa, wurde die Residenzstadt. Die o.g. Inschrift bezieht sich auf eine Landzuteilung an 12 Brahmanen (*brahmapurī*), die eine Sanskrit-Schule leiteten, weiter auf die Errichtung eines Wasserreservoirs (*tank*). Während der Moslemherrschaft war der Platz nur wegen des Sommerschlosses von Yussuf Adil Shah erwähnenswert (jetzt das staatliche Secretary).

In einiger Entfernung stand ein Fort auf einem Hügel, das gut befestigt war mit einer Garnison von etwa 300 Mann, von wo aus die Mohammedaner Afonso de Albuquerque bei seiner ersten Inbesitznahme heftigen Widerstand leisteten. Als er sich zurückziehen mußte, ließ er seine Flotte während der Monsunzeit nach seiner Vertreibung aus der Stadt in Sichtweite des Forts ankern. Nach der zweiten portugiesischen Einnahme von Goa im November 1510 wurde Panaji als wichtige Militärstation auserwählt, neue Verteidigungsanlagen wurden errichtet. Während des gesamten 16. Jh. stellte das wiederhergestellte Schloß des Adil Shah eine kurzfristige Unterkunftsstätte für die ankommenden und abreisenden portugiesischen Vizekönige und Gouverneure dar.

Im 16. Jh. war es eine Schwemmlandschaft mit Wassergräben und reicher Reiskultur. Ein Jahrhundert später siedelten sich wegen der Üppigkeit der Ufergegend von Panaji reiche *fidalgos* (adlige Grundbesitzer) an. Nach einem Bericht des Historikers Rezende von 1635 besaß die Stadt damals „50 inmitten von Gärten und Palmenhainen gelegene Landhäuser, ein Teil davon entlang des Mandovi-Ufers". Zufolge der schrecklichen Epidemie, die in Alt-Goa wütete, siedelten sich weitere hier an. Schließlich wurde 1759 die Residenz des Vizekönigs von Alt-Goa nach Panaji des besseren Klimas in Meeresnähe wegen verlegt. 1811 folgten Zoll- und Steueramt, Gerichtshof, Kanzlei und weitere Ämter, so daß das durch Zuzug ständig wachsende Städtchen Verwaltungszentrum wurde. Damals schon gab es etwa 200 portugiesische Landhäuser. 1843 wurde durch königliches Dekret der Platz zur Hauptstadt des portugiesischen Indiens erhoben, „Nova Goa", und blieb Hauptstadt auch nach dem Machtwechsel 1961.

Während der Regierung des Vizekönigs Dom Manuel 1827 bis 1835 wurden großzügige Plätze und Straßen in der neuen Hauptstadt angelegt, damals entstand die schöne Esplanade „Campo de Dom Manuel", jetzt Dayanand Marg. Neue Kasernen, 5 Volksschulen, eine öffentliche Bücherei, ein neues Zollhaus und der Brunnen „Boca de Vaca" wurden errichtet, 6 Sepoy-Kompanien einschließlich einer moslemischen wurden aufgestellt, höhere Schulen folgten von 1840 bis 1842. 1843 wurde das Marathi-Spracheninstitut eingerichtet, 1850 eine Schule für Frauen und Mädchen und die Handelsgesellschaft von Goa, wenig später das „Liceu Nacional de Nova Goa" mit 6 Oberklassen in Philosophie, Geschichte, Latein, Englisch, Französisch und Marathi. Seit der Unabhängigkeit hat die Stadt sich kräftig entwickelt, das Umfeld wurde für Industrie, Landwirtschaft, Tourismus, Schulwesen und Elektrifizierung erschlossen.

Die Stadt liegt fast in der geographischen Mitte des Halbkreises, den der Distrikt darstellt. Angelegt wurde sie von Anbeginn im altbewährten Rastersystem mit Haupt- und Nebenstraßen, dazwischen mit Plätzen (wie ein römisches Castrum). Der Uferverlauf von der Mündung des Mandovi, von Gaspar Dias im SW (A 4 auf der Karte 3, Rückseite der farbigen Faltkarte) oder dem Miramar-Strand bis zur den breiten Fluß überspannenden Brücke (D 1) weist eine Abfolge offener Plätze aus, an denen Parkanlagen und Hotels sich reihen. Näher dem Stadtzentrum zu liegen Hospital, das Goa Medical College, öffentliche Bücherei und Gemüsemarkt. Fast am Ostende dieser dem Mandovi zugekehrten Frontseite befindet sich der Adil-Shah-Palast, nunmehr Regierungsgebäude. Unweit davon an der nach N am weitesten vorspringenden Landzunge liegt die Landestelle (Panaji-Jetty C 1) für Personendampfer, hier legt täglich außer Mittwoch und Monsunzeiten das Passagierschiff von Bombay (s. Foto 55) an, Fahrtdauer 22 bis 24 Stunden. Noch etwas weiter nach W die Ferry Ramp, Anlegestelle der Fähren über den Mandovi zu dessen N-Ufer. Nach S stadtwärts folgen weitere Verwaltungsgebäude, das Informationsbüro (Tourist Information Centre), Taxistände und jede Menge von Geschäften. Der östliche Stadtteil (D1-3) ist Wohngebiet der mittleren Klassen, für Christen im N, für Hindus im S. Es ist dies die Fontainhas- und die Portais-Zone. Die weitere Stadtausdehnung erfolgte über die Hanglagen hinauf zum Altinho-Plateau (C2-3), Wohngebiet für die Reicheren mit der Residenz des Bischofs in luftiger Anhöhe. Dort liegen auch Polytechnikum, Nationallyzeum, Radiostation, Observatorium und Hospital. Von oben bietet sich ein umfassender Blick über Stadt und Fluß. Mit dem Bau der Nehru-Brücke (D1) über den breit dahinströmenden Mandovi wurde die Stadt mit dem nördlichen Landesteil verbunden.

Foto 55: *Das täglich Panaji anlaufende Schiff aus Bombay*

Foto 56: *Salzseen um den Ourem Creek, einer kleinen Bucht im Osten von Panaji*

Panaji besitzt viele Schulen und Colleges, Krankenhäuser, öffentliche Büchereien, zahlreiche Sport- und andere Clubs, sowie ein breit gefächertes Angebot an Hotels, Einkaufs- und Besichtigungsmöglichkeiten von Kirchen, Tempeln, Statuen auf Plätzen, und in den Außenbezirken Strände wie Miramar Beach und Dona Paula.

Rundgang: Vgl. dazu Stadtplan von Panaji auf Karte 3 (Rückseite der Faltkarte von Goa)

Der ehemalige *Adil-Khan-Palast* (C1) geht auf ein moslemisches Fort zurück, das Dom Antonio de Noronha, Neffe von Albuquerque, zum ersten Mal am 15.2.1510 eroberte. Nach der endgültigen Einnahme des Landes am 25.11.1510 wählten die Portugiesen Panjim als Sitz einer Garnison von 200 Mann, ihr Führer, Pero de Freitas, wohnte im Adil-Khan-Palast (s. Fotos 58 und 59) und kontrollierte von dort aus alle ein- und auslaufenden Schiffe auf dem Fluß. Erst 1743 erlosch das Zollrecht des Kapitäns am Fluß. Der Palast wurde mehrmals umgebaut und schließlich ab 1759 der offizielle Sitz der portugiesischen Vizekönige und Statthalter, die wegen des baufälligen Palastes von Alt-Goa und wegen der häufigen Epidemien ihre Residenz nach Panaji verlegt hatten. Von 1843 bis 1918 diente der alte Sultanspalast als Regierungssitz (nunmehr staatliches Sekretariat). 1821 wurde im Adil-Khan-Palast die „Gazeta de Goa", die erste Zeitung Gesamtindiens, installiert. Die erste Ausgabe des Amtsblattes für Goa, das „Boletim do Governo do Estado da India" erschien 1837. Am 19.12.1961 wurde an dieser Stelle die indische Nationalflagge gehißt. Wenig westlich davon liegt das Zollamt an der Hauptmole (Custom House).

Das *Mhamai-Haus* nahe dem Palast scheint auf das 16./17. Jh. zurückzuführen, genannt nach der einflußreichen Hindufamilie der Mhamais von Panaji, deren Nachfahren es heute noch bewohnen. Der Flußseite entlang stehen eine Reihe von *Bronzestatuen* auf verschiedenen Plätzen, so diejenige eines berühmten goanesischen Priesters und Wissenschaftlers, des Abtes Faria (s. Foto 60), 1756 in Candolim geboren, doch bis zu seinem Tode in Frankreich lebend. Er entwickelte wissenschaftliche Methoden auf dem Gebiet der Hypnose und des Mesmerismus. Die Statue wurde 1945 eingeweiht und zeigt eine kraftlos darniederliegende Frau, die er hypnotisiert und heilt. Rechts vom Sekretariat eine lebensgroße Bronzestatue des ersten Chief Minister von Goa, Daman und Diu, Bandodkar, von 1976. Inmitten des Gartens bei der Fährenrampe Büste von Menezes Braganza, eines in Goa bekannten Journalisten, von 1964. Bronzestatue von Francisco Luis Gomes, eines goanesischen Patrioten, von 1929 in den Campal-Gärten.

57

58

Foto 57: Eingang zum Maruti-Hindutempel in Panaji

Foto 58: Der zum staatlichen Sekretariat umgebaute alte Sultanspalast des Adil Shah in Panaji, Vorderseite

Foto 59: idem, Rückseite　　　59

Im *Azad Maidan* (C 1), einem weitläufigen Platz, hat der „Verband der Freiheitskämpfer" 1973 ein Monument für die im Kampf für die Freiheit gefallenen Goanesen errichtet. Auf dem gleichen Maidan (großer öffentlicher Platz) Pavillon (s. Foto 61) mit der Urne von I.B. Cunho, Freiheitskämpfer des letzten Jh., beide Monumente nach der Unabhängigkeit als Dokumente der „Befreiung" geschaffen.

Im Bereich von *San Thomé*: Eines der bedeutendsten Stadtviertel (wards) des alten Panaji war San Thomé (D 1). Die *Sankt-Thomas-Kapelle* (s. Foto 62) stand gegenüber der Cunha Gonçalves (nahe der Bar Caravela) und wurde 1849 auf den „Largo de Estanco" (Tabakplatz), wie er früher hieß, versetzt, der in seinem S-Teil vom jetzigen Post- und Telegraphenamt (General Post Office D1) besetzt ist. Dort das „Latin Quarter" mit alt-

61

62

60

63

64

Foto 60: Statue des Abtes Farias, Begründers der wissenschaftl. Hypnose, Panaji

Foto 61: Pavillon mit Urne eines Freiheitskämpfers auf dem Azan Maidan-Platz, Panaji

Foto 62: St. Thomas-Kapelle, Panaji

Foto 63: St. Sebastians-Kapelle, Panaji

Foto 64: Nathal-Brunnen, Panaji

portugiesischen Häusern und schönen Holz- oder Steinbalkonen. Schon ab 1510 wurde mit einer regelmäßigen Korrespondenz zwischen Goa und dem portugiesischen Mutterland begonnen. 1838 wurde eine Vereinbarung über eine gemeinsame Postbeförderung zwischen Portugal und der Regierung von Britisch-Indien getroffen. 1844 wurde ein regelmäßiger Inlands-Postdienst eingerichtet für die 5 Verwaltungseinheiten des Gebietes, nämlich Panaji, Mapusa, Margao, Ponda und Bicholim.

1832 wurde die bereits 1510 ins Leben gerufene „Münze" von der alten in die neue Hauptstadt verlegt. Immerhin prägte die alte Münze in Alt-Goa Kupfer- und Silbergeld über eine Zeitspanne von 350 Jahren. Die Prägung von Goldmünzen wurde 1841 eingestellt.

Im Bereich von *Fontainhas* (C 2): Die ursprüngliche Fontainhas-Kapelle stammte von 1818, abgerissen um 1880. Daneben wurde 1888 die *„Sankt-Sebastian-Kapelle"* (s. Foto 63) errichtet, in der sich ein großes Kruzifix des 16. Jh. befindet, mit dem mit offenen Augen ans Kreuz geschlagenen Christus. Der schöne und elegante *„Fenix-Brunnen"* besitzt eine Treppenflucht aus schwarzem Stein, die in das Wasserreservoir hinabführt. Er wurde 1855 eingeweiht. Dieser obere Teil der Stadt wuchs rasch wegen seiner privilegierten Lage an, mit dem unteren durch Treppen verbunden. Kurz hernach folgte die Anlage des *„Nathal-Brunnens"* (s. Foto 64). Noch heute wird dort der Karneval besonders fröhlich gefeiert. In Fontainhas liegen auch die „Geschichtsarchive von Goa", die auf 1595 zurückgehen, im jetzigen Directorate of Historical Archives and Archaeology. Ihm ist das *„Museum of Goa, Daman and Diu"* angegliedert, mit musealen Exponaten aus der Geschichte des Landes, s. Fotos 65 bis 75.

65   66   67

Foto 65: *Archäol. Museum von Panaji,*
Kubera, Gott des Reichtums, 7. Jh.,
aus Kothambim

Foto 66: *idem, die Göttin Tara, 7. Jh.,*
aus Kothambim (Bicholim)

Foto 67: *idem, der elefantenköpfige*
Gott Ganesha, 10. Jh., aus Verna (Salcete)

Im Bereich der *Zentralen Zone* (C1): Schon um 1540 wurde die *„Panaji Kirche",* die *Kirche unserer Lieben Frau von der Unbefleckten Empfängnis,* errichtet, die Treppenflucht davor um 1870 (s. Foto 76 und Farbtafel XV). Ein Umbau erfolgte um 1619. Der Hauptaltar im Stil der Renaissance. Eine ganze Reihe sakraler Gegenstände aus aufgelassenen Klöstern Goas sind hier vereint. Auf dem Glockenturm hängt die zweitgrößte Glocke

Goas mit einem Gewicht von 2250 kg. 2 Feste werden hier gefeiert, am 13. Mai das Unserer Frau von Fatima und am 8. Dezember das Unserer Lieben Frau von der Unbefleckten Empfängnis. Damit verbinden sich große Jahrmärkte. Mitte des letzten Jahrhunderts wurde ein schöner Park, die „Praça de Floras", angelegt. Auf dem Platz steht das Rathaus gegenüber der Kirche, die „Camara Municipal", Nachfolger des ersten Senates von Goa. Dieser Primeiro Senado de Goa wurde von Afonso de Albuquerque bereits im Oktober 1511 als erster seiner Art in Asien eingerichtet, nach dem Vorbild des Senates von Lissabon, besetzt mit einem Präsidenten, einem weißen und einem farbigen Richter, einem Staatsanwalt und 26 gewählten Geschworenen. Im letzten Jh. wurde der Senat von Alt-Goa nach Panaji in das o.g. Rathaus verlegt. Im „Jardim Garcia da Orta", einem Park, wurde 1898 ein *Denkmal für Vasco da Gama* errichtet, der von König Manuel von Portugal ausgeschickt worden war, um den Seeweg nach Indien um

68   69   70

Foto 68: idem, Vishnu, 11. Jh., aus   *Foto 70: idem, Shiva im Schreckens-*
Cuncolim (Ponda)   *aspekt als Martanda-Bhairava, 14. Jh.,*
Foto 69: idem, eine Yakshi, 14. Jh., aus   *aus Usgaon (Ponda)*
Daibandora (Sanguem)

Afrika herum zu erkunden und der am 20.5.1498 die indische Westküste erreicht hatte. Damit hatte er die Grundlagen für das Kolonialreich Portugals in Ostindien gelegt. Das Denkmal hat die Form einer Säule, gekrönt von einer Büste des portugiesischen Nationalhelden. Der jetzige „Court of the Judicional Commissioner" befindet sich in einem 1878 errichteten Gebäude. Er geht zurück auf ein Dekret von 1544, das ein Appellationsgericht für die portugiesischen Besitzungen in Asien schuf mit dem Sitz in Alt-Goa.

    Die „*Dom-Lourenço-Kapelle*" neben Hotel Mandovi geht auf die 1. Hälfte des 18. Jh. zurück. Darin steinerne Wappentafeln der alten portugiesischen Familien.

71

72

74

75

73

Foto 71: idem, Durga, den Büffeldämon tötend, 14. Jh., aus Usgaon
(Ponda)

Foto 72: idem, König Donar, 14. Jh.,
aus Usgaon (Ponda)

Foto 73: idem, Gajalakshmi, von 2 Elefanten angespritzt, 14. Jh., aus Sanguem

Foto 74: idem, Durga als Büffeltöterin,
15. Jh., aus Torxem (Pernem)

Foto 75: idem, Heldenstein aus
Cuncolim

103

Farbtafeln

Die „*Santa Casa da Misericordia*" (das jetzige Amt für öffentliche Unterstützung) ist in einem eigenen Gebäude auf der Praça do Comercio untergebracht. Es handelt sich hierbei um eine auf 1511 zurückgehende Stiftung zur Unterstützung in Not geratener Portugiesen weißer Hautfarbe, die diese durch eine Blutuntersuchung nachweisen mußten. Juden, Moslems und Hindus waren ausgeschlossen. In der Kirche dieses Asyls wurden 1514 die Gebeine von Afonso de Albuquerque beigesetzt.

Foto 76: Kirche der Gottesmutter von der Unbefleckten Empfängnis in Panaji, spätes 17. Jh. (Jungfrau-Maria Kirche)

In der „Praça das Sete Janelas" (Platz der 7 Fenster, heute Azad Maidan), so genannt, weil deren Häuser 7 Fenster besaßen, wurde die vergoldete *Statue von Afonso de Albuquerque* aufgestellt, in der Nähe der heutigen Police Headquarters (Polizeikommissariat). Dort liegt auch das Gebäude der Government Printing Press, wo 1821 die „Gazeta de Goa" erschien (damals noch im Adil-Khan-Palast), 1837 das „Boletim do Governo", das nach der Unabhängigkeit in die „Official Gazette of the Government of Goa" übergeleitet wurde (die 1. Buchpresse Indiens wurde in Alt-Goa im St. Paul-Collegium aufgestellt, die 1. gedruckte Veröffentlichung Gesamtindiens, die „Conclusiones Philosophicas", erschien dort einen Monat später).

Die *Jama-Masjid* (C1), die Große Moschee, liegt noch im Herzen der Stadt, ohne Kuppel, doch von Minaretten überragt, der Bau entstand im 18. Jh. und wurde 1935 renoviert. Weiter südwestlich der *Mahalakshmi-Tempel* (C2), ebenfalls noch in Stadtmitte am Fuß des Altinho-Hügels, 1817 geweiht. Das Idol im Sanktum aus schwarzem Stein, vierarmig in einem versilberten Baldachin. Es ist ein Vishnu-Tempel des *shakti*-Kultes, der Lakshmī als höchste Göttin verehrt, wobei Brahmā, Vishnu und Shiva lediglich ihre 3 Aspekte (*gunas*) wären. Der 2. Hindu-Tempel ist *Maruti* geweiht (C3), im Mala-Gebiet gelegen, über eine Flucht von 130 Stufen zu erreichen (s. Foto 57). Er stammt von 1933, auch die aus weißem Marmor gefertigte Statue der Gottheit ist modern.

Auf dem *Altinho-Plateau* C2/3: eine sich nach S über die Altstadt erhebende Hochebene mit Blick auf Stadt und Fluß. Dort liegt die schönste Wohngegend von Panaji. So der „*Patriarchal Palace*", Sitz der Erzbischöfe von Goa ab 1795 mit dem Wappenschild des 1. Erzbischofs auf der Fassade (s. Foto 77). Die Diözese Goa wurde am 31.1.1535 durch Papst Clemens VII. als selbständige Kircheneinheit geschaffen, die das gesamte weite Gebiet zwischen San Thomé und dem Kap der Guten Hoffnung im W und China im O einschloß. Um 1570 wurde sie zur Erzdiözese erhoben. Zu ihr gehörten die Diözesen von Cochin und Malakka von 1558, Macao von 1575, Mozambique von 1612 u.a. In Goa lag die Mutterkirche für Gesamtindien, von dort zogen Missionare in alle Lande aus. 6 Mönchsorden hatten sich dort niedergelassen. Ab dem 17. Jh. ging diese religiöse Vormachtstellung von Goa verloren, als selbständige Bistümer und apostolische Vikariate in den Ländern Asiens und Afrikas geschaffen wurden. Auch innerhalb Indiens wurden Vikariate in Cochin und Bijāpur, in Calcutta und Madras, in Madurāi, Cranganore und auf Ceylon geschaffen. Durch das Konkordat vom 23.6.1886 zwischen dem Heiligen Stuhl und der portugiesischen Regierung wurde dem Erzbischof von Goa der Titel „Patriarch von Ostindien" verliehen.

Foto 77: Der Bischofspalast von Panaji

Die *Niederung von Campal* B2: Früher ein Gebiet von weitem Marschland, großen Sanddünen, Palmenhainen, Reisfeldern, heute ein ausgedehntes Wohn- und Repräsentationsviertel. Alle Generalgouverneure Goas taten viel, um diese Gegend zu bereichern, einschließlich des letzten, Vassalo e Silva (1958-61). Die erste englische Tageszeitung von Goa, die „Navhind Times", erschien 1963 in Campal, es gab eine ältere englischsprachige Wochenzeitschrift, „The Times of Goa", von 1885. Als die Inder Goa übernahmen, richteten auch sie ihr besonderes Augenmerk auf dieses nunmehr Dayanand Bandod Kar Marg genannte Stadtviertel. Dort liegt das „Vasco-da-Gama-Institut", 1871 eingeweiht, mit einer umfangreichen Bücherei, 1953 in „Menezes-Braganza-Institut" umbenannt, mit dem Ziel, die schönen Künste in Goa zu fördern.

Der *Mandovi-Fluß* (s. Fotos 78 u. 79) durchströmt das Gebiet von Goa, 20 Brücken überqueren ihn, die meisten nach der Unabhängigkeit errichtet, darunter als größte die Nehru-Brücke, die eine direkte Verbindung zwischen dem nördlichen und südlichen

Landesteil sowie zwischen Bombay und Mangalore herstellt, 1970 eingeweiht, mit 13 Bögen von jeweils 50 m Spannweite. Die Campal mit der Straße zur St. Agnes-Kirche verbindende Brücke nennt sich Portugal-Brücke. Die Kirche selber führt auf 1584 zurück, der ehemalige erzbischöfliche Palast in der Nähe der Kirche ist abgegangen.

78

79

80

Foto 78: Fähren über den Mandovi-Fluß am Nordufer gegenüber Panaji

Foto 79: idem

Foto 80: Statue eines Christen und eines Hindus in brüderlicher Vereinigung auf dem Miramar-Platz in Panaji

Gaspar Dias oder *Miramar-Beach* A4: 2 km südlich der Stadt, mit Bus in 5 Minuten zu erreichen, jetzt eines der Touristenzentren von Goa, vor Jahrhunderten ein Gebiet strategischer Bedeutung mit Fort und Garnison von 1598. Gaspar Dias war der Name für das äußerste Ende der Palmenhaine in diesem Gebiet. Die Mauern waren so stark, daß Geschütze darauf gestellt werden konnten, um die Zufahrt zur Bucht zu sperren. Als Napoleon I. Portugal besiegt hatte, wurde die Position von Goa unsicher. Dem britischen Generalgouverneur Lord Mornington, besser als Marquis von Wellesly bekannt, wurden Pläne der Franzosen enthüllt, Goa zu okkupieren, worauf er britische Truppenkontingente in Gaspar Dias einrücken ließ, um die französische Invasion zu verhindern. Erst 1813 verließ das letzte britische Regiment Fort Aguada. Durch eine

Militärmeuterei von 1835 kamen viele Europäer in Gaspar Dias ums Leben, wobei das Fort in die Luft flog. Noch vor 50 Jahren gab es keine Privathäuser im Viertel. Heute ist es ein bevorzugtes Wohngebiet mit schönen Straßen geworden. Der dortige Strand wurde durch das Tourism Department den europäischen Touristen erschlossen, Pinien- und Palmenhaine ziehen sich entlang der Küste. Von hier aus schöner Blick auf die beiden Vorgebirge von Cabo Raj Niwas und Fort Aguada. Eine Statue (s. Foto 80), die die Einheit von Hindus und Christen in einem gemeinsamen Vaterland symbolisiert, steht inmitten des großen Azan-Maidan-Platzes nahe beim Strand, in dem ein Kinderpark angelegt wurde, bei welchem ein Denkmal für den ersten Chief Minister des freien Goas, Dayanand Bandodkar, der 1973 starb und hier verbrannt wurde, aufgestellt wurde.

Foto 81: An der Dona-Paula-Bucht im
Südwesten von Panaji

Foto 81a: idem

Dona Paula liegt 7 km südlich der Stadt, ein idyllischer Platz am Meer, mit regelmäßiger Busverbindung von der Stadt (s. Fotos 81 u. 81a). Eine Fähre verkehrt von dem kleinen Hafen zum großen von Mormugao Harbour außer während der Monsun-Zeit. Dicht dabei ein natürlicher kleiner Hügel, der touristisch ausgebaut wurde mit einem Pavillon, von dem sich ein weiter Blick über den Zuari-Fluß und das Arabische Meer bietet. Am Beginn der Treppenflucht Symbolstatue „Das Bildnis Indiens" von 1969 aus Marmor von einer bekannten deutschen Bildhauerin, der Baronin Yrsa von Leistner. Dargestellt sind ein Mann, der nach W schaut, es ist dies die Vergangenheit, und eine Frau, die nach O blickt, der Zukunft entgegen.

Zwischen Gaspar Dias (Miramar Beach) und Dona Paula erstreckt sich ein Landvorsprung gegen NW, an dessen Ende in einer Höhe von 40 m über dem Meer Cabo Raj Niwas, die offizielle Residenz des Gouverneurs (Lieutenant Governor) des ehemaligen Unionsterritoriums von Goa, Daman und Diu, des jetzigen Bundesstaates Goa, Daman und Diu ab Mai 1987, liegt, mit weitem dazu gehörigem Gelände, fast 1100 x 270 m groß. Als die Portugiesen das Kap besetzten, weihten sie zuerst eine Kapelle der Nossa Senhora da Cabo, die in der Folge in die Festung inkorporiert wurde, die auf dem Vorgebirge entstand. Ein Kloster der reformierten Franziskaner folgte 1594, das auch vorübergehende Residenz des Erzbischofs von Goa im 17. Jh. wurde wegen der gesunden, exponierten Lage mit weitem Blick über Land und Meer. Nach 2 Wiederinstandsetzungen wurde es schließlich Sommerpalast der Gouverneure von Goa. Die Festung selber wurde im 18. Jh. vergrößert, von 1779 bis 1813 wurden britische Soldaten hier stationiert, um Goa vor der während der napoleonischen Kriege drohenden Invasionsgefahr durch die Franzosen zu schützen. Nach der Unabhängigkeit wurde der große, vorwiegend aus Laterit errichtete Bau modernisiert, für Staatsgäste wurde ein Gästehaus gebaut. In der o.g. Kapelle ist Dona Paula de Menezes aus einer portugiesischen Familie des 17.Jh. bestattet, nach ihr wurde der o.g. Platz Dona Paula genannt.

Agastipur: Taluka Ponda, ein Dreischreintempel auf gemeinsamer Plinthe aus Basalt und Laterit. Drei Kultzellen für Mādhava-Deva, Govinda-Purusha und Rāmeshvara. Eine Kuppel in moslemischen Formen liegt über der Anlage, die den Einfluß der Moghul-Architektur verrät. Am Eingang stehen beiderseits in hochrechteckigen Nischen Wächterfiguren (*dvārapālas*) mit Keule (*gadā*) in Händen, um bösen Geistern (*asuras*) in apotropäischer (dämonenabwehrender) Funktion den Zugang zum Sanktum zu verwehren.

Agonda: Im südlichen Taluka Canaconda mit schönem Badestrand am Arabischen Meer, der durch den internationalen Tourismus noch stärker erschlossen werden wird. Die jetzige christliche Kirche 1951 vollendet, dem hl. Laurentius geweiht.

Aguada: Auch Candolim oder Kandoli, an der Küste des Taluka Bardez zwischen Calangute im N und Fort Aguada im S gelegen, ein Dorf mit etwa 4500 E., besitzt 2 Tempel beim Fort Aguada, der Göttin Shantadurgā und Ghagreshwar, einer lokalen Gottheit, geweiht, außerdem die Kirche Nossa Senhora d'Esperança (Unserer Lieben Frau der Hoffnung) aus 1560, umgebaut 1764.

Der *Strand von Aguada* (Candolim) gehört zum Gesamtküstenverlauf von Calangute (s. dort im Ortsteil) und genießt dessen Vorzüge (s. Farbtafeln I, II, IV, XVIII-XX). Er ist einer der schönsten Strände von Goa mit breitem Strand von feinstem goldgelbem Sand, hinter dem eine Zone von Kokoshainen liegt, in deren Schatten sich das Dorf und kleinere Wohngebiete angesiedelt haben. Der Meersaum verläuft hier geradlinig auf eine Strecke von etwa 7 km, Baden und Schwimmen sind hier völlig ungefährlich, die mehr oder weniger starken Brandungswellen erhöhen das Badevergnügen. Die Wassertemperatur beträgt zwischen 27° und 28°C im Jahresverlauf, leichte Westwinde machen den Aufenthalt dort sehr erträglich. An der S-Seite des Küstenverlaufes in den Landvorsprung von Fort Aguada hineingebaut, steht das 5-Sterne-Hotel „Fort Aguada" (s. dazu Kap. 5 unter Unterkünfte, Farbtafeln XIX–XXII). Die Einwohner dieses Küstenverlaufs treiben Ackerbau und daneben Fischerei, heute in wachsendem Umfang auch im internationalen Tourismus beschäftigt. Brunnen, Quellen und Teiche liefern das benötigte Nutz- und Trinkwasser. Post, Bank, Läden, Sportclubs, Hospital sind vorhanden.

Das Fort Aguada selber (s. Fotos 82-84) befindet sich im Bereich der in das Meer vorspringenden Halbinsel aus hohem Felsgestein in der SW-Ecke des Taluka Bardez, die die N-Wand der großen Goa-Bucht mit dem breiten Mündungsbecken des Mandovi-Flußes bildet. Aguada ist ein von N her ansteigender, 87 m hoher Felsen mit steil abfallenden Kliffen nach W und S hin, auf dessen Hang sich jetzt ein armseliges Dorf aus

Strohhütten mit Einwanderern aus Belgaum im Staat Karnātaka niedergelassen hat (s. Fotos 18 u. 19), dessen Wasserversorgung durch das Luxushotel Aguada sichergestellt ist, das diesen Menschen auch Arbeit und Brot gewährt. Der Felsen wurde, da in exponierter und beherrschender Lage zur Mandovi-Mündung im S und zur Flachküste nach N hin, von den Portugiesen 1612 durch eine Reihe von Bastionen befestigt, von denen aus sich nähernde Schiffe unter Feuer genommen werden konnten. Auf der anderen, südlichen Seite der Mündung des Mandovi lag das Cabo-Fort, so daß Schiffe unter doppelten Beschuß genommen werden konnten. Die Jahreszahl von 1612 geht aus einer Inschrift auf dem Hauptzugangstor hervor, wo auch nunmehr die Statue eines

82

83

84

Foto 82: Felsklippen und portug. Bastion rechts am Vorgebirge von Aguada

Foto 83: Eine der portug. Bastionen beim Fort Aguada-Hotel

Foto 84: Der Leuchtturm auf dem Vorgebirge von Aguada

Freiheitskämpfers und eine Frauenfigur als Symbol der Befreiung von fremder Herrschaft stehen. Auf dem höchsten Punkt des Felsmassivs, Aguada Point genannt, liegt eine Zitadelle, deren Leuchtturm mit zylindrischen Wänden, 12 m im Durchmesser und 14 m hoch, heute noch seinen Lichtstrahl einmal in 7 Sek. um den Turm herumführt und eine riesige Glocke beherbergt, die größte Goas, einst dem St. Augustin-Kloster gehörig. 1841 ließ der Gouverneur Lopes de Lima die alte, stets brennende Öllampe durch eine rotierende Laterne ersetzen, die ihrerseits von Gouverneur Graf von Torres Novas durch eine katoptrische Argand-Leuchte abgelöst wurde, die das ganze Jahr über funktionierte. Die jetzige rotierende Leuchtvorrichtung stammt von

1866 und kann bis zu einer Entfernung von 40 km geortet werden. An das Leuchthaus angeschlossen ist ein Flaggen- und Signalmast. Innerhalb der Zitadelle wurde eine große quadratische Zisterne von 38 m Seitenlänge angelegt, in 5 Abteilungen zerlegt, deren Gewölbe von 16 Säulen getragen wird. Im Fort lagen 2 Pulverkammern, 2 Vorratsmagazine, 2 Gefängnisse, 4 Baracken, 1 Kapelle, Unserer Lieben Frau zur Glücklichen Reise geweiht, und mehrere Gebäude als Residenz für den Kommandanten, einen Kaplan, den Arzt und für weitere Offiziere. Kaum mehr eine Spur dieser letzteren Gebäude ist erkennbar, die auf 1808 zurückgehen, als britische Truppen der Bombay Government den Platz einnahmen. Innerhalb der Umwallung sind die Reste einiger Brunnen erkennbar, die in alten Zeiten die Schiffe mit Wasser belieferten, Grund für die Namensgebung „Aguada" aus agua = portugiesisch Wasser. Einer der Brunnen wurde 1624 unter Dom Francisco da Gama, Urenkel von Vasco da Gama, des Entdeckers der Seeroute nach Indien um das Kap der Guten Hoffnung, aus dem Felsen geschlagen, wie aus einer dort angebrachten Inschrift hervorgeht. Das Fort war einst mit 79 Kanonen bestückt mit einer ständigen Wache und 4 Offizieren. In den Gefängnisräumen wurden immer wieder indische Meuterer eingesperrt, die sich zu sehr im Kampf gegen die portugiesische Herrschaft engagiert hatten. Als ein von den Indern durch die Geschichte des Befreiungskampfes geweihter Platz wird daher jedes Jahr am 18. Juni, dem ersten Kampftag gegen die Portugiesen, die indische Flagge zeremoniell gehißt.

Das Fort hat nunmehr sein Aussehen völlig verändert, es ist zum zentralen Zivilgefängnis umfunktioniert worden. Eine Wiese, ein Obstgarten und ein Küchengarten wurden angelegt, die Gefängnisinsassen fertigen klassenweise Schneider- und Holzarbeiten, Stricke und Seile usw. an, so erfüllt den Platz ein geschäftiges Leben den ganzen Tag über.

Die Urkirche stammt von 1560, Umbau von 1661. Die heutige Kirche von 1667 wurde an anderer Stelle errichtet, die Türme 1864. Der linke Turm ist 1948 abgegangen.

Zur Geschichte: Kurz vor dem Ende des 16. Jh. war das portugiesische Kolonialreich im O im Niedergang begriffen. Ihre Konkurrenten im Kampf um die Vormachtstellung waren Engländer und Holländer, die jede Gelegenheit nützten, um Schiffahrt und Handel der Portugiesen zu belästigen. Besonders die Holländer erwiesen sich damals als die stärksten Feinde. Sie hatten ursprünglich Südindien und die Straße von Malakka als ihre östlichen Machtzentren angesehen. Zuerst legten sie den portugiesischen Handel in Malakka lahm und blockierten die Handelsverbindungen mit China und Japan. 1599 kamen sie erstmals nach Indien mit 2 Schiffen, das eine war beschädigt, das andere wurde beim Gefecht von den Portugiesen gekapert. Doch kamen sie schon 1600 erneut, fuhren nach Java und nahmen mit Hilfe der dortigen Eingeborenen die portugiesischen Stützpunkte in Besitz. 1603 beschlagnahmten sie ein portugiesisches Schiff, das nach Malakka unterwegs war, 4 weitere nach Bengalen, mit Geld beladen, und schließlich ein großes, von China mit Waren zurückkommendes Schiff.

Am 26. September 1604, zur Zeit der Herrschaft des portugiesischen Vizekönigs

Martim Afonso de Castro, wurden sie für die Portugiesen eine ernsthafte Gefahr. Eine Flotte von 7 holländischen Schiffen segelte von Mozambique, wo sie ein portugiesisches Schiff gekapert hatten, in die Mündung des Mandovi ein. Zu jener Zeit besaßen die Portugiesen die Festungen Cabo, Reis Magos und Gaspar Dias im Bereich von Panaji. Den Bau von Fort Reis Magos hatten sie 1551 begonnen und erst 1707 abgeschlossen. Das Fort Gaspar Dias wurde ab 1598 von Vizekönig Francisco da Gama angelegt und feuerte aus allen Rohren, als die Holländer in die Flußmündung eindrangen, doch zufolge der schlechten Qualität ihres Pulvers oder ihrer Kanoniere konnten sie nicht verhindern, daß die Holländer am Vorgebirge von Aguada ankerten. Die holländische Flotte blockierte dann die Sandküste von Gaspar Dias einen Monat lang, was Panik unter den Portugiesen hervorrief. Dann wandte sich die Flotte nach Süden und nahm widerstandslos das Fort Amboyna ein. Der Zustand der portugiesischen Armada war damals desolat, es fehlten gute Schiffe, Bauholz hierfür, Geldmittel, Kanonenmunition, Blei, Kupfer, geübte Artilleristen und Matrosen. Die Blockade am Mandovi ließ die Portugiesen ihr Verteidigungssystem überdenken, dabei erkannten sie die Notwendigkeit, gegenüber dem Fort Cabo, also an der N-Seite der Mandovi-Mündung, eine Festung auf dem Vorgebirge nahe Sinquerim anzulegen, eben das Fort Aguada.

Aldona: Im flußreichen Hinterland des Taluka Bardez. Die erste christliche Kirche von 1569 wurde 1596 umgebaut, 1690 kam eine neue Kapelle hinzu. Die Kirche ist dem Apostel Thomas geweiht.

Alorna: Im Ostteil des Taluka Pernem, am rechten Ufer des Chapora-Flußes, ein zerfallenes Fort der mittelalterlichen Bhonsle-Dynastie. Es wurde dem Marathen-Häuptling von Sawantwadi im Mai 1746 von den Portugiesen unter ihrem Gouverneur Marquis de Castella Nova entrissen, der daraufhin den Titel Marquis de Alorna erhielt.

Ambelim: Auch Ambaulim, im S des Taluka Salcete. Die dortige Kapelle wurde 1956 zur Gemeindekirche umgewandelt und der Jungfrau von Lourdes geweiht.

Amona: 10 km SSO Bicholim, Hauptort des gleichnamigen Taluka. 2 alte Tempel der Shri-Shantadurgā und Shri Dattatreia, beide Kultbauten sollen vor undenklichen Zeiten errichtet worden sein. Davon ist wenig zu erkennen.

Anjediva Island: Auch Angediva, im äußersten Süden des Distriktes, zum Taluka Canacona gehörig, 8 km SW Karwar im Staat Karnātaka. Es ist eine kleine Insel, 1,6 km von N nach S, 300 m von O nach W, mit zerklüfteter Steilküste in SW und W. Eine kleine Bucht in der Mitte der O-Küste gewährt Anlegemöglichkeiten für kleine Schiffe bis 1000 to. Die Insel ist aus Granit und Laterit aufgebaut. Die W-Küste felsig und unfruchtbar, die der malerischen Ostseite mit Kokospalmen, Mango-, Apfelsinen- und Zitronenhainen bestanden. Dort liegen auch Reste von Wällen, einige alte weiße Häuser und 2 Kirchen in Palmenhaine eingebettet. Die Inselbewohner leben vom Verkauf des Obstes und vom Fischfang. Den notwendigen Reis für Nahrung beziehen sie von der Gegenküste, ihr Trinkwasser aus einer natürlichen, das ganze Jahr fließenden Quelle, die in einer Granitzisterne gefaßt ist. Schon die Portugiesen benützten die Insel nach ihrer Ankunft zwischen 1500 und 1510, bevor sie Goa eroberten, als Ankerplatz für ihre Schiffe.

Zur Zeit des portugiesischen Vizekönigs Conde d'Alvar wurde 1682 eine Festung angelegt. Die Marathen unter Sambhajī mußten im gleichen Jahr ihren Versuch aufgeben, die Insel zu erobern. November 1961 fand hier ein Gefecht zwischen der portugiesischen und indischen Kriegsflotte statt. Bis dahin diente die Festung den Portugiesen als Strafkolonie für Goa und Diu, die Häftlinge mußten Garn zu Strümpfen verarbeiten, die als die besten Indiens gerühmt wurden, zumal sehr billig. Die Kirche Nossa Senhora das Brotas wurde dort vom ersten portugiesischen Vizekönig Dom Francisco de Almeida bereits 1506 gebaut, 1682 im Zuge der Festungsarbeiten erneuert. Sie besitzt 3 Altäre. Die jetzige Kirche stammt von 1729, es gibt indessen keine christliche Gemeinde noch Pfarrer auf dem Inselchen.

Anjuna: An der W-Küste des Taluka Bardez 10 km W Mapusa, ein Dorf von etwa 7000 E., mit Brunnen und Quellen zur Wasserversorgung, mit 4 Sportclubs und einem Healthcentre, Post und Bank. Zum Dorfgebiet gehört das *Chapora-Fort*, 12 km NNW Fort Aguada, auf einem hohen Hügel im S der Mündung des Chapora-Flußes gelegen. Baubeginn 1717 durch den Herzog von Ericeira, den damaligen Vizekönig von Goa, unter seinem Nachfolger Francisco de Sampaio vollendet, geplant als Sperriegel für die Flußmündung, vom Marathenhäuptling Sawant Bhonsle von Sawantwadi 1739 eingenommen und 2 Jahre später von den Portugiesen zurückerobert. Das Fort verlor nach der portugiesischen Eroberung von Pernem an Bedeutung und ist nunmehr nur noch eine Ruine.

Die *Vagator-Beach* (s. Farbtafeln IX, X und XI) ist ein lieblicher, von Palmenhainen bestandener Strandabschnitt mit dem Chapora-Fort als nördlichem Abschluß und der Calangute-Küste im S, in den 70er Jahren beliebter Aufenthaltsort von Hippies.

Die Kirche wurde 1603 gegründet und auf Kosten der beiden Dörfer Anjuna und Assagao gebaut. 1713 erfolgte nach Zerstörung ein völliger Neubau und anschließend eine zweimalige Erweiterung. Sie ist dem Erzengel Michael geweiht.

Arambol: im Taluka Pernem. Die ursprüngliche Kirche 1870 in Harbal (Arambol) errichtet, dem Täufer Johannes geweiht. Nach einer Renovierung von 1878 eine Vergrößerung von 1907, nunmehr unserer lieben Frau vom Karmel geweiht.

Arvalem: 9 km SO Bicholim, der Hauptstadt des gleichnamigen Taluka, 3 km S Sanquelim. Kleines Dorf von 1500 E., Wasserversorgung aus Brunnen und kleinen Bächen, malerisch in Palmenhainen gelegen und allseits durch gute Straße erreichbar. In schöner Umgebung liegt der *Rudeshvar-Tempel*, dem gleichnamigen Gott, einer Shiva-Manifestation, geweiht. Wasserrinnen von den benachbarten Arvalem-Wasserfällen berieseln die Zugangstreppen. Es ist ein einfacher Steinbau, nach O gerichtet. Ein massives Steintor vermittelt zum Eingang, dem eine Treppenflucht zum Sanktum folgt, das auf einer Plinthe ruht. Die Kultzelle (das *garbhagriha*, eigentlich Mutterschoß) enthält das phallische Emblem Shivas, das *shivalinga*, das als Symbol des Gottes verehrt wird. An Mahā Shivarātri, der Neumondnacht Ende Februar/Anfang März während der großen Nacht des Gottes Shiva (s. „Südindien" Band I des Verfassers, Südindiens Feste), wird sein Hauptfest gefeiert mit Aufführung religiöser Spiele.

Die *Arvalem-Wasserfälle* sind beim Verlassen des Tempels über eine zu einer Plattform hinabführende Treppe am besten zu überschauen. Sie stürzen über einen 24 m hohen Felsen herab und sammeln sich in einem See, in dem indische Touristen gerne schwimmen. Nach dem Monsun erreicht die Kaskade ihre stärkste Wasserführung.

Archäologisch interessant sind die *Arvalem-Höhlen*, westlich unweit des o.g. Rudeshvar-Tempel, frühe Grotten des 6./7. Jh. (s. Fotos 85 u. 86). In Höhle 2, der zentralen Grotte, befindet sich auf einem *shivalinga* mit runder Spitze eine Inschrift des 7. nachchr. Jh. in Sanskrit- und Brāhmī-Lettern (die Brāhmī-Schrift steht am Anfang aller rund 200 diverser Alphabete der Völker Süd- und Südostasiens bis hin nach Indonesien, seit dem 3. Jh. v. Chr. in Verwendung). Die Grotten sind lokal bekannt als „Pandavanchya Orya". Sie liegen am Fußende eines nach W schauenden Hügels über einem 17 m tief verlaufenden Bachbett. Es sind 3 Haupthöhlen und eine Wohnkammer am S-Ende. Die Höhlen sind unter sich verbunden, getrennt lediglich durch ihre Frontpartien. Die zentrale Höhle ist eine Dreischreinkammer mit Eingangsportikus (*ardhamandapa*) mit 4 Pfeilern, in gleichmäßigem Interkolumnium (Abstand von Schaftmitte zu Schaftmitte) gesetzt, von quadratischem Grundriß. Der Eingangsportikus wird von Zungenwänden (Seitenmauern) flankiert, Zugang über Treppen. In einem der 3 Schreine der Zentralhöhle liegt eine Laterit-Plattform mit einem *linga*-ähnlichen Schaft in der Mitte, viereckig der Schaft an seiner Basis, nach oben von einem fünfeckigen und wieder viereckigen Gebilde gefolgt, und abschließend mit kreisrunder Scheibe an der Spitze. Die Stärke des Schaftes beträgt 18 cm. Es ist also eher ein Steinblock als ein kanonisches *linga*. Darauf befindet sich die o.g. Inschrift des beginnenden 7. Jh., die zu lesen ist: „Samburala vasi Ravih", wohl der Name des Stifters (*ravi* bedeutet Sonne, darauf weist auch die kreisrunde Scheibe an der Spitze). Der mittlere Schrein der Zentralhöhle enthält eine Basis (*pitha*), 74 cm hoch und 112 cm breit, der sichtbare Teil des *linga*-Schaftes ist 1 m hoch, die Basis quadratisch, der obere Teil zylindrisch, 45 cm stark. Es ist dies die archaische Form des *linga*, unten quadratisch, oben kreisförmig, wie in Ellora, Elephanta und anderen Hindustätten des 6./7. Jh. üblich.

Foto 85: Arvalem, Hindugrotten des 6./7. Jh.

Foto 86: idem, Shivalinga in Kultzelle, 6./7. Jh.

Auch der südliche Schrein dieser zentralen Dreischreinanlage beherbergt ein felsgeformtes *pitha*, später durch strukturelle Laterit-Blöcke erneuert, mit einem Steinschaft ähnlich dem soeben genannten Schaft mit der Inschrift, mit dem Unterschied, daß seine Spitze scharf wie ein Speer geformt ist. Wiederum also keine konventionelle *linga*-Form. So könnte es sich bei den 3 Steinschäften der Dreischreinanlage um symbolhafte Darstellungen von Sonne (Sūrya), Shiva und Kārttikeya (des zweiten Sohnes von Shiva, der als Kriegsgott verehrt wird) bzw. deren Kulte handeln.

114

Die nördliche Höhle besteht aus einer quadratischen Schreinkammer. In ihrem rückwärtigen Teil liegt eine rechteckige Plattform (*pitha*), 60 cm hoch, 90 cm breit, 75 cm tief, darin das *linga* des Gottes, aus Granit, an der Spitze abgerundet. Die südliche oder dritte Höhle ist ein quergestellter, länglicher Raum, gleich groß wie sein *ardha-mandapa*, der gut ausgearbeitet ist, und in der Mitte wiederum eine Plattform mit dem *linga*-Schaft, zylindrisch mit sich nach oben verjüngendem Umfang.

Alle 3 Höhlen besitzen bei aller Einfachheit ihre eigene Individualität. Sie können während der Herrschaft der Bhojas von Chandrapur oder aber unter den Mauryas des Konkan um 600 n. Chr. entstanden sein. Steinskulpturen des Sonnengottes und von Umā (einer *shakti*, d.h. einer weiblichen Emanation von Shiva) wurden ganz in der Nähe beim Dorf Cudnem gefunden, ebenfalls der Chālukya-Zeit (südindische Herrscherdynastie ab dem 6. Jh.) zugehörig.

Assagao: im Taluka Bardez. Ursprünglich Kapelle von 1775 wurde sie 1813 zur Gemeindekirche erhoben und dem hl. Cajetan geweiht.

Assonora: im Taluka Bardez. Die ursprünglich erbaute Kapelle von 1781 wurde mehrmals zerstört und aufgebaut. Gemeindekirche wurde sie 1805, der hl. Clara geweiht.

Baga-Beach: s. Calangute

Bambolim: Taluka Tiswadi. Die Kirche führt auf 1613 zurück, 1616 zur Gemeindekirche erhoben. Die jetzige Kapelle übernahm 1952 diese Funktion, der lieben Frau von Bethlehem geweiht. Der Ruhm der Gemeindekirche ist, daß sie den 1. eingeborenen Erzbischof und Patriarchen von Ostindien stellte.

Bandode: s. unter Bandora

Bandora: Dorf 3 km W Ponda, Hauptort des gleichnamigen Taluka, etwa 7000 E. Aus den im Dorfbereich gefundenen Inschriften erhellt das hohe Alter des Platzes. Im Museum von Alt-Goa findet sich eine Steinplatte mit 3 Inschriften aus 3 verschiedenen Epochen, die erste von 1451 in Sanskrit, die anderen beiden in Kannada-Lettern (Schrift des südindischen Bundesstaates Karnātaka) von 1432 und 1433. Die Inschriften erwähnen die damaligen Herrscher und Schenkungen durch Dorfgemeinschaften. Es befinden sich hier 5 Kultstätten (s. Fotos 87-91 und Farbtafel XIV).

Der *Gopal-Ganapati-Tempel* liegt an einem Hügelhang in schöner Umgebung. Die Dorfbewohner nennen ihn „Farmagudi" und pflegen auf der Hügelspitze beim Anant-Chaturdashi-Fest alljährlich eine Flagge zu hissen in Erinnerung an die vom Marathen-Herrscher Chakrapati Sambhajī am Anant-Chaturdashi-Tag des Jahres im August 1683 aufgepflanzte Flagge auf dem Hügel beim Ponda-Fort. Sambhajī wollte damals Goa von der portugiesischen Herrschaft befreien, wobei das Ponda-Fort seine Operationsbasis wurde. Daraufhin griffen die Portugiesen im Oktober 1683 die Festung an, mußten aber unverrichteter Dinge wieder abziehen, da Sambhajī mit einem großen Ersatzheer anrückte. Dieses Ereignis wird hier jährlich um den Tempel herum gefeiert. Angeblich soll ein Steinidol von Gopal Ganapati von Hirten nahe beim Hügel aufgefunden worden sein, man stellte es später in einen kleinen Schrein mit Strohdach. Gopal bedeutet Kuhherde, Ganapati oder Ganesha ist der elefantenköpfige Lieblingssohn von Shiva und Pārvatī, dem in ganz Indien hohe Verehrung als Gott des Wissens und Herr des täglichen Ein- und Ausganges gezollt wird. Der Tempel ist neu, er wurde vom früheren Chefminister von Goa, Daman und Diu, Bandodkar, der im Dorf geboren wurde, errichtet, seine Büste steht vor dem Tempel. Das Kultidol von Gopal-Ganapati aus Metallguß wurde am 24.4.1966 konsekriert, ein gutes Beispiel moderner indischer Plastik.

87

88

89

Foto 87: Die weiträumige Anlage des Naguesh-Tempels in Bandora

Foto 88: idem

Foto 89: idem, freistehender Turm im Hof

Der *Mahālakshmī*-Tempel im Herzen des Dorfes ist der großen Göttin des *shakti*-Kultes, Gemahlin von Vishnu, geweiht. Die Kultfigur besteht aus schwarzem Marmor. Es geht die Sage, der Tempel sei aus Colva im Taluka Salcete hierher gebracht worden, um seine Zerstörung durch die portugiesische Unduldsamkeit abzuwenden. Über dem Haupttor liegt die Trommelkammer (*nagarkhana*). Die Audienz- oder Versammlungs-halle des Tempelbereiches (*sabhāmandapa*) ist mit einer Galerie versehen, worin die 24 Kultbilder der Bhagavat-Sekte plastisch in Holz dargestellt waren (diese wurden nun-mehr ins Museum gebracht), die Sekte führt ihren Ursprung auf die *Bhagavad-Gītā* zurück, Kernstück des großen altindischen Nationalepos *Mahābhārata*, in der gelehrt wird, daß Gott nicht mit den Sinnen wahrnehmbar sei, daß er nur durch vertrauensvolle Hingabe (*bhakti* s. „Südindien" des Verfassers, Bd. I, Kap. I 1,2) und durch unbedingten Glauben gefühlsmäßig bewußt werde. Die Galerie galt als eine der seltenen der Vaishnava-Gläubigen (Anhänger von Vishnu) mit Holzbildnissen ihres Gottes in Indien. Die Versammlungshalle wird durch eine Fünfpfeilerstellung und jeweils einen Pilaster an den beiden Enden getragen. Zur Seite der großen Göttin steht ein Idol von

Foto 90: *idem, schönes Gajalakshmi-Fragment des 13./14. Jh. in Hofecke*

Foto 91: *Der Ramanatha-Tempel in Bandora, vorne die langgestreckte Versammlungshalle*

Nārāyana, des höchsten Wesens (Vishnu). Der Tempel wird von Nischen und Schreinen mit den Bildern von Nebengottheiten an den Wänden (*parivara-devatās*) umgeben. Das Bild der Göttin ist sehr dem der Mahālakshmī von Kolhapur in Mahārāshtra verwandt, wo ihre Hauptverehrungsstätte liegt. Sie hat 4 Hände, in jeder Hand eines ihrer Attribute (Topf, Keule, Schild und Frucht). Absolut überraschend ist, daß sie das *linga*, Shivas phallisches Emblem, auf dem Kopf trägt. Ihre Verehrung geht auf früheste Zeiten, auf die Zeit der örtlichen großen Dynastien der Shilāhāras (750-1030) und der frühen Kadambas (1007-1300) zurück. Eine Anzahl von Festivitäten spielt sich vor dem Tempel ab. Das Hauptfest ist Rāmanavami, der Geburtstag von Rāma, der 8. inkarnierten Erscheinung Vishnus, im April. In den Kultstätten und Heimen der Vaishnavas wird dann tagelang aus ihren hl. Schriften, speziell aus dem *Rāmāyana*, dem 2. großen altindischen Epos, vorgelesen. Bei Nacht werden religiöse Dramen aufgeführt. Ein weiteres Fest ist Navarātri (auch Dussehra oder Dashera genannt) im September/Oktober, dessen Ursprung im gleichen *Rāmāyana* liegt und das den Triumph des Guten über das Böse veranschaulichen soll.

Der *Nagesh-Tempel* (s. Fotos 87-90 und Farbtafel XIV) liegt zur Seite des Mahālakshmī-Tempels und ist nach W gerichtet. Geweiht ist er Nāgeshwara, dem Schlangengott (aus *nāga*, Schlange und *ishvara*, der Herr). Er besitzt 3 Eingänge in O, W, und S. An der Außenveranda sind Steinskulpturen in die Wand auf beiden Seiten der Tür eingelassen, die zur Versammlungshalle (*sabhāmandapa*) führt. Die Decke der Halle wird von 5 Pfeilern und je einem Eckpilaster getragen. Die zur Innenhalle leitende Tür ist versilbert mit dem so sehr beliebten Rankengeflecht der altindischen Kunst aus griechisch-hellenistischer Provenienz. Der *sabhāmandapa* besitzt beiderseits eine Galerie mit exquisiten Holzschnitzereien mit der Darstellung von allen Indern bekannten Motiven aus dem *Rāmāyana* auf der einen Seite und in der Galerie gegenüber mit den Bildnissen der Acht Wächter der Himmelsrichtungen (*ashtadikpāla*s), fliegender Himmelswesen (der *gandharva*s, niedriger Gottheiten der Zwischenhimmel) usf. In der Kultzelle (das *garbhagriha* bedeutet Mutterschoß, Uterus) steht ein steinernes *linga*. Ihm gegenüber in der Außenveranda ein sitzender Nandī aus schwarzem Stein, das Reittier (Göttergefährt, *vāhana* etymologisch mit „Wagen" verwandt) des Gottes Shiva in Form eines Stierleins, das devot zu seinem Herrn aufschaut. Jenseits der Veranda liegt ein *tank*, der hl. Tempelteich, der zur rituellen Reinigung der Gläubigen zu jeder Hindu-Kultstätte gehört. Vor dem Tempel befindet sich eine Inschrift in Marathi-Schrift vom 24.12.1413, mit Erwähnung des Vijayanagara-Königs Devaraya I. (mächtige südindische Dynastie des 14.-16. Jh.) und einer Renovierung des Tempels in den Tagen von Chhtrapati Shahu, des Marathenherrschers von Satara in Mahārāshtra. Neben dem Nagesh-Tempel liegt der zerfallene alte Palast der Könige von Sonda, deren 1570 errichtete Herrschaft das Hügelgelände des nördlichen Kanara-Distriktes von Karnātaka umfaßte.

Der *Ramnath-Tempel* (s. Foto 91) liegt ebenfalls inmitten des Dorfes. Ramnath ist identisch mit Rāmanātha, Herr Rāma, 8. Inkarnation von Vishnu. Auch hier geht die Legende, der Tempel sei von Loutolim im Taluka Salcete an seine jetzige Stelle 1566 verbracht worden, um ihn vor den Portugiesen zu retten. 1905 wurde er restauriert und anschließend mit den Kultbildern von Lakshmī-Nārāyana, Rāmanātha, Shanteri (lokale Gottheit) und Kāmākshī (der großen Ortsgöttin von Kānchīpuram in Tamil Nadu, Aspekt von Pārvatī als „Verführerin mit Augen voller Liebe"), geschmückt. Der Tempel ist recht weitläufig, über den Haupteingang erreicht man die Versammlungshalle (den *sabhāmandapa*) mit hängenden Galerien beiderseits. In Hallenmitte eine Bühne für die Aufführung religiöser Dramen anläßlich großer Festtage. Im Sanktuarium (*garbhagriha*) Bild der Lakshmī-Nārāyana-Zweiergruppe auf hohem Podest und das *shivalinga* - merkwürdig genug in diesem Vishnu-Tempel, Beispiel für den religiösen Synkretismus moderner indischer Tempel - in der Mitte mit einer Platte abgedeckt. Daneben liegen die Schreine von Shanteri und Kāmākshī, im weiteren Bereich diejenigen von Nebengöttern (*devakoshtha*s), so von Vetal (Bhairava, Shiva im Schreckensaspekt), Kalbhairava (idem) u.w. Vor dem Tempel liegt der übliche Tempelsee, am Eingangstor steht hoch aufgerichtet der für Goa bezeichnende Steinlampenpfeiler *(dīpmal)*, an der N- und S-Seite des Baues reihen sich die Unterkünfte für Pilger *(agrashālā*s, etymologisch mit „Saal" verwandt) an, sämtliche gut und modern ausgestattet. Auch hier werden wichtige Feste wie Rāvanavami, der Geburtstag Rāmas, und Navarātri oder Dushera gefeiert (dem bengalischen Durgā-Pūjā-Fest entsprechend). Das größte Fest ist indessen Mahā Shivarātri, die Neumondnacht Ende Februar/Anfang März, in der Shiva das tödliche Gift verzehrte, das sich beim Buttern des Milchmeeres durch die bösen Geister (*āsuras*) gebildet hatte. So rettete der Gott das Universum (s. dazu „Südindien" des Verfassers, Bd. I Kap. 5). Während des Festes werden die Bilder der agierenden Gottheiten unter Baldachinen herumgetragen und Dramen vor dem Tempel aufgeführt.

Schließlich gibt es noch bei Bandora den *Shri Kashi Math*, eine auf einem Hügel gelegene Hinduklosterschule (*matha*), die zur Madhwa-Sekte der Gauda-Sarasvat-Brahmanen gehört (Sektenzentrum liegt in Brahmaghat bei Benares), eine seit 1541 bekannte Glaubensrichtung, die besonders in den westlichen Staaten Indiens verbreitet ist, mit vielen Kultstätten in Kērala und Karnātaka und seit alters her herrscherliche Privilegien und Ehren genoß.

Bati: Auch Batim, im Taluka Sanguem. Vor 1541 wurde eine Kapelle gegründet, die 1859 abgerissen wurde, die jetzige Kirche, deren Fundament 1860 gelegt wurde, wurde 1867 der Lieben Frau von Guadelupe geweiht.
Benaulim: Taluka Salcete. Die Kirche Johannes des Täufers von 1581 wurde 1596 wegen des morastigen Untergrundes auf einen Hügel von Benaulim verlegt. Bald darauf Neubau der jetzigen Kirche durch Jesuiten auf einem von den Gaukars von Vanelim überlassenen Boden.
Betalbatim: Taluka Salcete. Die von den Jesuiten 1630 errichtete Kirche Unserer Lieben Frau vom Heil mußte von den Dörfern Betalbatim und Gonsua finanziert werden. Gemeindekirche wurde sie schon 1636.
Bicholim: Hauptstadt des gleichnamigen Taluka mit etwa 10 000 E., 37 km von Panaji, bekannt wegen ihrer Messingarbeiten, besonders Lampen und Gefäße. 5 km entfernt der Maem-See, ein beliebter Ausflugsort der Ortsansässigen. Der Datta-Mandir geht auf das Mittelalter zurück mit dem Bild der Hindu-Trinität von Brahmā, Shiva und Vishnu (*trimūrti*), das während des Hauptfestes, des Datta Jayanti, im Dezember große Pilgermassen anzieht, da es Gemütskranke heilen soll.

Der früheste christliche Bau war eine Kapelle von 1652, errichtet von Dom Mateus de Castro e Mahale, dem ersten Goanesen, der 1637 in Rom zum Bischof ordiniert wurde mit dem Titel eines Titularbischofs und apostolischen Vikars des Großmoguls. Diese Kirche wurde 1760 abgerissen. Die jetzige wurde auf einem Hügel innerhalb eines Forts von der portugiesischen Regierung 1781 erstellt, als der Taluka dem portugiesischen Gebiet einverleibt wurde. Matronat der Lieben Frau von der Gnade.
Bogmalo-Beach: Schöner Badestrand im Taluka Mormugao entlang der S-Küste der hier weit nach Westen iorspringenden Landzunge, auf der der Flugplatz Dabolim liegt.

*Foto 91a: Aufschrift am Eingang zum
Naturpark von Bondla*

Bondla-Park: S. auch Kap. I, Abschn. 6 „Naturschutzgebiete". Im Taluka Sanguem gelegen. Es ist der kleinste der 3 Naturschutzgebiete des Distriktes (s. Foto 91a). Im Park verwahrt sind die aus Usgao stammenden ausgezeichneten Skulpturen einer Gajalakshmī des 6. bis 8 Jh. (Lakshmī, von 2 flankierenden Elefanten mit Wasser besprizt), von Mahishāsuramardini des 14. Jh. (Durgā, den Büffeldämon tötend) und Skulpturen des 16. Jh. von Yama, des Totengottes, und von Dattatreia, eines lokalen Shiva-Aspektes, zu bewundern (s. Foto 12).

Borim: Dorf im Taluka Ponda an der Straße von Ponda nach Margao, 12 km von Margao entfernt, etwa 6000 E. Es sind 7 auseinandergezogene Weiler, durch die Flüßchen und Bäche fließen. Die Hälfte der Bewohner lebt vom Ackerbau, viele vom Fischfang. Es gibt sogar eine English Medium High School mit etwa 500 Schülern. Insgesamt ein wohlhabendes und gefälliges Dorf. Der *Navadurga-Tempel* ist der Ortsgöttin (*gramdevatā*) geweiht, im Weiler Deulwada gelegen. Die große Göttin Durgā, Gemahlin (*shakti*) Shivas in ihrem Schreckensaspekt, wird hier als Vijayadurgā, d.h. als Göttin des Sieges und Erfolges, verehrt, Navadurgā genannt, weil sie die Essenzen aller ihrer 9 Aspekte vereinigt. Innerhalb der Göttinnen-Trias (Durgā, Lakshmī und Sarasvatī) war sie die stärkste geistige Kraft, ihr wurden bereits ab der Chālukya-Epoche des 7. Jh. nicht nur Schreine, sondern ganze Tempel errichtet. Das einfache Volk nennt Durgā mit unzählbaren Lokalnamen, doch die Brahmanen flehen sie um Befreiung mit dem Gebet an: „Die Du mir hilfst, den Ozean irdischen Seins zu durchqueren, ich beuge mich voller Angst vor den Gefahren des Erdenlebens unter Deinen Willen". Sie wird dabei unter einem ihrer 9 (*nava*) Aspekte angerufen. Nach einer Überlieferung wurde ihr hier aufgestelltes Kultbild von Kamaladevī, der Königin von Shivachitta Kadamba (um 1150), gestiftet. Nach anderer lokaler Version soll das Idol von Benaulim nahe Margao im Taluka Salcete nach hier während der religiösen Verfolgungswut der Portugiesen gebracht worden sein. Der in schöner Lage errichtete Tempel erhebt sich über einem quadratischen Fundament (*pītha*), er besteht aus Versammlungshalle (*sabhāmandapa*), Korridor oder Vorraum zum Sanktum (*antarāla*) und der Kultzelle (*garbhagriha*) selber. Der Turm darüber (*shikhara*) ist einfach mit spitz zulaufendem Ziegeldach. In der Kultzelle steht die Statue der Navadurgā aus hartem, schwarzem Stein über einem 125 cm breiten und 40 cm tiefen Sockel, die Figur ist 112 cm hoch, in ihrem Aspekt als die große Büffeltöterin dargestellt (als Mahishāsuramardinī, Töterin des großen Dämonen in Büffelgestalt, der um die heutige Stadt Maisur, die ihren Namen von ihm ableitet, sein Unwesen trieb). Von den Göttern wurde sie für ihre 4 Hände zu diesem harten Kampf mit 4 göttlichen Waffen ausgestattet, hier hält sie die Wurfscheibe (*chakra*) und die Muschel (*shanka*). Figuren von Schlangen (*nāgas*, Kobras mit aufgeblähtem Kopf) sind auf dem sie umgebenden Rahmen erkennbar. Die Feste zu Rāmanavami und zu Navarātri (s. unter Ortsnamen Bandora) wie auch das Lichterfest Karthika Purnim im November/Dezember werden hier gefeiert, wobei zahlreiche Öllämpchen vor die Häuser gestellt werden. Gegenüber dem Tempel befindet sich der Schrein des Kamleshvar, eines Ortsgottes, der aus der Kadamba-Periode des 13. Jh. stammen soll, später aber umgebaut wurde. In einem weiteren Schrein steht das Idol von Dattatreya unter dem Schatten eines großen Feigenbaumes, von einem italienischen Bildhauer aus weißem Marmor gestaltet.

Der *Siddhanath-Hügel* liegt 4 km von der Straße Bonda-Margao entfernt, der durch seine liebliche Szenerie viele einheimische Touristen anzieht, 410 m hoch, von W her über einen Zickzackpfad bis zum Butal-Peak begehbar. Oben wehen zu allen Jahreszeiten frische Seewinde dank seiner Meeresnähe. Das ganze Jahr über wasserführende

Quellen aus dem Hügelhang bewässern weite Areca-, Kokosnuß- und Bananenhaine. Vom Butal-Peak genießt man eine weite Sicht vom Hafen Mormugao im N bis zum Cabo da Rama im S. Ein Tempel, dem Siddhanātha gewidmet, alt, doch 1963 renoviert, liegt auf dem Hügel.

Eine Kapelle aus der 2. Hälfte des 19. Jh. mit einer Statue des hl. Franziskus von Xavier, dem sie geweiht ist, wurde 1946 unabhängige Pfarrkirche.

Britona: Taluka Bardez, Kirche von 1626, Neubau 1665, der Lieben Frau von Penha da Franca geweiht.

Cabo da Rama: Taluka Canacona, zerfallenes portugiesisches Fort auf einer Landspitze, die weit in das Arabische Meer hineinragt. Eine Kapelle wurde 1591 errichtet, dem Hl. Antonius von Lissabon geweiht, 1889 zur Gemeindekirche umgestaltet.

Cacora: In mehreren Dörfern von Marathen und Shudras ist heute noch die Sitte des blutigen Tieropfers üblich. So auch in Cacora im Taluka Quepem einmal im Jahr, wenn der Ortsgott Betal (Vetal, Bhairava, Shiva im Schreckensaspekt) vom Teufel Mara geplagt wird. Am vorbestimmten Abend werden um Mitternacht die bösen Geister durch einen Rundgang durch das Dorf und um die Bäume herum, wo sie sitzen, beschworen. In der folgenden Nacht führen die Ortsbewohner 2 Büffel und 3 Ziegen in den Tempel, 12 Personen sind anwesend und helfen dem Rufer, der das Idol von Betal umarmt. Um Mitternacht werden mit Schreien und Trommellärm die Köpfe der Tiere abgeschlagen und ihr Blut auf einen Haufen gekochten Reises zu Füßen des Betal gespritzt. Die bösen Geister werden durch den blutigen Reis versöhnt und ziehen ab.

Calangute: Ein Dorf an der Küste des Taluka Bardez, zwischenzeitlich weltberühmt wegen seines feinen Sandstrandes, als „Königin der Strände" gerühmt. Das Dorf selber mit seinen rund 9000 E. besteht aus 7 getrennt liegenden Weilern im SW von Mapusa, der geschäftigsten Handels- und Einkaufsstadt von Goa, mit ihr und Panaji durch regelmäßigen Busverkehr verbunden. Die Ansässigen leben von Ackerbau, Fischfang und natürlich auch vom Tourismus. Hülsenreis und Kokosnuß sind die Haupterzeugnisse. Brunnen und Wasserreservoirs liefern das benötigte Wasser. Post, Bank, Strom, Sportclubs und Einkaufsmöglichkeiten vorhanden, sogar eine Einkaufskooperative. Zum wöchentlich stattfindenen Bazar kommen viele Auswärtige.

Die *Calangute-Beach* (s. Farbtafeln I, II, IV, XIX und XX) ist von der Hauptstraße von Panaji nach Mapusa aus leicht über gut geteerte Fahrstraße zu erreichen. Durch seine natürliche Schönheit und den goldfarbenen, feinen Sand ist dieser Strand mit zum beliebtesten in Goa für die ausländischen Touristen geworden. Er folgt der Krümmung des Arabischen Meeres in einem Bogen von etwa 7 km Länge und endet im Norden mit dem Baga-Kliff, das in die See vorstößt, im Süden mit dem Aguada-Vorgebirge, wo das schönste Hotel Goas, das Fort Aguada, hingebaut wurde. Dem Küstenverlauf entlang, hinter dem breiten Sandstrand, zieht sich die ununterbrochene Reihe der Kokospalmen dahin. Touristenhostels und sonstige Unterkunftsmöglichkeiten wie auch Bars und Restaurants liegen hinter der Strandlinie verteilt. Es sind heute schon Tausende von Touristen, die Strand, Sand, Meer und die dauernd wehende Brise, die die Kokospalmen fächeln läßt, das Schwimmen im 28°C warmen Meer und das Sonnenbaden in völliger Freiheit mit vollen Zügen genießen. Saison ist von Oktober bis April/Mai bis zum einsetzenden Monsunregen. Die nördlich des Baga-Kliffes anschließenden *Baga- und Vagator-Beaches* bis zur Mündung des breit dahinfließenden Chapora-Flußes zeichnen sich durch die gleichen Annehmlichkeiten aus, auch sie sind bevorzugte Strände des internationalen Tourismus geworden.

1591 bauten Franziskaner auf Kosten der örtlichen Gaurkars eine Kirche, die bald wieder abgerissen wurde, da zu klein für die 4000 Gläubigen. Die jetzige Kirche ist bereits die dritte von der Gemeinde finanzierte, von 1741, die Türme von 1765. Kirchenpatron ist der hl. Alexius.

Camurlim: Taluka Bardez. Die alte Kirche führt auf 1780 zurück, Neubau 1847 und 1864, der heutige Bau von 1912. Namenspatronin die hl. Rita von Cassia.

Canacona: Auch Kankon, ein Dorf im gleichnamigen südlichsten Taluka von Goa. In geringer Entfernung steht der *Mallikarjuna-Tempel* an der Straße von Canacona nach Sadashivgad. Das Gebiet des Tempels ist als Shri-sthal, Wohnung des Gottes, bekannt, man nennt so auch das Dorf selber. Mallikārjuna ist der Name eines allindisch verehrten *shivalinga*, dem an dieser Stelle von den dravidisch-südindischen Habbu-Brahmanen ein Heiligtum in alten Zeiten errichtet wurde, das in loco wegen Baufälligkeit durch einen Neubau 1778 ersetzt wurde, Tempelweihe war 1781, ein weitläufiges Gebäude unterhalb des Dorfniveaus, durch ein großes Tor (*mahādvāra*) ausgezeichnet. Wie üblich in der nord- und südindischen Tempelarchitektur besteht der Bau aus 3 Hauptteilen, die normal in Ost-West-Fluchtung angelegt sind: Versammlungshalle (*sabhāmandapa*), kurzer schmaler Vorraum vor dem Sanktum (*antarāla*) und dem Sanktum selber (*garbhagriha*, Uterus), das von einem Turm (*shikhara*) gekrönt wird. Die *antarāla*, die hier größer angelegt ist, hat massive Holzpfeiler mit exquisiter Holzschnitzerei, eine Abfolge von Holzbildnissen und eine Nandī-Figur aus hochpoliertem, schwarzem Stein in der Mitte der *antarāla* (Nandī ist das stiergestaltige Reittier Shivas). Der Türrahmen zur Kultzelle versilbert mit Ornamenten, auf den Türpfosten beiderseits Sarasvatī (die Göttin der Gelehrsamkeit und Gemahlin Brahmās), auf dem Türsturz Ganesha oder Ganapati, der elefantenköpfige Lieblingssohn Shivas und Pārvatīs, Gott des Eingangs und des Ausgangs. In der Kultzelle das übliche *shivalinga*, 30 cm hoch über dem Sockel, hier aber dem Mallikarjuna (s.oben), der phallischen Verkörperung Shivas, gewidmet. Über dem *linga* steht ein versilberter Baldachin mit schönen Rankenornamenten. Auf 3 Seiten wird der Bau von Pilgerherbergen (*agrashālās*) eingerahmt. Links ist ein *tank*, der hl. Tempelteich, für die rituellen Waschungen angelegt. Während des Shivarātri-Festes Ende Februar/Anfang März (s. unter Ortsname Bandora) wird das göttliche Idol feierlich in einer Prozession unter einem Baldachin auf einem Elefanten herumgetragen. Religiöse Schauspiele werden bei dieser Gelegenheit aufgeführt.

Die Kapelle der Heiligen Theresa vom Kinde Jesu wurde 1770 begründet, 1824 zur Gemeindekirche erhoben, Neubau 1860 und 1966.

Candola: Im nördlichsten Teil des Taluka Ponda, 18 km N Ponda, Dorf von etwa 2500 E. Hauptanbau Hülsenreis, Trinkwasser aus Brunnen und Reservoirs. Wochenmarkt im nahegelegenen Banastarim. Der *Ganapati-Tempel* ist dem elefantenköpfigen Gott der Weisheit Ganesha, Lieblingssohn Shivas und Pārvatīs, geweiht. Er dürfte auf alte Zeiten zurückgehen, darauf verweisen seine massive Architektur und sein Stil, später wohl öfters umgebaut. Der Turm (*shikhara*) geht in seiner Gestaltung auf die mittelalterliche Kadamba-Chālukya-Architektur zurück. Das Kultbild des sehr populären Gottes ist aus hochpoliertem schwarzen Stein, auf einem Sockel in einem Holzbaldachin mit bemerkenswerten Schnitzereien. Es wurde von Jaipur nach hier verbracht, die Weihe folgte 1968. Dem Sanktum angeschlossen ist eine geräumige Versammlungshalle (*sabhā-mandapa*), ein gutes Beispiel moderner Architektur. Das hier abgehaltene Hauptfest ist Ganesha-Navarātri (s. unter Ortsnamen Bandora). Der Bhagavatī-Tempel dürfte 450 Jahre alt sein, die Grundsubstanz blieb beim Umbau von 1817 erhalten. Im Kultraum befindet sich die Skulptur der Göttin Bhagavatī aus schwarzem Stein, ikonographisch dargestellt als Mahishamardinī, als Durgā, den bösen, büffelgestaltigen Dämonen Mahishāsura bekämpfend und tötend. Es wird berichtet, das Idol habe ursprünglich in Aldona im Taluka Bardez gestanden, sei nach Maem im Taluka Bicholim verbracht worden und schließlich, um der religiösen Verfolgung durch die Portugiesen zu entgehen, zum jetzigen Standort.

Candolim: s. unter Aguada.

Cansarpale: Taluka-Bardez. Shiva-Tempel, Hauptturm und Nebenbauten kuppelgekrönt, Einfluß zeitgenössischer Moghul-Architektur.

Carambolim-Brama: Im östlichen Taluka Satari, kleines Dorf 7 km N Valpoi, dem Hauptort des Kreises. Der Ort hieß ursprünglich Chandiwade, der Ortsname wurde auf den heutigen Namen abgeändert, als die Kultstatue des Dorfpatrons, Brahmā, aus dem gleichnamigen Carambolim nahe Alt-Goa hierher gebracht wurde. Der *Brahmadeva-Tempel* ist „orientiert", an einem Fluß gelegen, innen steht die in Indien wenig bekannte und wenig verehrte Steinfigur des Gottes, wie üblich mit 4 in die 4 Himmelsrichtungen schauenden Köpfen. Auf dem tragenden Sockel sein Gefährt (Reittier ist hier die Gans, *hamsa*) und weibliche Figuren. Schon in den *Upanishads* des 1. vorchr. Jahrtausends, heiligen Texten, die mit ihrer esoterischen Doktrin zum Brahmanismus führten, wird Brahmā als der alles beherrschende Weltgeist und als Quelle alles menschlichen Glückes gepriesen, wobei der ursprüngliche abstrakte Begriff des *brahman* in der weiteren Entwicklung in den persönlichen Gott, in Brahmā, überführt wird. Da er spekulativ von Brahmanengehirnen erfunden wurde, genoß er bis heute wenig Ansehen beim Volk, da zu abstrakt und unverständlich, im Gegensatz zu den seit dem Neolithikum tradierten Gottheiten mutterrechtlicher Ackerbaugesellschaften und zu den von Aryas im 2. vorchr. Jahrtausend mitgebrachten vedischen Göttern. Ihm wird im Dorf alljährlich im Mai das Brahmotsava-Fest abgehalten.

Die christliche Urkirche geht auf 1541 zurück, der Turm auf 1858. Das Dorf stellte den ersten einheimischen Priester Goas. Kirchenpatron ist Johannes der Täufer.

Carmona: Taluka Salcete. Kirche von 1607, von der Gesellschaft Jesu finanziert.

Chapora-Fort: s. Anjuna

Chicalim: Taluka Mormugao. Kirche 1625 von den Jesuiten begründet. Neubau von 1747. Kirchenpatron der hl. Franziskus von Xavier.

Chorao: Taluka Tiswadi. Auf der Insel befinden sich 2 Kirchen, die der Jesuiten von 1569, Neubau von 1649, Kirchenpatron der hl. Bartholomäus, und eine zweite, die der Lieben Frau der Gnade von 1551, 1855 zerstört, 1860 in Maddel wieder aufgebaut.

Colva:
Dorf an der Küste im Taluka Salcete, in 10 Busminuten von Margao erreichbar, etwa 2500 E. Ackerbau und Fischfang sind die Hauptbeschäftigung, zu denen sich zunehmend mehr auch der Tourismus gesellt, da am Aufschwung des wenig nördlich gelegenen Badeortes Majorda mit seinem schönen Hotel partizipierend. Der Platz ist in ganz Goa bekannt wegen des wundertätigen Bildes des Jesu-Kindes. Die *Gemeinde-kirche Unserer Huldreichen Frau*, an der Margao-Colva-Straße gelegen, ist groß und eindrucksvoll gebaut. Das Jesusbild befindet sich auf dem Altar und genießt bei den Katholiken große Verehrung. Es soll von einem Jesuitenpater, Bento Ferreira, an der Küste Afrikas gefunden worden sein, wo er Schiffbruch erlitten hatte. Er brachte es nach Colva, wo es viele Wundertaten verrichtet haben soll. Im Oktober findet dessen

Fest, die „Fama", statt, wozu zahlreiche Gläubige von nah und fern strömen. Verbunden ist das Fest, wie in indischen Landen üblich, mit einem großen Jahrmarkt. Ein weiteres Fest im Mai ist der Huldreichen Maria gewidmet.

Die *Colva Beach* wird von Margao aus auf gut gepflegter, sich durch das Land windender Straße erreicht, die bis zum Strand selber führt. Dieser liegt inmitten des 20 km langen, fast geradlinigen Küstenverlaufs, der sich von der Cansaulim-Bucht im N bis zur breiten Mündung des Sal-Flußes im S erstreckt. Sein feinstkörniger weißer Strand zieht alljährlich Touristen aus vielen Ländern an. Der Strand erinnert an die Copacabana-Bucht in Brasilien, die davor liegende See mit einer durchschnittlichen Wassertemperatur von 27-28°C und ihre Ungefährlichkeit versprechen große Badefreuden. Palmenhaine und glitzernde Sanddünen beleben die Küste, so verbinden sich Land und Meer zu harmonischem Gleichklang, dem Calangute-Strand (s. dort im Ortsteil) ebenbürtig.

Colva war noch vor 20 Jahren das o.g. Dorf, heute aber nach seiner Entdeckung in den frühen 60er Jahren durch Hippies ein geläufiger Begriff unter Goa-Touristen.

Das Hinterland besitzt guten Boden, daher entsprechend hohe Obst- und Gemüseernte. Das zweifelhafte Paradies der nackten Hippies am Strand und in den Dorfgassen, schockierend für die konservativen Goanesen, war nach wenigen Jahren zu Ende, nachdem Goa kurz nach dem Abzug der Portugiesen die Visa-Vorschriften drastisch verschärfte, die Aufenthaltsdauer zeitlich begrenzte und die Einreise nur mit einem Rückflugticket gestattete. Die Blumenkinder sind verschwunden, an ihre Stelle traten europäische Urlauber, die wegen der überzogenen Preise der Kanarischen Inseln sich hier einfinden, verfrachtet durch Fluggesellschaften wie Condor, die allein 6300 Fluggäste 1986 nach Dabolim, dem einzigen Flugplatz von Goa, befördert hat. Übernachtungsmöglichkeiten von der Palmenblätterhütte um wenige Rupien bis zum gepflegten Gästehaus (Doppelzimmer mit Bad für Rs. 60 bis 250), die besseren darunter in Colva von Dezember bis Februar ohne Vorausbuchung nicht zu bekommen. Über Weihnachten kommen überdies die reicheren christlichen Inder hierher und belegen viele Hotelzimmer.

Am N-Rand von Colva befindet sich das Gästehaus Longuinhos, in die Sanddünen hineingebaut, mit 10 Doppelzimmern, sauber und preiswert, um die Ecke eine Bar mit Fischgerichten aller Art. Das Hotel Silver Sands ist eine Kategorie höher.

Wie überall an den sich entwickelnden Sandstränden treiben sich hier oft fragwürdige Gestalten herum, Kehrseite des Touristenbooms, Taschendiebe aus Bombay, Straßenräuber aus Madras, Schmuckhändler mit wertlosem Zeug aus Nepal, die die Touristen am Strand belästigen und etwas von deren Wohlstand abzuknabbern wünschen. Wenn z.B. ein „Polizist" am Strand nach einem Ausweis verlangt, so ist es zweckmäßig, sich zuvor seinen amtlichen Ausweis vorlegen zu lassen. Es gab schon Fälle, wo bei dieser Gelegenheit ein Ausländer, der vielleicht spät abends auf einsamem Pfad zu seinem Hotel strebte, restlos ausgeplündert wurde. Bei Tage ist diese Gefahr nicht gegeben, da die echte Polizei unterwegs ist.

Colvale: Taluka Bardez. Kirche von 1591 auf Kosten der Dörfer Colvale und Camorlim, den Wundern des hl. Franziskus von Assisi geweiht. 1683 teilweise von den Hindus unter Sambhajī zerstört. Wiederaufbau mit Einwölbung von 1713.

Corgao: auch Korgaon, Dorf von 6000 E., 9 km W Pernem, dem Hauptort des gleichnamigen Distriktes. Der *Kamleshwar-Tempel* ist Shiva, dem Mahādeva (dem Großen Gott), geweiht und soll auf das 8. Jh. zurückgehen. Es ist ein weitläufiger Bau, dem ein großes Eingangstor (*mahādvāra*) vorgestellt ist, welchem die Trommelkammer (*nagarkhana*) aufliegt. Hoher Lampenpfeiler, stockwerksweise gegliedert. Um den Haupttempel sind Schreine für die Nebengottheiten (*devakoshthas*) gruppiert, unweit liegt ein 20 x 20 m großer *tank*, der zu jedem Tempelbereich gehörige hl. See für rituelle Waschungen der Gläubigen. Eine Moslemkuppel mit abwärts hängenden Lotosblumen überdeckt den Turm. Hauptfeste sind Karthika Purnima, ein Lichterfest im Nov./Dez., und Jarotsava Panchami, wobei zahlreiche Gläubige zum Tempel strömen.

Cortalim: Taluka Mormugao. Die erste Messe in der Kirche wurde am 1. Mai 1566 abgehalten.

Cotigao: Ganz im SO des Distriktes, im südöstlichen Teil des Taluka Canacona, großer Naturschutzpark, s. Kap. 1, Abschn. 6 (Wild Life Sanctuaries) und Karte 4.

Cuncolim: Taluka Salcete. Eine 1. Kirche zwischen 1600 und 1604 errichtet, Neubau 1953 und 1967. Hier wurden 1583 10 Jesuiten und Konvertiten ermordet.

Cundaim: Kleines Dorf 2 km NW Mardol im Taluka Ponda. Vor dem Shri-Navadurga-Tempel wurde einstens ein schauerlicher Brauch praktiziert (neben der Witwenverbrennung, die in Goa wie anderswo bestand, 3 *satī*-Steine aus dem Ort jetzt im archäologischen Museum von Alt-Goa): das sog. Haken-Opfer, das 1844 verboten wurde und darin bestand, daß bei der Tempelfeier die Ankunft des Tempelwagens (*ratha*) mit der Kultstatue des Yaganātha den hysterischen Höhepunkt darstellte und dabei einige *yogis* sich unter die Räder warfen und zerfleischt wurden, während andere ihre Gesäßmuskeln eigenhändig mit Haken durchbohrten, die durch Stricke mit einem waagerecht sich drehenden, großen Rad verbunden waren. Das Rad wurde in Bewegung gesetzt, deren Körper wurden wie in einem Karussell herumgewirbelt, bis sie tot waren. Die gleiche Sitte ist vom Yaganātha-Tempel in Orissā bekannt.

Curdi: 10 km SO Sanguem, der gleichnamigen Hauptstadt des Taluka. S. Foto 15. Ein kleiner alter Schrein wurde unlängst 8 km von Sanguem entdeckt in der Nähe des Dorfes Curdi. Es ist ein Shiva-Tempel, von dem aus eine Treppenflucht zu einem Fluß (*tīrtha*) und zu einer kleinen Kulthöhle hinabführt. Werkstoff ist Laterit und Granit. Über einem einfachen Rechteck erbaut, besteht er aus *garbhagriha* mit dem *shikhara* darüber und einer offenen Eingangshalle. Der Turm erhebt sich abgetreppt in Pyramidenform, dem Kadamba-Stil des 7./8. Jh. entsprechend. Er dürfte zwischen 750 und 1000 z.Z. der damals Goa beherrschenden Shilāhāras (705-1020) entstanden sein. In der Kulthöhle unten wurden 2 Shiva-Plastiken gefunden, Shiva sitzt auf seinem Wagen, dem Stier, und umarmt Pārvati Umā. Beiderseits Kārttikeya und Ganesha.

Der Tempel wird derzeitig auseinander genommen und an einen sicheren Ort versetzt, da er bisher den turbulenten Gewässern des Salaulim ausgesetzt war.

Curpem: 15 km SSO Sanguem, der gleichnamigen Hauptstadt des Taluka. Alter Shiva-Tempel.

Dabolim: Moderner und einziger Flugplatz Goas, wo die von Bombay täglich anfliegenden Jumbo-Jets und die aus Europa kommenden Charterflüge teilweise im Direktflug landen. Auch Flugplatz der Indian Airlines.

Datta-Mandir: s. unter Bicholim

Dudh-Sagar: s. Sonauli

Farmagudi: Dorf im Taluka Ponda, 26 km von Panaji. Dort liegt in reizvoller Umgebung der Gopal-Ganapati-Tempel, dem elefantenköpfigen Lieblingssohn von Shiva und Pārvatī und Gott der Weisheit gewidmet. Dort wurde eine Steinskulptur dieses sehr populären Gottes auf dem Felde gefunden und ihm 1966 ein von Bandodkar, dem ersten Chefminister von Goa nach der Unabhängigkeit, finanzierter Bau errichtet, der die altindische Bautradition mit neuem Hindustil verbindet.

Fatorpa: Dorf von etwa 2500 E., 16 km SSW Quepem, der Hauptstadt des gleichnamigen Taluka. Einen Hinweis auf das Alter der Siedlung liefert eine Steinschrift in Nāgāri-Lettern aus der Zeit der Kadambas von Goa (1008-1300). Das Devanāgāri-Schriftsystem - zu deutsch: die göttliche, kultiviert-städtische Schrift - ist aus der Brāhmī-Schrift, der Urschrift aller rund 200 Alphabete der Völker Süd- und Südostasiens bis hin nach Indo-

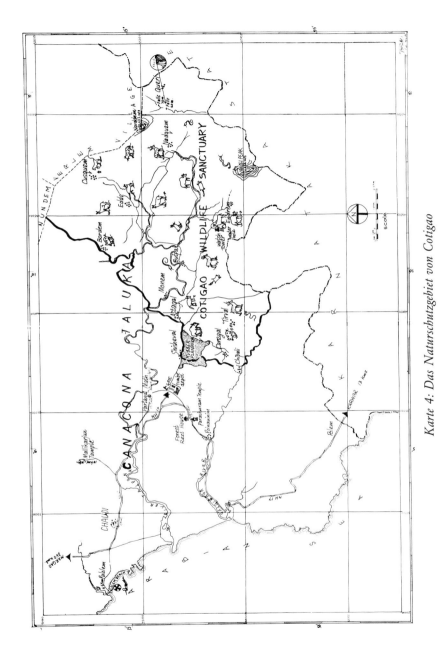

Karte 4: Das Naturschutzgebiet von Cotigao

126

nesien, abgeleitet und nimmt ab dem 7. nachchristl. Jh. einen besonderen Platz ein, da in ihr die alten Sanskrittexte geschrieben wurden.

Die Kultstatue im Shantadurgā-Tempel stand ursprünglich in Cuncolim und wurde zur Rettung hierherge-bracht, als der dortige Tempel, wie aus einem Schreiben des Kapitäns Diego Rodrigues Fernandes im Rachol-Fort vom 6. April 1567 hervorgeht, am Vortag von den Portugiesen verbrannt worden war. Dort wurde dann an gleicher Stelle eine Kirche errichtet. Shantadurgā ist ein Aspekt der gewaltigen Göttin Durgā, die von den Göttern des Kailāsa (des indischen Götterberges) dazu aufgerufen war, das Böse in der Welt zu vernichten. In Goa wird sie auch unter dem Namen Jagrit-devatā (die Gottheit im vollen Bewußtsein ihrer Göttlichkeit) angebetet. Das Idol in der Kultzelle (garbhagriha, Mutterschoß) ist aus 5 Metallen gegossen, 33 cm hoch, in den Armen mit Schild und Dreizack, der Waffe Shivas. Dort steht auch noch eine große Figur von Khande-raya, einer örtlichen Gottheit, 130 cm hoch. Das Kultbild der Shantadurga wird gleichermaßen von Hindus und Christen verehrt, da sie in deren Träumen erscheine und Wünsche äußere, die zu erfüllen den Gläubigen Pflicht sei. Die so der Göttin dargebrachten Geschenke aller Art werden dann zur Zeit der Tempelfeste auk-tioniert, der Erlös fließt dem Tempelklerus zu. Ein weiterer Dorftempel ist der der Fatarpekarin, lokaler Name für die Shantadurgā, deren Wirkungsbereich als Ortsgöttin (gramadevī) auf das Dorf beschränkt ist.

Fort Aguada: s. unter Aguada

Goa Velha: Taluka Tiswadi. Zweite Residenz der Kadambas im 11./12. Jh. Die 1583 errichtete Kirche wurde um 1900 aufgegeben. Die jetzige stammt von 1868 unter dem Patronat von St. Andreas. Am 5. Montag der Fastenzeit wird eine riesige Bittprozession vor der Kirche abgehalten, wobei 57 Statuen getragen werden. Sie hat ihren Ursprung im Kloster del Pilar, 1613 von den Franziskanern des Muttergottesklosters in der Stadt Goa begründet.

Gopal-Ganapati-Tempel: s. unter Farmagudi

Guirim: Taluka Bardez. Gemeindekirche von 1604, Instandsetzung mit Bau der Türme von 1703. Die Kir-chenfront 1857 erneuert.

Harbal: oder Harmal, s. unter Arambol

Kalikadevī-Tempel: s. unter Latambarcem

Kandoli: s. unter Aguada

Kansarpal: s. unter Latambarcem

Kavale: auch Kavle oder Kavlem, s. unter Queula

Korgaon: s. unter Corgao

Kunstgalerien: s. unter Museen und Kunstgalerien

Kurdi: s. unter Curdi

Latambarcem: Dorf von 4500 E., 14 km NO Mapusa, Taluka Bicholim. Der *Kalikadevi-Tempel* ist die Haupt-attraktion, im Weiler Kansarpale gelegen, in einem kleinen Tal von Grün umgeben. Er gehört der „Cansar" genannten Kaste an, Kupferschmieden und Herstellern von Messingwaren. Der Tempel von ungewöhn-licher Konstruktion ist massig gebaut und in 2 Vorhallen und die innere Kultzelle geteilt, über der sich eine Kuppel wölbt, aus der ein Turm (shikhara) aufsteigt. In Kultraummitte steht die lebensgetreu gestaltete Göttin Kalikadevī, die große und schreckliche Göttin Kālī, vierarmig, auf die eine Inschrift des 14. Jh. Bezug nimmt, mit viel Schmuck behangen. Pilgerherbergen umgeben den Tempel zur Unterbringung der zahlreichen, hier-her pilgernden Gläubigen.

Loliem: Dorf von etwa 5000 E., 17 km S Canacona im gleichnamigen Taluka. Über eine Busverbindung von Margao via Sadashivghad zu erreichen. Ackerbau und Fischfang sind die Haupterwerbsquelle. Der Ort liegt im äußersten Süden von Goa. Es gibt nicht weniger als 4 Tempel, den Ortsgottheiten Nirakar, Aryadurgā, Keshawa und Damodar geweiht.
Sebastianskirche von 1904, zur Gemeindekirche 1932 erhoben.

Loutolim: Taluka Salcete. Erlöserkirche von 1586.

Mahalsa-Tempel: s. unter Mardol

Maina: Taluka Salcete. 1782 gebaute Kapelle, zur Gemeindekirche 1960 umgebaut.

Majorda: Taluka Salcete, mit wunderbarem Badestrand und dem weitläufigen Vier-sterne-Hotel „Majorda", s. unter Kap. 5, I und Farbtafel VI, XXVII und XXVIII.
Kirche von 1588, zur Pfarrkirche 1646 umgewandelt. Die Marathen verbrannten sie April 1738. Wiederaufbau 1739, der Mutter Gottes geweiht.

Mallikarjuna-Tempel: s. unter Canacona.
Mandrem: Taluka Pernem, Kirche Zur Lieben Frau vom Rosenkranz von 1870, Pfarrkirche ab 1932.
Mandur: Taluka Tiswadi, Kapelle von 1710, zur Gemeindekirche 1717 umgebaut.

Mangueshi-Tempel: Bei Priol im Taluka Ponda, 22 km von Panaji. Der Shiva-Tempel (s. Foto 99) liegt am Fuß eines Hügels, nicht groß, doch elegant und geschmackvoll angelegt mit einem Tempelteich zur rituellen Reinigung, um den herum Galerien zur Unterkunft für die Pilger gebaut sind. In der Mitte einer solchen Galerie steht ein Tor-turm, über dessen Treppen man zu einer oberen Terrasse gelangt, wo das kleine Sank-tum steht. Ein prächtiger, mehrgeschoßiger und von Kranzgesims in jeder Höhe umge-bener weißer Turm erhebt sich hoch über die Anlage. In 1 km Entfernung der Mahalsa-Tempel, s. unter Mardol.
Mapusa: So von den Portugiesen genannt, heutige Aussprache ist Mapsa, Stadt von etwa 30 000 E., am National Highway 13 km N Panaji, Hauptstadt des Taluka Bardez, ein sehr betriebsames Handels- und Verkehrszentrum des nördlichen Goa. In Mapusa treffen sich Straßen aus allen Himmelsrichtungen. Im alten Teil der Stadt mit den vie-len Handwerksbetrieben legten die Portugiesen einen großen Marktkomplex an, der rege besucht wird und wo von Obst, Gemüse und Fischen alles bis zu Nägeln und San-dalen angeboten wird. Große Parkplätze umsäumen das Marktgelände. Das Klima ist angenehm, max. Temperatur 31,4°C, Minimum 23,7°C. Margao ist die nächste Bahn-station in 45 km Entfernung. 9 km im W liegt das Chapora-Fort am breiten Aestua-rium des Flußes Chapora in landschaftlich schöner Umgebung. Mormugao 44 km ent-fernt ist der nächste Hafen. 2 Kinos und 2 Schauspielhäuser bieten dem Touristen Abwechslung, der in Mapsa mit Sicherheit preisgünstiger einkauft als in Panaji. Inmit-ten von Grün liegt der kleine *Bodgeshwar-Tempel*, der Tempelpatron ist der Gott, dem Gelübde dargebracht werden, die, wenn vollzogen, den Gott veranlassen, Wünsche der Gläubigen zu befriedigen, wie den Wunsch nach Kindern, Gesundheit, Genesung von Krankheiten, einer Arbeitsstelle usw. Der ihm gewidmete Jahrmarkt im Dez./Jan. gilt als einer der größten Goas, wozu Tausende strömen.
Die Kirche der Wundertätigen Jungfrau wurde 1594 errichtet und 1719 umgebaut. Völliger Wiederaufbau nach einem Brand von 1838. Über dem Hauptaltar das Bild von Nossa Senhora de Milagres (der Wundertätigen Jungfrau), das auch von Hindus in gro-ßer Heiligkeit gehalten wird. Sie wird ebenfalls als wunschgewährende Göttin geprie-sen, die Krankheiten heilt. Leidende Menschen rufen sie an mit den Worten „*milagre saibini pao*, Wundertätige Jungfrau, errette mich". Tausende kommen zu ihrem Fest am 2. Montag nach Ostern.

Marcaim: Dorf von etwa 6000 E., 9 km O Ponda, Hauptstadt des gleichnamigen Taluka, mit Ponda durch Teerstraße verbunden, am breiten Flußbett des Zuari gelegen. Der *Navadurga-Tempel* dürfte um 1500 errichtet worden sein, Renovierung 1603. Ursprünglich in Ganshvi im Taluka Tiswadi beheimatet, wurde das Kultbild der Göttin Navadurgā (Durgā-Aspekt, der alle 9 Durgā-Manifestationen mit ihrer jeweiligen seelischen Potenz zusammenfaßt) beim Neubau des Tempels von Marcaim feierlich hier konsekriert. In der Mitte des Kultraumes steht das Steinidol der Göttin auf überhöhter Plattform, 130 cm hoch. Ihr Körperduktus entspricht der Form, wie sie als Mahishāsuramardinī den bösen Büffeldämon tötet. Der im Nov./Dez. stattfindende Jahrmarkt ist ihr gewidmet, einer der größten Goas.

Marcela: Dorf von etwa 4000 E., 16 km O Ponda, Hauptstadt des gleichnamigen Taluka. Der *Devaki-Krishna-Tempel* beherbergt in seiner Kultzelle (*garbhagriha*, Uterus) das schöne Doppelbild von Vishnu und seiner Gefährtin Devakī, die mit Krishna, ihrem Kind, das auf ihrer Hüfte sitzt (allindischer Brauch der Mütter, ihre Kinder zu tragen), in einzigartigem Körpergestus dasteht. Die Gruppe ist kunstvoll aus schwarzem Stein geformt. Der Tempel selber wird von einer Tempelmauer eingeschlossen, eine Steinstruktur ohne Anspruch auf architektonische Schönheit.

Mardol: s. Fotos 92-97. Dorf 8 km NW Ponda im gleichnamigen Taluka. In 1 km Entfernung der *Shri-Mhalsa-Tempel* mit 9 Gottheiten. Mhālsa oder Mhālasa ist eine in Goa sehr populäre Göttin. Die Tempelpfeiler in ausgesuchter handwerklicher Technik mit schönem siebengeschoßigem Flaggenturm. Die Göttin ist sehr gefürchtet, ein unter der Tempelglocke geschworener Eid war daher besonders gewichtig. Prächtige Versammlungshalle mit Silbertür zur Kultzelle, besonders reich ausgestattete Holzschnitzereien für den *shakti*-Kult und mit den 10 Vishnu-Inkarnationen. Auch Nischen und sonstige Türen mit getriebener Silberfolie abgedeckt.

Kirche der Barmherzigen Mutter Gottes von 1866.

Margao: Stadt von etwa 55 000 E., 30 km SSO Panaji im Herzen des Taluka Salcete an der Basis einer großen Laterit-Tafelhochfläche, das größte Handelszentrum des gesamten Goa, mit der Bahn nach NW mit Vasco da Gama und dem Mormugao-Hafen und nach O hin über die letzte Station Caranzol auf goanesischem Boden mit Belgaum in Karnātaka und Pune (Poona) in Mahārāshtra verbunden. So ist der Bahnhof der Stadt ein wichtiger Zwischenterminus für den Personen- und Warenverkehr. Maximaltemperatur 34,3°C, Minimaltemperatur 18,3°C. 2 km südlich der Stadt entspringt die Sal, der sich sehr rasch zu einem befahrbaren Strom verbreitert. Die Stadt besaß bereits stattliche Häuser und Tempel, als die Portugiesen das Land eroberten. Nicht weniger als 10 Tempel wurden von ihnen zerstört. Nach der Hindu-Überlieferung soll in Margao die früheste Ansiedlung von Aryas nach deren Einwanderung in Goa endbronzezeitlich stattgefunden haben. Später bildeten sich Hindu-Schulen und Klöster (*mathas*), der Ortsname leitet sich in der Tat aus *mathagrama* her. Heute ist Margao die geschäftigste und menschenreichste Stadt Goas. Das Christentum wurde 1567 eingeführt, eine Kirche wurde auf den Trümmern des Haupttempels durch Erzbischof Dom

Foto 93: idem, Versammlungshalle

Foto 92: Der Tempelturm von Mardol

Foto 94: idem, Silbertür zur Kultzelle

Gaspar de Pereira errichtet. Zahlreiche große Dörfer umgeben die Stadt, mit ihr durch ein gutes Straßennetz verbunden. Um die Stadt lagern sich weite Reisfelder und baumbestandene Hügel, die Lungen der Stadt. Durch die Lage an der Bahn ist sie der Umschlagsplatz für die Landesprodukte geworden. Es gibt 2 Märkte, den alten, Mercado Vasco da Gama genannt, und einen neueren, Mercado Afonso de Albuquerque, nach modernen Gesichtspunkten angelegt, der einen größeren Umsatz aufweisen kann. Die Stadt nahm aktiven Anteil an der Befreiungsbewegung, es ist der Ort, wo die ersten Versammlungen zur Loslösung Goas von Portugal stattfanden (*satyagraha*). Seither sind zahlreiche Banken, Hotels, Restaurants entstanden. Ihre Wasserversorgung erhält die Stadt von einer Wasser-Pipeline. Margao ist der Ausgangspunkt für Touristen im südlichen Goa und für die prächtigen, nahegelegenen Strände, so Colva Beach (s. dort).

Die *Heiliggeistkirche* wurde 1565 auf den Ruinen eines Hindutempels errichtet, doch bald hernach von den Moslems durch Feuer vernichtet. Barocker Wiederaufbau 1589 und 1675. Sie besitzt eine eindrucksvolle Außen- und Innenarchitektur und nicht weniger als 10 Altäre (s. Bild 5). Vom baulichen Gesichtspunkt ist sie eine typische Barockkirche wie so viele andere in Goa. Sie folgt dem Vorbild der Graça-Kirche in Alt-Goa, von der heute nur noch eine Turmhälfte übriggeblieben ist, und auch dem der Santana-Kirche von Talaulim, doch sind hier der zentrale Kirchenkörper der Front

130

Foto 96: idem, Majolika-Arbeit

Foto 95: idem, Pfeileraufbau

Foto 97: idem, silberne Tragbahre für Ganesha

und der Giebel wuchtiger zum Schaden der Wirkung der beiden Außentürme, die verkümmert erscheinen. Die auffälligste Neuerung sind die Einführung kleiner Kuppeln auf den Turmspitzen und die äußerst indianisierten Fialen, die wie Pfoten aussehen. Im Innern sind die Seitenkapellen mit den so bezeichnenden Muschelnischen versehen, charakteristisch für die italienische Barockkunst. In der reichen Schatzkammer befinden sich eine schöne Monstranz aus Toledo, Geschenk Philips III. von Kastilien, exquisite Silber- und Goldschmiedearbeiten, Kelche, Ziborien, gestickte Meßgewänder usf., doch alle in durchweg lusitanisch-indischem Mischstil.

Beim Bau des nebenan errichteten Klosters wurde die Skulptur eines Chaturmukha-Shiva, also viergesichtig, ausgegraben und ins staatliche Museum von Panaji verbracht. Der *Hari-Mandir* an der Straße Margao-Aquem ist 70 Jahre alt, enthält silberne Kultbilder von Vitthal und Rakhumayī, zweier Ortsgottheiten, auf überhöhtem Sockel und feiert sein Hauptfest Nov./Dez. mit althergebrachtem Pomp. Der *Damodar-Tempel* stammt von 1910, so auch der *Vitthal-Mandir*, in der Kultzelle mit den beiden, aus schwarzem Stein gestalteten Figuren von Vitthal und Rakhumayī. Vor allen 3 Tempeln werden an Festtagen Ergebenheitsgesänge (*bhajans*) gesungen, die eine große Anzahl Gläubige anziehen.

Moira: Taluka Bardez. 1636 auf Kosten der Gaurkars des Dorfes errichtete Kirche der Unbefleckten Empfängnis, Fassade 1800 und der Rest der Kirche 1832 renoviert. Turm von 1838 und Gemeindehaus von 1841.

Bild 5: Fassadenentwicklung am Beispiel der abgegangenen Gnadenkirche von Alt-Goa (l.), der Santana von Talaulim (Mitte) und der Heiliggeistkirche von Margao (r.)

Molem: auch Mollem, im östlichen Teil des Taluka Sanguem. Großes Naturschutzgebiet (Bhagwan Mahavir Sanctuary) über Station Colem an Bahnlinie Margao-Caranzol zu erreichen. S. Kap. 1, Absch. 6 „Naturschutzgebiete" und Karte 5.

Mormugao: s. unter Vasco da Gama

Mulgao: 8 km NW Bicholim im gleichnamigen Taluka (s. Foto 98). Hindu-Tempel des 16. Jh. mit Kuppel über hexagonalem Turm und Geländer um Kuppel.

Museen und Kunstgalerien: Archaeological Museum and Portrait Gallery in Alt-Goa (s. dort), Museum of Goa, Daman and Diu im Ashirwad Building Santa Ines in Panaji (s. dort), Historical Archives in Panaji, Gallery Esperança gegenüber der Merces-Kirche, Vadi Merces.

Nagoa: Taluka Bardez. Von den Franziskanern 1560 gegründete Dreieinigkeitskirche, eine der größten Altkirchen des Kreises Bardez, ursprünglich ein weites Gemeindegebiet umfassend. Neubau von 1679 und Anbau von 1893.

Nagoa: Taluka Salcete. Kapelle von 1755, zur Gemeindekirche 1972 umgebaut.

Naroa: auch Narve, Dorf von 2000 E., 5 km SW Bicholim im gleichnamigen Taluka. Der *Saptakoteshwar-Tempel* geht mit seinem Ursprung auf die ältesten Zeiten zurück. Er war früher am Platz gleichen Namens auf dem vom Oberlauf des Mandovi gebildeten Inselchen Divar gelegen. Das Fürstengeschlecht der Kadambas von Goa (1308-1300) führte stolz in seiner Bezeichnung auch den Namen des Gottes Koteshwar, als seines Hausgottes, der historisch identisch ist mit Khandoba, dem Volksgott von Karnātaka und Mahārāshtra. Beide Namen bezeichnen Shiva-Aspekte wie auch Marthanda-Bhairava oder Ravalnātha. „Gott Shiva hat 1000 Namen", pflegen die Hindus zu sagen. Auf den Münzen der Kadambas findet sich jedenfalls der von ihnen gewählte und auserwählte Gott Saptakoteshwar oft genannt. Schon vor den Portugiesen verfolgten die moslemischen Bahmani-Könige des Dekkhans gnadenlos alles Hindutum, durch sie erfolgte zwischen 1355 und 1366 eine erste Zerstörung, der eine zweite gründliche durch die Portugiesen folgte. In loco erbauten diese die Kapelle Nossa Senhora Candelaria 1563. Einige Überreste des Tempels können noch in der Kapelle ausgemacht werden. So veranlaßt der Hindu-Fürst Chhatrapati Shivajī einen Neubau an der heutigen Stelle. Beweis für seine Verehrung des altehrwürdigen Inseltempels ist eine Sanskrit-Inschrift in Nāgāri-Lettern (s. dazu Fatorpa im Ortsteil) über dem Eingangstor des neuen Baus von 1668. Sie lautet: „Im zyklischen Jahr Kilaka am 5. Tag der dunklen Hälfte des Monats Kartika im Sake-Jahr 1590 (78 Jahre vor unserer Zeitrechnung anzusetzen) begannen die Arbeiten am Tempel auf Anordnung von Shri Shiva".

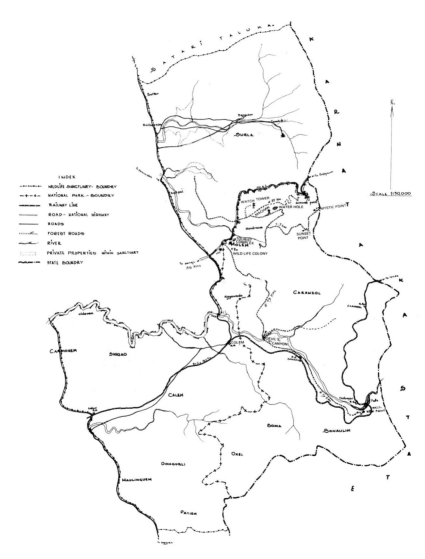

Karte 5: Das Naturschutzgebiet von Molem

Der Tempel besteht aus 4 Teilen. Die geräumige Versammlungshalle (*sabhāmandapa*) wird von je 5 riesigen Steinpfeilern auf quadratischer Basis an beiden Seiten getragen. Das quadratische Sanktum (*garbhagriha*, Uterus) ist klein, aber elegant monolithisch ausgearbeitet. Darüber Kuppel mit Turm (*shikhara*) im typischen Stil der Goa-Tempel. Darin *shivalinga* (phallisches Emblem von Shiva), das als Saptakoteshwar verehrt wird. Das *linga* wird deshalb als besonders heilig gepriesen, weil es an der Seite eine ornamentale Facette besitzt (ein sog. *dharalinga*). Links vom Kultzelleneingang ist ein kleiner Brunnen und rechts eine unterirdische Zelle. Im *sabhāmandapa* liegt eine schwarze Steinplastik des Nandī, des Wagens bzw. Reittieres von Shiva auf einem Marmorsockel. Ein hoher steinerner Lampenpfeiler (*dīpastambha*) wurde vor die Tem-

Foto 98: *Tempel in Mulgao im nördl. Bicholim, mit Moslemkuppel*

Foto 99: *Der Manguesh-Tempel bei Priol*

pelfront hingestellt. Nahebei liegt der *tank*, der Tempelteich, als „*panchagana tīrtha*" bekannt, worin die Gläubigen während der glückverheißenden Tage von Gokulashthami, dem Geburtstag von Krishna, ihr rituelles Bad nehmen.

Heiliggeistkirche von 1710.

Nerul: Taluka Bardez, Marienkirche der Franziskaner von 1569.
Oxel: Taluka Bardez, Marienkirche von 1661, Neubau von 1899.

Paroda: Kleines Dorf von 1200 E., 11 km SO Margao im Taluka Salcete. Der *Chandranath-Tempel* auf dem flachrückigen, gleichnamigen Hügel liegt in 350 m Meereshöhe, ein weithin sichtbares Wahrzeichen der Gegend, zumal ein hoher Turm darüber aufragt. Chandranātha oder Chandreshwara (Shiva-Name) bedeutet „Herr Mond", es scheint, daß schon die alten Bhoja-Herrscher des südlichen Goa (von Beginn der christlichen Ära bis zum 8. Jh.) diese Gottheit verehrten, ihre Hauptstadt tauften sie daher Chandrapur (Mondstadt). Eine Kupferplatte, in Bandora gefunden, berichtet, daß im 6. Jh. Goa von der Bhoja-Dynastie beherrscht wurde. Aus einer anderen Kupferplatte erfahren wir, das König Chandravarman von der gleichen Dynastie ein Stück Land einem buddhistischen Höhlenkloster in Shivapur übereignete. Der gleiche König mag den Shiva-Tempel im 5. Jh. auf dieser Berghöhe begründet und das dortige *shivalinga* als Chandranātha bezeichnet haben. Später ab dem 10. Jh. herrschten hier die Kadambas, die die einsame Berghöhe für ihre Meditation aufsuchten.

Der Tempel ist eine schöne Steinkonstruktion aus schwarzem Basalt, sorgfältig ornamentiert mit dem *shivalinga* in der Kultzelle. Man sagt auch, er heiße deshalb Chandranātha, weil die Mondstrahlen direkt auf das *linga* in jeder Vollmondnacht fallen. Über der Kultzelle erheben sich Kuppel und Turm. Etwa 30 m unterhalb der Bergspitze liegen die Pilgerherbergen *(agrashālās)*. Nahe dem Tempel steht ein Lampenpfeiler *(dīpastambha)* auf einem Steinsockel. Im Hindumonat Chaitra (April/Mai) findet das Jatra-Fest statt, wobei ein alter hölzerner Tempelwagen mit schönen Holzschnitzereien eingesetzt wird. Neben der Kultstätte liegt der kleine *Bhutnath-Tempel* mit dem stehenden Kultidol des Jagrit devatā, d.h. in „vollem Bewußtsein der Göttlichkeit", zum Tempel von Chandranātha hinüberstarrend.

Die ursprüngliche Kapelle der Jesuiten wurde 1776 in eine Kirche umgewandelt. Die jetzige Kirche der Unbefleckten Empfängnis stammt von 1883.

Parra: Taluka Bardez. Die 1649 errichtete St. Anna-Kirche wurde durch die Hindu-Truppen von Sambhajī 1683 niedergebrannt. 1688 bauten sie die Gaunkars mit einem Deckengewölbe wieder auf.

Pernem: 14 km von Mapusa, 28 km von Panaji, ist der Hauptort des gleichnamigen Taluka im N Goas. Sein O- und N-Teil wird vom Taluka Sawantwadi des Distriktes Ratnagiri im Bundesstaat Mahārāshtra eingeschlossen. Von Mapusa aus erreicht man das Städtchen von etwa 4000 E. über den National Highway Nr. 17, vorbei an Colvale, wobei mittels einer Fähre der breite Chapora-Fluß überquert werden muß. Der im Herzen der Stadt beim Markt gelegene *Bhagavatī-Tempel* soll über 500 Jahre alt sein. Die Göttin wurde aus dem glühenden südindischen *bhakti*-Kult heraus geboren (näheres hierzu s. „Südindien" des Autors, Bd. I, Kap. 9). 2 lebensgroße Elefanten aus schwarzem Stein stehen beiderseits am Eingang. Die Versammlungshalle *(sabhāmandapa)* ist geräumig und wird von Pfeilern getragen. Sie führt zum Sanktum *(garbhagriha,* Mutterschoß) mit dem Idol der Göttin Bhagavatī-Ashtabhuja in stehender Haltung auf einem Postament, eine sehr imposante, 1,7 m hohe und mehrarmige Gestalt. Zum Dussehra-Fest strömen über 25 000 Gläubige und feiern 10 Tage lang. Unweit im Ortsteil Dhargal der *Shantadurgā-Tempel*, auch er um 1500 gebaut. Als alle Tempel im Taluka Bardez von den Portugiesen zerstört waren, wurde das Bild der Göttin, der Name bezeichnet den lokalen Aspekt von Durgā, zuerst nach Sanquelim und um 1550 nach seinem jetzigen Ort in Dhargal-Pernem gebracht. Ihr großes Fest findet im Dezember statt.

Die St. Josefs Kirche von 1852 wurde 1864 erneuert und 1955 zur Gemeindekirche.

Poinguinim: Am National Highway Nr. 17 im südlichen Taluka Canacona, 10 km SO des gleichnamigen Hauptortes. Dorf von etwa 5000 E. Der *Parashuram-Tempel*, architektonisch nicht sehenswert, enthält kein Kultbild von Parashura, der 6. Vishnu-Inkarnation, dagegen steht im Sanktum ein runder schwarzer Stein, der als sein Symbol gilt. Der Montag ist ihm heilig, wo der Stein von großen Mengen von Gläubigen verehrt wird. In der schönen Umgebung außerhalb liegt eine Klosterschule, *Gokarn Partgal Math* (*matha* - die Klosterschule). Vom geräumigen Hof aus steigt man eine Treppenflucht zum traditionell errichteten Gebäude hinab, wo ein gut gebauter, kleiner, doch eleganter Schrein des Rāma, der 7. Vishnu-Theophanie, steht. Das hölzerne Türgewände trägt ein Paneel mit dem Bildnis von Vishnu. Neben dem Türpfosten steht beiderseits je ein Türwächter (*dvārapāla*) in dämonenabweisender (apotropäischer) Funktion. Im Tempel das Idol von Rāma mit dem Bogen aus schwarzem Stein, an seiner Seite Sītā, seine liebreizende Gemahlin, und Lakshmana, sein Halbbruder, der ihm im Kampf gegen den Dämonenkönig Rāvana von Sri Lankā beistand, bis dieser die entführte Sītā wieder freigab. Das Hauptfest ist natürlich Rāmanavami, dem Geburtstag des Gottes Rāma gewidmet, wo in den Tempeln und Hainen der Vaishnavas (Vishnu-Anhänger) tagelang aus dem indischen Nationalepos *Rāmāyana* vorgelesen wird. Dem *matha* gegenüber wird dann ein als *dhvajastambha* bezeichneter Pfeiler errichtet, an dem ein Teil der religiösen Zeremonien abgehalten wird. Rechts vom Rāma-Schrein im *matha* steht der Schrein des *Virvitthal*, des lokalen Vishnu-Aspektes, mit seinem aus 5 Metallen gegossenen und sehr alten Kultbild, in den Händen Muscheln und Wurfscheibe. Gegenüber dem *matha* liegt der *Schrein des Maruti*, ein hoher, eleganter Bau mit dem Kultbild des Gottes. Im *matha-Kloster* selber, einer weitläufigen Anlage mit vielen Räumen, werden in einem Stockwerk Sanskrit und die *Vedas* etwa 20 Studenten gelehrt. Dazu gehört auch eine gut dokumentierte Sanskrit-Bücherei.

Pomburpa: Taluka Bardez, Muttergotteskirche von 1590.

Ponda: Hauptort des gleichnamigen Taluka, eine Kleinstadt und ein Verkehrszentrum, von wo aus Straßen nach allen Himmelsrichtungen abzweigen. So hat sich auch etwas Industrie angesiedelt. Sie liegt 30 km SO Panaji, in einer Busstunde von dort zu erreichen. Dieser Binnenteil Goas unterscheidet sich scharf vom latinisierten Küstenland mit seinem starken portugiesischen Einschlag. Der Hinducharakter des Binnenlandes äußert sich in seinen vielen Tempeln und Schreinen, worunter Shantadurgā und Mangesha die größte Rolle spielen. Weiterhin gibt es in der Stadt Kultbauten für Sarasvatī, Betal, Bhumipurusha, Maruti und Vithoba. Auf der Hauptstraße Pondas nahe dem Bus-Bahnhof liegt der Hauptplatz der Stadt, wo sich eine lebensgroße Statue von Dada Vaidya, eines prominenten ayurvedischen Arztes und Sanskritgelehrten, erhebt (der *āyurveda* ist die altindische Lehre von der Medizin, heute noch vielerorts in Indien praktiziert). Das Standbild wurde 1961 eingeweiht. Die *Safa-Shahouri-Masjid* ist die größte und bekannteste der 27 Moscheen im Taluka Ponda, 1560 von Ibrahim Adil Shah von Bijāpur errichtet. Daneben ein ausgemauerter *tank* 30 x 30 m mit kleinen Kammern zum Umkleiden für die moslemischen Gläubigen, die hier ihr rituell vorgeschriebenes Bad nehmen. Das *Fort von Ponda*, als Kota bekannt, wurde von den mohammedanischen Adilshahi-Herrschern von Bijāpur in Karnātaka begründet, von Dom Joao de Castro 1549 zerstört. Als der Marathen-Nationalheld Shivajī Ponda 1675 eroberte, baute er die Festung wieder auf. Dann nahmen die Moslems die Festung ein, doch Sambhajī, der Nachfolger Shivajīs, zerstörte sie ein 2. Mal um 1683 und baute in der Nachbarschaft das neue und uneinnehmbare Fort *Mardangad*, das nun ebenfalls in Trümmern liegt.

St. Anna-Kirche von 1700

Priol: Dorf von etwa 6000 E. im Taluka Ponda. Der Platz ist bekannt durch seine „*bhar*" (hypnotischer Trancezustand), seine Telepathie und Eingeweideschau bei Tieren, wie im alten Rom praktiziert. Reiskörner werden abgezählt oder Blätter auf Wasserflächen geworfen. S. auch Ortsteil unter Mangueshi-Tempel und Foto 99.

Quepem: Hauptort des gleichnamigen Taluka mit etwa 3500 E., die alte Hauptstadt Chandramandal der Kadambas (11.-14. Jh.), 50 km SO Panaji. Sanvordem, die nächste Bahnstation, liegt 7 km entfernt. Wochenbasar an jedem Sonntag. Datta Mandir und Chandreshwar-Schrein sind die beiden Kultstätten der Kleinstadt.

Die Heiligkreuzkirche war ursprünglich eine Kapelle von 1825.

Querim: Dorf von 3500 E., 9 km N Ponda, Hauptstadt des gleichnamigen Taluka. Der *Vijayadurga-Tempel* liegt in malerischer Umgebung, der großen Göttin Durgā als Siegerin geweiht. Auf dem Eingang zur Versammlungshalle (*sabhāmandapa*) liegt die Trommelkammer (*nagarkhana*). Hinter der Halle folgt im traditionellen Bauschema eines Hindutempels eine Vorkammer zum Schrein, an der Eingangstür steht beiderseits in Nischen ein Torhüter (*dvārapāla*) in dämonenabweisender Funktion, monolithisch aus schwarzem Stein. Diese Vorkammer (*antarāla*) ruht auf 4 Pfeilern und 2 Eckpilastern. In der Kultzelle (*garbhagriha*, Mutterschoß) steht das schwarze Steinidol der Göttin in einem Holzbaldachin, mit Silberplättchen beschlagen. Nach dem Mythos erhielt sie, als sie den Dämon Kalantaka getötet hatte, den Beinamen Siegerin (Sieg ist *vijaya*). Hier ist sie allerdings in ihrer gewöhnlichen Ikonographie als die große Büffeltöterin Mahishāsuramardinī oder Mahishamardinī dargestellt, wie sie den büffelförmigen Dämon Mahishāsura tötet. Es wird berichtet, daß das Standbild aus Sancoale im Taluka Mormugao stammt und nach hier gebracht wurde, um nicht von den Portugiesen zerschlagen zu werden.

Kapelle von 1933, zur Gemeindekirche umgewandelt 1952, Kirchenpatron der hl. Franziskus von Xavier.

Queula: Dorf von etwa 6000 E., 2,5 km W Ponda, Hauptort des gleichnamigen Taluka, bekannt wegen seines *Shantadurga-Tempels* in üppigem Grün gelegen (s. Foto 100), mit vortrefflicher Architektur und struktualer Schönheit, nach O gerichtet. Shantadurgā ist der Friedensaspekt der gewaltigen Göttin Durgā, *shakti* (Frau) Shivas. Vom Volk wird sie als Jagadamba verehrt, die nach dem Hindumythos beim Wettstreit zwischen Shiva und Vishnu erschien und friedlich die beiden Streitenden trennte. So auch im Tempel dargestellt. Sie ist praktisch in jedem Dorf Goas vertreten. Ihr Bild wird oft vor Termitenhügeln (*varulas*) angebetet. Die Skulptur soll angeblich aus Bengalen nach hier verbracht worden sein. Der Tempel wurde 1567 von den Portugiesen verbrannt, doch die Statue der Schutzpatronin wurde gerettet und ihr wurde im gleichen Jahr ein kleines Sanktuarium errichtet, das 1738 einem größeren Neubau wich. Es war dies die Zeit des Marathenherrschers Shahu Raje von Sātāra. Die treibende Kraft war sein Minister Naro Ram, da es sich um seine Familiengöttin handelte. Zugang durch ein riesiges Tor mit der Trommelkammer (*nagarkhana*) darüber. Der Innenhof von der Tempelmauer umschlossen. Am Eingang ein Lampenpfeiler (*dīpastambha*). Dahinter die Vorhalle, der die Versammlungshalle folgt und schließlich das Sanktum selber. Der Innendekor an Pfeilern und in Paneelen der Halle abwechslungsreich, der Boden aus Marmor, an der Hallendecke geschmackvolle Ornamente, Glasleuchter verschiedener Form hängen herab. Die Tür zum Sanktum versilbert. Dieses klein, doch sorgfältig ausgearbeitet mit massiver Kuppel darüber. Der Kultraum enthält das schöne Bild der sitzenden Shantadurgā unter einem Silberbaldachin. Auch ein *shivalinga* ist vertreten. Nördlich des Tempels ein Bau mit Bild von Nārāyana (höchstes Wesen, ein Vishnu-Name). Daneben ein Ganapati-Schrein (Ganesha der elefantenköpfige Gott der Weisheit) und eine Statue der Bhagavatī unter einem Jasmin und eine des Kshetrapal beim Lampenpfeiler. Vor dem Tempel zur Seite der Straße der *tank* oder Tempelteich für rituelle Waschungen. Neben dem Tempelbereich stehen moderne Gebäude zur Unterbringung der Pilger (*agrashālas*).

Der *Kapileshwar-Tempel* liegt im Weiler Kapileshwari an der Straße. Man behauptet für ihn ein Alter von 700 Jahren, der Altbestand durch Umbauten schwer zu identifizieren. In der Kultzelle (*garbhagriha*, Mutterschoß) ein hochverehrtes *shivalinga*, das zu den wenigen bekannten *svayambhu* gehört, d.h. aus Luft geformten, die sich selber ohne göttliches oder menschliches Zutun formten. Der *tank* daneben ist ausgetrocknet. Eine *Brahmanenschule* (*matha*) von 1925 liegt unweit, ein einfacher und eingeschoßiger Bau mit Ziegeldach und schöner Galerie. Darin 6 Grabmonumente (*samadhi*) für die 6 zuletzt verstorbenen Schulvorsteher (*svami*), die nicht verbrannt werden, sondern eine Vollkörperbestattung erfahren, nachdem ihre Seele unmittelbar in den Schöpfer eingeht. M. a. W. die Seele des *svami* wird Teil der Weltseele.

Rachol: s. unter Raia

Raia: oder Raya, Dorf von 7000 E. im Taluka Salcete, 41 km von Panaji, zu erreichen über Margao, dort Straße links ab in nordöstlicher Richtung, am linken Ufer des Zuari-Flußes. Die *Rachol-Festung* liegt ebenfalls am linken Ufer des Zuari, gegenüber dem Dorf Sirado auf der anderen Flußseite, die stärkste Feste in Salcete, lange vor der portugiesischen Eroberung angelegt, häufig von den Moslemherrschern von Bijāpur und später von den Marathen angegriffen, 1604 und 1684 ausgebessert. Auf dem Festungsturm folgende Inschrift auf portugiesisch: „Graf Alvor als Vizekönig von Indien ließ die Festung nach ihrer Verteidigung während der Belagerung durch Sambhajī am 22. April 1684 wieder herstellen". Damals hatte der Marathen-Herrscher Salcete besetzt. Als eine erneute Marathen-Kampagne 1740 gegen Goa geführt wurde, erlitt sie erneut Schaden und wurde von Marquis von Alorna 1745 ausgebessert. Die meisten Bauten außer der Gemeindekirche, dem Seminar und dessen Kirche sind verschwunden.

Die Kirche *Nossa Senhora das Neves* war die 1. Kapelle in Salcete, wo die Messe 1566 von den Jesuiten zelebriert wurde. 1576 wurde sie in eine Kirche umgewandelt, 1584 bis 1596 umgebaut. Sie besitzt 5 Altäre. *Seminar und Kirche von Rachol*, ursprünglich ab 1574 in Margao gelegen, doch von den moslemischen Adil-Shahi-Herrschern von Bijāpur 1579 völlig zerstört. So wurde das Seminar 1580 nach Rachol verlegt. Der Gründungsstein des heutigen Seminars stammt vom 1. November 1606 unter den Auspizien von König Dom Sebastiao, dessen Portrait zu Pferde in dem nach ihm genannten Hauptraum hängt. Es wirkte als Kollegium unter den Jesuiten bis 1762 mit Klassen für Theologie, Portugiesisch und für die Lokalsprachen. Es erreichte im 17. Jh. die gleiche Bedeutung wie das St. Pauls-Kollegium in Alt-Goa (s. dort). Eine Druckanstalt war angeschlossen. Nach der Vertreibung der Jesuiten aus allen portugiesischen Herrschaftsgebieten wurde es in ein Diözesan-Seminar für die Weiterbildung der Geistlichen mit reichhaltiger Bibliothek umgewandelt. Es ist ein weitläufiges Gebäude mit kleinen Dachreitern. Die zahlreichen Räume dienen den Studenten und Internatsschülern zur Unterkunft. An den langen Gangwänden hängen zahlreiche Gemälde. Die dem hl. Ignatius von Loyola, dem Gründer des Jesuitenordens (der Gesellschaft Jesu), gewidmete Kirche ist dem Seminar angeschlossen, so auch die Heiliggeistkapelle. Über dem Lesepult des Refektoriums ist ein Gemälde des Paters Joseph Faz, Ordenssuperior im 18. Jh., der in Candy auf Ceylon den Tod fand. In der Kirche zahlreiche Gemälde.

Reis Magos: Taluka Bardez gegenüber der Stadt Panaji auf dem jenseitigen Ufer des Mandovi-Flusses. Der Platz ist, wie der Name besagt, den hl. Drei Königen nach der portugiesischen Besitzergreifung gewidmet. Ackerbau, besonders Reisanbau vorherrschend. Hier wurde erstmals im Taluka Bardez 1550 die Messe abgehalten. Der sie abhielt, ließ einen Hindutempel des Vithoba in Verem, wie der Platz zuvor hieß, zerstören und darüber die *Kirche Reis Magos* errichten. Sie liegt inmitten eines Palmenhaines am Fuß des Fort, neu erbaut 1771 und 1945 erheblich renoviert. Sie weist eine prächtige Fassade aus mit königlichem Wappen. Sieben portugiesische Vizekönige und Gouverneure wurden hier bestattet, wie aus den Grabplatten hervorgeht. Einige der Vizekönige legten hier ihren Amtseid ab. Auf dem Hauptaltar erhebt sich unter der Anbetung der Drei Könige ein großes Tabernakel, von 4 Evangelistenfiguren getragen. Der Boden ist mit Inschriften bedeckt, die wichtigsten liegen im Chor. Jedes Jahr am 6. Januar wird mit großem Pomp das Epiphaniefest gefeiert. Daneben das ehemalige und nun zerfallene Franziskanerkollegium, wo zeitweise die Vizekönige residierten. Das *Reis-Magos-Fort* liegt zur Rechten der Kirche auf einer Hügelspitze, während der Amtszeit des Vizekönigs Afonso de Noronha 1551 gebaut und wesentlich von Francisco da Gama ausgeweitet, schließlich 1704 grundlegend instandgesetzt von Caetano de Mello e Castro, dem Vizekönig, wie auf der Inschrift des Toreinganges zu lesen ist. Zuvor lag auf dem Hügel schon ein kleines Fort aus der Zeit des Adilshah, des Sultans von Bijāpur. Obwohl klein, beherrscht das Fort ein weites Gebiet. Von hier aus hat man einen Panoramablick auf Aguada Fort, Miramar Beach, Cabo Fort und das Meer. Es wurde von 33 Kanonen verteidigt (9 noch vorhanden) und besaß eine kleine Garnison. Das Fort befindet sich in gutem Zustand und wird als Gefängnis verwendet. Wenig östlich quillt eine Dauerquelle mit großer Schüttung empor, am Fuß des Hügels liegt die o.g. Kirche, durch eine schöne Treppenflucht zu erreichen.

Rivona: Taluka Sanguem, 22 km S der gleichnamigen Hauptstadt, am Ufer des Flußes Kushavati. Nach dem indischen Mythos soll Rāma, der Held des *Rāmāyana*, den Platz bei seiner Suchfahrt nach Sri Lankā betreten haben. Jüngst wurde ein Buddha-Bild in der Erdanrufungsgeste (*bhumisparsha mudrā*) gegenüber den hier liegenden alten Höhlen des sog. Pandava-Plateaus entdeckt, das dem 8. Jh. zuzuweisen ist. Der prächtige *Damodar-Tempel* (lokaler Name für Shiva) steht im Weiler Zambaulim (s. dort), von allen Kasten hochverehrt, wohin während der Tempelvernichtungsaktion der Portugiesen eine Reihe von Götterbildern bedrohter Ortschaften verbracht wurde. 1885 beschlossen die Mahajans (Großgrundbesitzer) von Rivona, den alten Tempel gründlich umzubauen. Im Neubau wurden die alten Bildnisse von Damodar und Lakshmī-Nārāyana aufgestellt. 1951 kamen noch Pilgerherbergen (*agrashālās*) hinzu. 1972 war der Umbau in seiner jetzigen Form abgeschlossen. Die äußere Gemeindehalle (*sabhā-mandapa*) ist ein Beispiel moderner Hinduarchitektur, von dort aus gelangt man in die

Zwischenkammer (*antarāla*) zur Cella hin, von 6 weißen Marmorpfeilern beiderseits getragen. In der Cella (*garbhagriha*, Mutterschoß) die Lakshmī-Nārāyana-Gruppierung aus schwarzem Stein und das *linga* von Damodar über erhöhter Basis. Gegenüber Damodar in der *antarāla* das Steinbild seines Reittieres, des Nandī in sitzender Stellung, aus einem schwarzen Monolith.

Rudreshvar-Tempel: s. unter Arvalem

Saligao: auch Salgaon, Dorf von etwa 5000 E. im Taluka Bardez, 11 km NW Panaji, 6 km NO von Mapusa. Die *Kirche Mae de Deus* (Heiligste Unbefleckte Mutter Gottes) von 1867 in neugotischem Stil errichtet, eine der prunkvollsten Goas. Im Turm 2 große Glocken. Umgeben ist der Bereich von einer Mauer. Im Hof 2 Statuen der Lieben Frau von Fatima und der Mae de Deus, beide auf Zementsockel. Das *Seminar*, der Mutter Gottes gewidmet, ist ein großer Bau mit weiträumigen Hallen, Lese- und Schlafräumen und einer kleinen Kapelle, Grundsteinlegung 1937, Vollendung 1952. Hier werden Priesteranwärter vor der Priesterweihe ausgebildet, z.Z. etwa 110. Anschließend an den Vorbereitungskurs werden sie an das Rachol-Seminar in Salcete zur weiteren Ausbildung geschickt.

Sancoale: Taluka Mormugao. Die ursprüngliche Kirche von 1606 brannte 1834 ab, doch die Fassade steht noch. Der Neubau wurde 1839 geweiht.

Sanguem: Hauptstadt des gleichnamigen Taluka, 60 km SO Panaji, etwa 6000 E. Der *Sangameshwar-Schrein* ist, wie das Wort *sangam* (*sangha*, Gemeinde, Vereinigung) verrät, nahe dem Zusammenfluß zweier Flüsse, des Zuari und des Kushavati. Im Schrein, der im Flußbett liegt und daher bei Monsun überschwemmt ist, kleines *shivalinga*. Die *Kirche der Wundertätigen Madonna* steht im Herzen des Städtchens, sie stammt von 1763 und wurde 1867 ausgebessert. Am letzten Sonntag des Mai wird hier ein Fest abgehalten. *Moschee* des letzten Jahrhunderts, modernisiert 1959, in eleganter Einfachheit mit 4 Minaretten und Kuppel sowie 2 Fassadentürmen, liegt ebenfalls mitten in der Stadt.

Sankhali:: s. unter Sanquelim

Sanquelim: im Taluka Bicholim. Ein großes Dorf mit 10 Weilern mit über 4000 E. *Datta Mandir* ist der Gott Dattatreya gewidmete Tempel nahe dem Basar und stammt von 1882. In der Kultzelle dessen Idol dreigesichtig aus weißem Marmor. Der *Vitthal-Tempel* liegt nahe dem Datta Mandir, früheste Erwähnung der Kultstätte in einer Inschrift von 1488. Der Platz hieß früher Vitthalapur, Stadt des Gottes. Der Tempel soll von der Rane-Sardesay-Familie von Sanquelim im 15. Jh. errichtet und hernach vom Raja von Gwalior umgebaut worden sein. Diese Familie, deren Gott Vitthal war, setzte den eindringenden Portugiesen großen Widerstand entgegen. Neuzeitlich wurde der Tempel modernisiert. In der Cella stehen die Kultbilder von Vitthal, Rukminī, der Gemahlin Vishnus, und von Satya-Bhama, einer der 4 Frauen Krishnas. Der Bau wird von einer Mauer umgeben. Im *Radhakrishna-Tempel* werden die Bilder von Radha und Krishna, des idealen Liebespaares der Hindus, aufbewahrt. Und schließlich gibt es noch eine Hinduschule, ein *matha*, ein Ableger der Schule von Queula.

Die Johanneskirche führt auf 1826 zurück.

Sapta-Koteshwara-Tempel: s. unter Naroa.

Savoi-Verem: s. unter Verem.

Shantadurga-Tempel: s. unter Queula und Pernem.

Siddanath-Hügel: s. unter Borim.

Siolim: Taluka Bardez. Muttergotteskirche der Franziskaner von 1568, 2. Kirchenbau um 1600 für den hl. Antonius, die 3. Kirche wurde 1907 errichtet.

Siridaon: Im Taluka Tiswadi. Urkirche des 16. Jh., Neubau von 1626, Einsturz 1869. Wiedererrichtung von 1874 und nochmals 1972.

Sirigao: 6 km NW Bicholim. Der *Lairai-Tempel* ist ein modernes, 260 qm großes Gebäude, das Idol von Ganesha oder Ganapati aus Stein unter einem Holzbaldachin in der Versammlungshalle (*sabhāmandapa*). In der Kultzelle Marmorplinthe, darüber silberner Baldachin mit einem topfförmigen Gebilde (*Kalāsa*), der Göttin Lairai gewidmet, die in ganz Goa große Verehrung findet. An Vaishakha-Panchami, einem großen 5-Tage-Fest, ziehen zehntausend Pilger hierher. Um Mitternacht schreiten ihre Glaubensfanatiker über glühende Kohlen. Mit dem Fest verbunden ist ein großer Jahrmarkt.

Siroda: 10 km S Ponda im gleichnamigen Taluka, dessen größtes Dorf. Auf einer Kupferplatte des Königs Chandravarman der späten Maurya-Dynastie des 5./6. Jh. wird Shivapur erwähnt, ein Ort, der mit Siroda identisch sein könnte. Der *Kamakshi-Tempel* ist für viele Gläubige und Touristen die größte Attraktion. Kamakshi ist der Aspekt von Pārvatī als Verführerin „mit Augen voller Liebe", im südindischen Kānchīpuram in ihrem dortigen Tempel beheimatet. Der Tempel von Siroda dürfte auf das 16. Jh. zurückgehen, er ist „orientiert" und wegen seiner reichen Ausstattung und Größe beeindruckend. Vier schlanke Türmchen und in der Mitte ein großer Zentralturm (*shikhara*), teilweise mit Goldblättchen bedeckt. Ein riesiges Tor führt in die Versammlungshalle (*sabhāmandapa*). Im Hof erhebt sich ein Lampenpfeiler (*dīpastambha*). Die Innenhalle wird beiderseits von je 3 kräftigen Holzpfeilern mit kunstvollen Schnitzereien getragen. Schöne Kultfiguren von Dattatreya und Maruti (lokale Shiva-Inkarnationen) stehen hier. Die Türe vom Cella-Vorraum (*antarāla*) zur Cella ist versilbert mit schöner Ornamentik. In der Kultzelle (*garbhagriha*) sitzt auf einem Silbersockel die Göttin Kamakshi in der hierographischen Form als die große Büffeltöterin (Mahishamardinī). Links von ihr das Bild von Kalbhairava (die 8 Bhairavas sind die Schreckensaspekte von Shiva) und Vetal (Vetāla ist der Geist, der sich auf Friedhöfen herumtreibt und Tote zum Leben bringt). In einem Nebengebäude sind Kultbilder von Lakshmī-Nārāyana, Rayeshwar und Shantadurgā untergebracht. Mahī Shivarātri in der Neumondsnacht Ende Februar/Anfang März wird hier 9 Tage lang gefeiert und 10 Tage lang das Dashera-Fest (Dushera) im Sept./Okt.

Sonauli: 31 km von Sanguem im gleichnamigen Taluka. Auf den dem Staat Karnātaka benachbarten hohen Hügeln liegt Dudh-Sagar (die Milchwasserfälle), vom Zug der Strecke Londa-Vasco der Bahnlinie Pune-Bangalore gut zu beobachten. Die Kaskaden fallen donnernd von einer Höhe von 603 m herab. Den Namen erhielten sie vom milchig-trüben Aussehen der Gewässer. Über eine Treppenflucht kann der Besucher zu einem Punkt unter der Brücke hinabsteigen, von wo diese am nächsten erlebt werden können.

Taide: Taluka Sanguem. Im Volksstil mit derb-erotischen Skulpturen versehener Schrein der Göttin Brahmānī mit Basis aus Basalt, darauf primitive Reliefs, so Löwengreifen mit Menschengesicht und dreizackiger Krone. Über Oberbau und Alter des Tempels ist nichts bekannt. Wohl etwa 18. Jh.

Talaulim: Im Taluka Tiswadi, praktisch ein Vorort von Alt-Goa, am Siridao-Fluß, der in den Zuari mündet. Die *Santana-Kirche* nach Anna, der Titularheiligen, genannt, ist sowohl im Außen- als auch im Innenbau eine der prächtigsten Kirchen Goas (s. Bilder 5 und 6). Ihr Vorbild war die Kirche der Muttergottes voller Gnaden (Graça) der Augustiner in Alt-Goa, der stolzesten aller Kirchen in der einst so prächtigen Hauptstadt des portugiesischen Reiches in Indien, einer Kirche, von der nur noch ein halber Turm übrig blieb. Die Santana-Kirche wird von Kennern als architektonisches Juwel, Meisterleistung des indoportugiesischen Barocks bezeichnet. 1577 erbaut, 1681 bis 1689 umgebaut, wurde sie 1695 vollendet und zur Gemeindekirche erhoben. Der Untergang erfolgte gleichzeitig mit dem Alt-Goas, von wo aus ein Damm nach Talaulim führte. Letztmals wütete 1783 dort eine Epidemie. Die Kirche zerfiel, 1907 wurde eine Instandsetzung in die Wege geleitet. Im Bericht hierüber hieß es, „sie sei ein prächtiger Bau jesuitischen Stils vom Ende der Renaissance oder vom Beginn des 16. Jh., mit einzigem Schiff und Querschiff mit 2 Altären beiderseits. Im Kirchenkörper seien anstelle von Altären halbkreisförmige Eintiefungen, von Muschelschalen gekrönt. In der Höhe des Chores laufe oben eine Galerie herum. Alle Wände und die Decke besäßen Stuckarbeiten. Die vorgesehenen Arbeiten sollen lediglich die Dächer renovieren und keineswegs das Kircheninnere tangieren".

Foto 100: Der Shanta-Durga-Tempel in Queula

Bild 6: Fassade der Santana-Kirche in Talaulim

Die 4 erwähnten Altäre im Transept sind die der lieben Frau zur Guten Reise (Bom Sucesso), des gekreuzigten Christus, des hl. Antonius und eines weiteren Marienaltares. Bilder der hl. Anna mit Hut und Stock sind dreifach vorhanden, an der Fassade, an der Chorschranke und im Schiff. Ihr Fest am 26. Juli wird laut gefeiert. An diesem Tag streben unverheiratete Männer und Frauen sowie Jungverheiratete zur Kirche, die Männer schenken ihr einen Löffel und bitten um eine mulher (Frau), die Mädchen eine Mungobohne, um einen marido (Gatten) zu erbitten, die jungen kinderlosen Paare bringen eine Gurke und erflehen ein menino (einen kleinen Knaben). Es ist dies der Grund, weshalb die Feier hier, im Konkani-Dialekt das „Gurken-Fest" genannt, einen solchen Zustrom hat.

Die nach der Graça-Kirche von Alt-Goa, Prototyp für weitere goanesische Bauten wie die Heiliggeistkirche von Margao, geformte Santana ist großflächig auf der Basis eines lateinischen Kreuzes angelegt als Hallenkirche, das Schiff dreistöckig, die Decke tonnengewölbt. Der Längenzug des Schiffes wird durch Muschelnischen in den Einbuchtungen unterbrochen. Im Untergaden Nischen mit muschelförmiger Decke und mit geometrischen Hindu-Motiven, auf dem Mittelgaden werden die Emporen von helikoidal gedrehten Säulenschäften und dreieckigen Tympana flankiert, im Obergaden sind die Fenstereinbrüche schlicht wie die der Türme. Die beiden Arme des Transeptes sind niedriger als die Höhe des Schiffs, dessen letzter Teil mit einer Rippendecke eingewölbt ist.

Der originellste Teil der Santana ist ihre Fassade mit gleicher Anordnung wie die der Graça in Alt-Goa, doch sind die Proportionen verschieden, nämlich das Schiff ist enger und die Türme breiter und wuchtiger. Der Dekor des Mittelteils ist überraschend komplex, zwar mit westlichen Motiven, doch in indischer Art wiedergegeben, in einer ornamentalen Überfülle, in der das von französischen Bildhauern in Portugal eingeführte Muschelmotiv dominiert und in der die Fialen und die manieristischen Balustraden eine neue Dimension erhalten. Die griechisch-korinthischen Kapitelle wurden vom Hindu-Steinmetz in merkwürdiger Weise abgeflacht. Seitlich der großen Fassade erheben sich die Zwillingstürme, dazwischen liegt ein reich komponierter Giebel echten Barockes.

Tambdi-Surla: ist ein kleines Dorf im Taluka Sanguem. Wegen der roten Erde wird das Dorf Surla auch Tambdi (rot) genannt. Ponda ist die nächst gelegene Stadt 23 km nach W. Früher war der Tempel (s. Fotos 101–114, Bild 7–10 und Farbtafel XIII) nur über einen 4 Stunden währenden Fußmarsch von Sancordem aus mühsam durch dichten Wald und im Monsun über viele Wasserläufe zu erreichen. Nunmehr führt eine fahrbare Straße bis dicht vor den Tempel. Von Panaji aus sind es über Alt-Goa, Ponda, Sancordem und Dorf Surla etwa 60 km. Der Tempel liegt in herrlicher Einsamkeit in einer Talmulde, nach O von den hohen Westghāts abgeschirmt.

Er ist der einzige in Goa noch erhaltene Bau aus der Zeit der Goa-Kadambas, die Vasallen der großen westindischen Dynastien der Chālukyas und Yādavas waren. Es ist die Zeit des 12./13. Jh. Es scheint, daß der Bau während der Herrschaft von Hemadri vollendet wurde, eines großen Pandits und Ministers des Herrschers Ramachandra von Devagiri, dem heutigen Daulatabad im Staat Mahārāshtra. Hemadri gibt den Namen für den sog. Hemadpanti-Stil, d.h. eine Stilmischung zwischen Hoysala- und Yādava-Architektur (s. näheres in „Maharashtra und Bombay" unter Kunstgeschichte, zu Hoysalas s. in „Südindien", beide vom Autor).

Der kleine, doch sehr schöne Tempel ist völlig aus Basaltquadern aufgebaut. Die Möglichkeit, künstlerische Ornamentik und Figurenreliefs in Basalt besser auszumeißeln als in dem in der Umgebung anstehenden, eisenhaltigen Laterit-Gestein, muß die Kadambas und deren Bildhauer und Architekten verleitet haben, Basalt als Werkstoff zu verwenden, den sie aber über eine längere Entfernung nach hier bringen mußten.

Auch die Ruinen des Saptakoteshwar-Tempels von Naroa (s. dort), die des Mahadeva-Tempels von Curdi (s. dort) und ein zerbrochener Türsturz des Shiva-Tempels von Chandor (Chandrapur), der frühen Hauptstadt der Goa-Kadambas, beweisen diese Vorliebe für Basalt.

Gott Shiva in der Form des *shivalinga* geweiht, schaut der Bau nach O und liegt auf einem einfach gestalteten Sockel aus 2 Wulstzonen über dem Fundament. Er besteht wie üblich im orthodoxen Schema der mittelalterlichen Hindu-Architektur aus dem Sanktum (der Cella, dem *garbhagriha*, zu deutsch: Mutterschoß, Uterus), dem Vorraum (Vestibül, der *antarāla*), dem sich ein größerer quadratischer und offener Raum vorlegt, die Haupthalle (der *mukhamandapa* oder *sanghāmandapa*, die Gemeinde- oder Versammlungshalle), die von 4 aus Kuben, Scheiben und Polygonen aufgebauten, stämmigen Pfeilern und Pilastern getragen wird. Die Scheiben so scharf geschnitten, als ob sie gedrechselt wären - eine Steinbearbeitungstechnik, die die Kadambas von Goa von den Hoysalas im südlichen Karnātaka gelernt hatten. Der *mukhamandapa* ist auf 3 Seiten in O, N und S offen und von O her über Stufen zugänglich. An der südlichen und nördlichen Langseite des Tempels außen stehen 10 einfache Monolith-Pilaster, die Kapitelle scharf kubisch ausgehauen, die wiederum den Einfluß der Hoysalas und Yādavas auf den Kadamba-Stil verraten. Eine doppelte waagerechte Gebälk-Zone

101 102 103

Foto 101: Eine Asphaltstraße zum Tempel von Tambdi-Surla im N-Teil des Tal Sanguem wird angelegt

Foto 102: Megalith-Stelen vor dem Shivatempel von Tambdi-Surla des 13. Jh.

Foto 103: Lage des Tempels, l. vorne Megalithstelen, hinten r. die Westghats

umzieht den Baukörper oberhalb des Fundamentsockels, der obere Gebälkwulst mit vierblättrigen, auf die Spitze gestellten Rosetten geschmückt. Die Kadambas liebten diese Anordnung des Sockels (*pishta*), da er den Gläubigen eine Sitzgelegenheit bot. Im Bereich der offenen Vorhalle wird das Ornamentband höher, indem der Künstler das obere und untere Blumenblatt in die Höhe zieht und die seitlichen Blätter stark verkürzt (s. Foto 114). Auf der rückwärtigen westlichen Innenwand sind 4 Götternischen

144

105

106

107

104

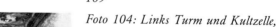

109

108

Foto 104: Links Turm und Kultzelle, Mitte Vorraum zur Kultzelle, r. offene Halle

Foto 105: SW-Seite von Cella und Turm

Foto 106: S-Seite von Cella und Turm

Foto 107: S-Balkon der Tempelhalle

Foto 108: Offene Halle mit Nandi in der Mitte

Foto 109: Verstümmelter Nandi in Halle, 13. Jh.

145

(*devakoshthas*), Nebennischen (*kakshāsanas*) liegen an der rückwärtigen inneren S- und N-Wand. Auf der Basis eines der Pfeiler des *mandapa* sieht man einen auf ein Pferd eintrampelnden Kriegselefanten, darauf sitzend ein Krieger mit Bogen, an den Pfeilerenden laufen Bänder mit Schlangen (*nagabandhas*). Die perforierten Fenstergitter (*jālīs*)

Foto 110: Halle mit komplexem Pfeileraufbau

Foto 111: Decke der Cella

beiderseits des Eingangs zeigen den Einfluß der Hoysala-Kunst. In der Halle (*mandapa*) liegt ein kleiner kopfloser Nandī, der ehemals zu seinem Herrn in der Cella blickte. Das *garbhagriha* greift z.T. in das Vestibül (*antarāla*) hinein, die Decke der Kultzelle selber ist im zentralen Teil mit Lotosblättern geschmückt (s. Foto 111). In diesem Sanktum ein *shivalinga*, aus dem weiblichen Gegenstück (der *yonī*, dem weiblichen Organ) herauswachsend, also ein *yonī-linga*, aus dem durch eine Rille das Opferwasser (*abhisheka*) abgeleitet wird. Dahinter sind flankierend 2 weitere freistehende *lingas* (*banalingas*) und eine verstümmelte Figur von Ganesha. Die Zelle weist einfache Wände auf. Auf dem Türsturz wie in fast allen mittelalterlichen Tempeln das Bild von Ganesha, des Gottes von Wohlergehen und Weisheit, aber auch des Eingangs und des Ausgangs.

An der Tür zur Kultzelle beiderseits je 2 Nischen mit den Bildern von Schlangen (*nagas*), auf der rechten Seite der Tür eine Kobra mit 2 Hauben. Eine sehr gute Darstellung der Umā (Bergtochter, Pārvatī-Aspekt) ist unten auf der linken Seite der Haupthalle. An der W-Seite Stehbild von Vishnu. In der östlichsten Nische ein sitzender Ganesha. Die Decke der Haupthalle (s. Foto 112) trägt einen exquisit eingemeißelten Dekor aus 2 sich kreuzenden Quadraten, in deren 2 x 4 Ecken jeweils eine Rosette steht. Das von den beiden Quadraten eingeschlossene kleinere Mittelquadrat enthält eine Groß-Rosette in feinster Zeichnung und springt 20 cm über die Deckenfläche empor, so daß auch diese plastisch bewegt ist - insgesamt eine Meisterleistung der Kadamba-Skulptur.

Der Turm (*shikhara*) steigt über der Decke der Zelle auf. Der gewöhnliche Turmabschluß in Form einer flachen, gerillten Form (*āmalaka*) ist abgegangen. Die Turmnischen, je 2 übereinander (*devakoshthas*), sind mit feinen Basreliefs geschmückt. Der Turm ist nicht in der indoarischen, parabelförmig aufschwingenden Form Nordindiens (im sog. *nāgāra*-Stil) gestaltet, sondern in der südindisch-dravidischen *vimāna*-Form, als Stufen- oder Terrassentempel ausgebildet, hier zweistufig, mit aufrecht stehenden reliefierten Platten. Auf seiner O-Terrasse ein Bild von Brahmā, dem Weltenschöpfer, darüber seine Gemahlin Sarasvatī, Göttin der Gelehrsamkeit, hier ohne ihre übliche Laute (*vina*). Auf der rückwärtigen Seite der Außenwand ein Bild von Shiva, darüber nochmals mit Umā zusammen, jeweils in einer Nische. Auf der linken Seite der Außenhalle Vishnu unter dem Bild von Kumarashakti (der *shakti*, d.h. der Frau von Kumāra, Name des Kriegsgottes Skanda).

Ein vorkragendes Kranzgesims (Kehlung als Regenablauf, *kapota*) umzieht den oberen Teil der Wand. Ein wichtiges Charakteristikum der Kadamba-Bauleute ist es, daß

113

Foto 112: *Deckenornament der Halle*

Foto 113: *Florales Band um die Tempelwand*

Foto 114: *Geometrisch-florale Zier an der Außenwand*   114

sie keinerlei Mörtel verwendeten bei ihrem sehr exakten Basalt-Quader-Schnitt, ganz im Gegensatz zu dem weniger harten Laterit als Werkstoff, der Mörtelabbindung voraussetzte.

Der Tempel von Tambdi-Surla ist von der Regierung zum „protected national monument" erklärt worden, der Archaeological Survey of India befaßte sich mit seiner Instandsetzung, nachdem die Hallendecke eingestürzt war. Aus den Fundstücken konnte der Tempel originalgetreu wieder zusammengesetzt werden.

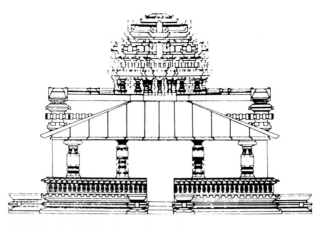

Bild 7: Aufriß des Tempels von Tambdi-Surla, von Osten

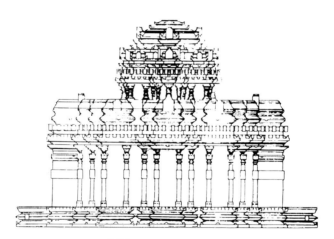

Bild 8: idem, von Westen

Vor dem Tempel im W stehen 4 Megalithsteine aufrecht da (s. Foto 102), 2 liegen auf dem Boden. Dieser Umstand weist auf das hohe Alter dieser Stätte als Kultplatz hin, nach dem Gesetz der Kultkontinuität in loco, das auch auf das Abendland anwendbar ist.

Tiracol-Fort: Historische Festung 42 km von Panaji im äußersten Nordwesten des Taluka Pernem, portugiesisches Sperrfort am breiten Mündungsbecken des Tiracol-Flußes.

Vagator-Beach: s. unter Anjuna und Calangute.

Valpoi: Städtchen von 4000 E. im Taluka Satari, 55 km von Panaji. Maruti- und Shantadurgā-Tempel, eine Moschee und die moderne Kirche zur lieben Frau von Lourdes sind bescheidene neuere Bauten.

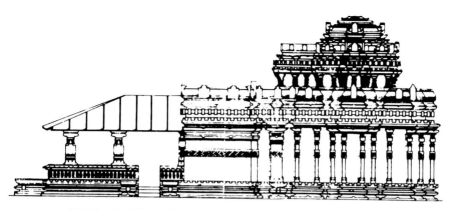

Bild 9: Aufriß des Tempels von Tambdi-Surla, von Norden

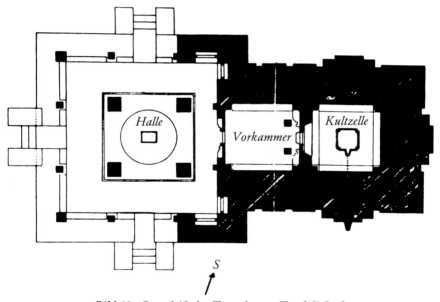

Bild 10: Grundriß des Tempels von Tambdi-Surla

Vasco da Gama: Am linken Ufer des Zuari-Flußes ganz in der Nähe des Hafens von Mormugao im gleichnamigen Taluka, eine regelmäßig mit breiten Straßen und Avenuen angelegte Stadt. Nach der Bildung dieses Taluka aus Salcete heraus und dessen Anschluß durch die Bahnlinie wurde ein neuer Hafen ausgebaut, nachdem der von Alt-Goa durch den Untergang der ehemaligen Hauptstadt verödet war, der neue Ort wurde durch Dekret von 1917 Vasco da Gama genannt. Der Hafen selbst ist als Mormugao bekannt. Panaji war die neue Hauptstadt geworden und so mußte in deren Nähe zwangsläufig ein Hafen als Umschlagsplatz für die durch die ein- und ausgehenden Schiffe hier gestapelten Waren entstehen. Hauptsächlich auf britische Initiative hin wurde er konsequent ausgebaut.

Das *Fort Mormugao* diente zum Schutz des ursprünglichen kleinen Hafens, Baubeginn 1624, wie aus der Torinschrift hervorgeht. Es hat einen Umfang von 10 km. Noch im letzten Jh. enthielt es Bollwerke, 3 Lagerhallen, 5 Gefängnisse, 1 Kapelle und Quartiere für die aus 4 Offizieren, den Mannschaften und 53 Kanonen bestehende Garnison.

Die Stadt Vasco da Gama, einst wohl geplant und sauber, ist durch die oben auf dem Plateau seit der Unabhängigkeit angesiedelte Industrie aus allen Nähten geplatzt. Der Bahnhof ist das eigentliche Zentrum, der in der Nähe gelegene Flugplatz *Dabolim* rief weitere Bauaktivitäten und entsprechenden Verkehr für die Stadt hervor, die aus 2 Zonen besteht, der zentralen und der südlichen, bekannt als Baina. Die erstere eine solche des Handels, der Industrie und der Wohnviertel, in der südlichen liegen Strand und Uferpromenade sowie eine Reihe von staatlichen Instituten. Der *Hafen Mormugao* gilt als einer der besten an der W-Küste Indiens und ist der wirtschaftliche Mittelpunkt Goas. Am Südufer der Zuari-Mündung gelegen genießt er einen natürlichen Schutz durch das an ihn grenzende Laterit-Plateau, zusätzlich gesichert durch einen Schutzwall. Die Ausfuhr von Eisen- und Manganerzen hauptsächlich nach Japan gab ihm einen erneuten Aufschwung. In den letzten Jahren wurde er weiter ausgebaut und modernisiert, ein Trockendock für Schiffsreparaturen angelegt. Der Export überwiegt bei weitem den Import, der sich hauptsächlich auf Einfuhren aus anderen indischen Bundesstaaten beschränkt, hauptsächlich aus Bombay. Viele Inder aus den indischen Nachbarländern arbeiten hier.

An Kultbauten gibt es einen modernen Mahālakshmī-Tempel mit riesiger pfeilergetragener Halle, im Sanktum mit der Silberstatue der Göttin, und eine St. Andreas-Kirche mit einem Heiligenbild von 1570 und einer im gotischen Stil renovierten Fassade. Die *Baina-Beach* im S am linken Ufer des Zuari wird hauptsächlich von den Stadtbewohnern benützt, 3 km lang, mit der Stadt durch Fahrstraße verbunden.

Velinga: Kleines Dorf 5 km NW Ponda im gleichnamigen Taluka. Der Lakshmī-Narasimha-Tempel stammt aus dem 16. Jh. und liegt an einem Hügelfuß an der Straße Panaji-Ponda. Von Mardol aus ist er in wenigen Minuten zu erreichen. Der Bau steht inmitten einer schönen Landschaft, der große Tempelteich (*tank*) wird beständig von einer Quelle gespeist. Als 1567 Kapitän Diogo Fernandez vom Rachol-Fort alle Tempel der Umgebung zerstören ließ, wurde das Kultbild nach hier gebracht und ihm der heutige Bau geweiht. In der Kultzelle kleines Idol der Lakshmī-Narasimha-Gruppe in einem versilberten Holzbaldachin. Narasimha ist die 5. irdische Inkarnation des Gottes Vishnu als Mannlöwe.

Verem: oder Savoi-Verem im N des Taluka Ponda. Im Shri-Ananta-Tempel schöne Pfeiler und Architrave mit Holzschnitzereien. Zur Zeit der Kadambas wurde im Dorf eine Brahmanensiedlung (*brahmapuri*) gegründet, Hinweis auf sein hohes Alter.

Zaulimbim: oder Zambhavlim, Dorf im Taluka Sanguem, am Kushavati-Fluß malerisch gelegen, der als besonders heilig verehrt wird, da sein Wasser heilkräftig sein soll. N.H. 17 von Panaji bis Margao, von dort noch 22 km nach SO. Im übrigen s. Rivona.

Kap. 4: Der Badetourismus in Goa

Die folgenden Ausführungen basieren auf einer Studie von R.J. Bender, Mannheim. Die Fremdenverkehrswirtschaft spielt in Indien nach wie vor eine untergeordnete Rolle. Zwischen 1982 und 1985 hat sich die Zahl ausländischer Touristen kaum verändert, sie liegt immer noch unter einer Million (1985: 836 908). Touristische Entwicklungen treten in Indien überwiegend in Verbindung mit kunsthistorischen Stätten auf, so die Tempel von Khajuraho im innersten Indien, wo fernab von Eisenbahnlinien und größeren Siedlungen mit einem Flughafen und zwei Fünf-Sterne-Hotels eine Infrastruktur geschaffen wurde, die ausschließlich touristischen Zwecken dient, so auch die Öffnung von Ladakh und Sikkim für Ausländer, wo der Staat bewußt bisher verschlossene Regionen durch den Tourismus Entwicklungsimpulse verleihen wollte.

Dagegen sind die viele Tausend Kilometer langen Strände Indiens kaum entwickelt. Es gibt nur 2 küstenorientierte Fremdenverkehrsgebiete, die man als internationale Ferienzentren nach ihrer Infrastruktur bezeichnen kann: Kovalam/Trivandrum im südwestindischen Kērala und Goa etwa in der Mitte der Westküste, im Ansatz erkennbar vielleicht auch Mahābalipuram südlich Madras an der südöstlichen Koromandel-Küste.

Während der portugiesischen Kolonialzeit bis 1961 gab es praktisch keinen Fremdenverkehr in Goa. Noch 1971 gab es nur 7 Hotels. Nach dem Abzug der Portugiesen entwickelte sich gerade Goa mit seinen durch die lusitanische Kultur geprägten Menschen (s. Karte 6, Beherbergungsbetriebe in Goa 1985). Natürliche Voraussetzung für Tourismus sind dessen saubere Sandstrände und Badebuchten, die im nördlichen und auch im südlichen Abschnitt der indischen Westküste, abgesehen vom genannten Kovalam, weitgehend fehlen. Die Küste im Raum Bombay ist derartig verunreinigt, daß ein Badebetrieb nicht mehr möglich ist. Der Schiffsverkehr zwischen Bombay und Goa (täglich außer Mittwoch und außer der Monsun-Periode) hat für den aufkommenden Fremdenverkehr beigetragen. Überwiegend werden mit diesem außerhalb Goas wohnende Goanesen in ihre Heimat gebracht, dazu weitere indische Besucher und ausländische Rucksack-Touristen. Der unverhältnismäßig hohe Zeitaufwand einer Passage von 24 Stunden hat dazu geführt, daß die Linie neuerdings nur noch mit staatlichen Subventionen betrieben werden kann. Demgegenüber dauert der Direktflug Bombay-Dabolim mit dem Airbus nur 40 Minuten, wobei die beiden täglich verkehrenden Maschinen beinahe ständig ausgebucht sind. Das mediterrane Ambiente, durch die Portugiesen in Goa geschaffen, und der starke Anteil des Christentums mit hohem Bildungsniveau in der Kultur dieses Staates waren dem sich entwickelnden Fremdenverkehr Goas sehr förderlich (so auch in Kērala mit seinem hohen christlichen Bevölkerungsanteil und seinem geringen Analphabetentum). Der Anteil der von der portugiesisch-katholischen Kultur beeinflußten Bevölkerung war natürlich in

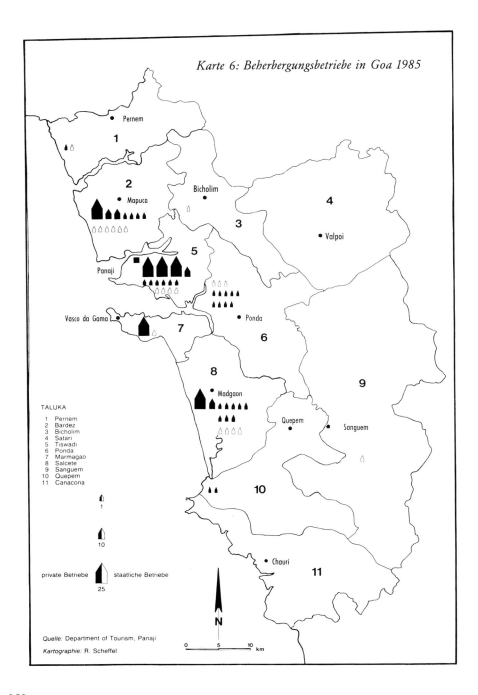

Karte 6: Beherbergungsbetriebe in Goa 1985

Pernem

1

2
Mapuca

Bicholim

3

4

Valpoi

5
Panaji

Vasco da Gama

7

6
Ponda

8
Madgaon

9

Quepem

Sanguem

10

Chauri

11

TALUKA

1 Pernem
2 Bardez
3 Bicholim
4 Satari
5 Tiswadi
6 Ponda
7 Marmagao
8 Salcete
9 Sanguem
10 Quepem
11 Canacona

1

10

private Betriebe   staatliche Betriebe

25

N

0   5   10 km

Quelle: Department of Tourism, Panaji

Kartographie: R. Scheffel

152

den Küsten-Talukas, d.h. in den Alt-Eroberungen der Portugiesen, im Gegensatz zu den gebirgigen Landesteilen im O z.Z. des Abzugs der Portugiesen 1961 noch recht hoch. In Bardez und Salcete, den wichtigsten Touristen-Talukas, lag er bei 49 % bzw. 79 %. Dazu kommen die sprichwörtliche Weltoffenheit der Goanesen, ihr gutes Bildungssystem (Alphabetisierungsquote der Männer 1981: 65,6%) sowie ihre weltweiten Kontakte aufgrund der hohen Zahl goanesischer Auswanderer, viele leben in Bombay (1986 über 300 000), in den Ölstaaten, in Afrika und Portugal, die ihre Verbundenheit mit Goa durch häufige Heimatbesuche bekunden.

Ferner ist der touristischen Entwicklung förderlich, daß alle ehemals portugiesischen und französischen Kolonien in Indien als „wet pockets" fungieren, mit unbeschränktem und zudem preiswertem Alkoholverkauf. Es sei daran erinnert, daß in vielen indischen Bundesstaaten nach wie vor die totale oder partielle Prohibition herrscht.

Im Gegensatz aber zu den althergebrachten Touristenzentren Indiens war es in Goa nicht das bildungs- und kulturbeflissene Bürgertum aus Europa und Amerika, das die ersten touristischen Impulse verlieh. Im an Kunstschätzen überreichen Indien besitzt Goa nur noch ein kleines Patrimonium an alter Tempelarchitektur und Skulptur, durch deren Massenzerstörung während der portugiesischen Inquisitionsepoche. Die Vorreiter des Tourismus waren in Goa jugendliche Rucksack-Touristen, die Mitte der 60er und in den 70er Jahren über Land nach Indien kamen und die goldgelben Badestrände des kleinen Landes entdeckten. Trotz praktisch damals nicht existenter gewerblicher Touristenunterkünfte gab es in den Anfangsjahren keine Unterbringungsprobleme. Die Küstendörfer sind weitgezogene Streusiedlungen, in denen allenthalben große indo-lusitanische Bungalows stehen, teilweise durch die Auswanderung vieler Goanesen, die nach dem Einmarsch indischer Truppen 1961 nicht mehr in ihrer Heimat verbleiben wollten und für die Beibehaltung der portugiesischen Staatsangehörigkeit votierten. Diese waren und sind seither begehrte Unterkünfte für Individualtouristen und Langzeiturlauber. Es war also anfänglich der Zuzug von Hippies, von Sonnenanbetern, die ihre Nacktbadekultur mit ihrem Haschischkonsum aus den westlichen Ländern mitbrachten, eine Unkultur, die nicht gerade mit Begeisterung von den Goanesen gesehen wurde und die erst mit der Entwicklung des Pauschaltourismus und verschärften Einreisebestimmungen gebremst werden konnte.

Ein Vergleich der Touristenzahlen in Goa und in Gesamtindien zeigt die Entwicklung auf:

	Inder in Goa	Ausl. in Goa	Ausl. Gesamtindien
1973	119 387	8 371	409 895
1982	449 174	27 991	860 178
1985	682 545	92 667	836 908

Quelle: Dept. of Tourism, Government of Goa, Daman and Diu

153

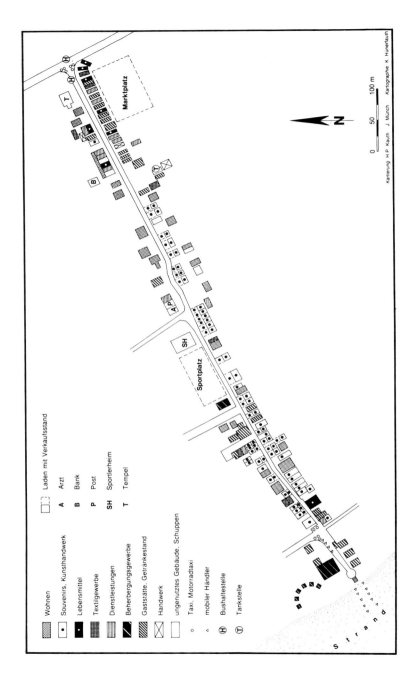

Bild 11: Funktionale Gliederung von Calangute 1987 (nach Dr. Bender, Mannheim)

154

Die Gesamtzahl der Goa besuchenden indischen Touristen liegt also über siebenmal höher als die der Ausländer.

Infolge dieser großen Zahl indischer Touristen widmen sich die staatlichen Stellen von Goa fast ausschließlich der Versorgung unterer Einkommensschichten mit preiswerten Unterkünften und der Entwicklung von Orten, die abseits vom Badetourismus der Ausländer liegen. Dazu zählen u.a. das Pilgerzentrum Ponda und das Naturschutzgebiet von Molem.

Die Entwicklung einer Infrastruktur für den internationalen Tourismus obliegt fast ausnahmslos privaten Investoren. Die Regierung unterstützt lediglich den Landerwerb für Hotels der Oberklasse. Die 1985 in Goa erzielte Bettenkapazität von nicht ganz 10 000 Einheiten setzt sich zu 85% aus privaten und zu 15% aus staatlichen Kontingenten zusammen. Im neuen Siebenjahresplan des Ministeriums für Fremdenverkehr sind neue Baumaßnahmen an Küstenstandorten ausgewiesen, die bislang vom Touristenboom kaum profitiert haben. Vorrangig werden Tourist Cottages und Campingplätze angelegt. Durch Landschaftsgestaltung und Verbesserung der Ausstattung sollen bereits existierende Anlagen auch für Ausländer attraktiver gemacht werden.

Bestes Beispiel für die staatliche Nichtbeteiligung ist die Fremdenverkehrszone von Fort Aguada, die von der Taj-Hotel-Gruppe aus Bombay entwickelt wurde. Fern jeder Siedlung wurden hier 3 Komplexe, bestehend aus Bungalows, Cottages und einem Hotelblock mit insgesamt 155 Wohneinheiten errichtet, die zur Spitzenklasse zählen (s. auch Kap. 5). In Goa gibt es insgesamt 9 Hotels (3 bis 5 Sterne) der Spitzenklasse, darunter 3 in der Hauptstadt Panaji. 10 weitere Hotels an der Küste sind der Kategorie „Western Style Hotels" zuzuordnen. Viele Touristen übernachten indessen in den zahlreichen und billigen Privatunterkünften, die sich entlang der langen Küste angesiedelt haben, bzw. die in portugiesischen Bungalows und sonstigen Gebäuden angeboten werden, die nunmehr Auslandsgoanesen gehören und leerstehen, betreut von Ortsansässigen während deren Abwesenheit.

Ausländer, die in Goa einen Badeurlaub verbringen wollen, halten sich fast ausschließlich in den Küstenbereichen auf. Dabei kommt dem im N gelegenen Taluka Bardez eine auffällige Vorrangstellung zu. In Bardez liegen dicht aneinandergereiht mehrere Fremdenverkehrsorte, die sehr unterschiedlichen Bedürfnissen gerecht werden. Entscheidender Faktor für die hohe Anzahl von Touristen in Bardez dürfte jedoch die Tatsache sein, daß sich hier das Touristenzentrum Fort Aguada mit 3 zusammengehörigen Hotels befindet, 2 mit fünf Sternen und 1 mit vier Sternen.

Die Bemühungen, in Goa eine Fremdenverkehrsindustrie aufzubauen, müssen vorrangig unter beschäftigungspolitischen Aspekten betrachtet werden. In der Erwerbsstruktur Goas nimmt der Tourismus heute schon eine beachtliche Stellung ein angesichts der geringen Erwerbsquote in Goa allgemein. Die Regierung prognostiziert einen Bettenbedarf bis 1993 von fast 14 000 Einheiten. Es würde dies gegenüber 1985 einem Zuwachs von 40 % entsprechen. Die negativen Auswirkungen für die ortsansässigen Goanesen stellen sich wie allerorts an internationalen Badeplätzen ein: Beim Bau neuer Hotelkomplexe werden z.B. Billigarbeitskräfte aus Rājasthān eingesetzt, die als Kontraktarbeiter Löhne erhalten, die 50 % unter den in Goa üblichen liegen. Im Souvenirgeschäft ist eine augenfällige Vorherrschaft von Straßenhändlern und etablierten Geschäftsleuten aus Karnātaka, Gujarāt, Rājasthān, Kaschmir und von Tibet-Flüchtlingen festzustellen. Die Hauptstraße von Calangute (s. Bild 11) ist schon weitgehend in eine Souvenirstraße umfunktioniert. Daß Goanesen weder im Handel noch in der Produktion von Souvenirs tätig sind, hängt damit zusammen, daß Goa selbst keine kunsthandwerkliche Tradition besitzt. Bodenspekulation, Eigentumsdelikte und Prostitution sind in den letzten Jahren angestiegen.

Goa ist aber immer noch weit davon entfernt, ein indisches Mallorca zu werden. An der über 100 km langen Küste fallen die ohnehin meist im Bungalow-Stil oder als Terrassenhäuser errichteten Hotelanlagen kaum auf. Der Pauschaltourismus ist in Goa noch jungen Datums. Daß nacktbadende und Hasch rauchende Individualtouristen neuerdings nach „unverbrauchten" Küstenorten in Indien Ausschau halten und Goa wegen dessen gestiegenem Selbstverständnis meiden, ist für die Region kein wirtschaftlicher Verlust.

So wird insgesamt bei entsprechender staatlicher und privater Umsicht für infrastrukturelle Belange dem kleinen Land am Arabischen Meer eine große touristische Zukunft vorausgesagt.

Kap. 5: Wissenswertes

I - Unterkünfte

Das Directorate of Tourism in Panaji hat eine kleine Broschüre mit dem Titel „Accommodation in Goa" 1986 herausgebracht, mit genauer Angabe von Name, Lage und Preisen der Unterkünfte. Darin sind viererlei Kategorien angegeben:

A: Accommodation maintained by Directorate of Tourism
B: Accommodation maintained by Tourism Development Corporation
C: Hotels approved by the Department of Tourism
D: Other Hotels

A umfaßt 6 Unterkünfte mit Übernachtungspreisen von Rs. 20 bis 80 für EZ und Rs 30 bis 100 für DZ.

B umfaßt 7 Hotels und Cottages mit Preisen von Rs 20 bis 80 für EZ und Rs 30 bis 100 für DZ.

C umfaßt 17 Hotels, davon 4 Fünfsterne-, 2 Viersterne-, 3 Dreisterne-, 7 Zweisterne- und 1 Einsternhotel.

D umfaßt 13 Hotels und Guest Houses mit Preisen von Rs. 130 bis 300 für EZ und von Rs. 180 bis 400 für DZ sowie zahlreiche Privatunterkünfte über die Küste Goas verteilt, deren Preise in der Regel zwischen Rs. 50 und 100 liegen. Während der Nach- und Vorsaison (i.a. von 1.5. bis 30.9.) sind die Preise bis zu 50% billiger.

Es ist zweckmäßig, zur Planung einer Goa-Reise dieses Heftchen und ein weiteres, „Goa Tourist Directory", mit wichtigen Anschriften und Kurzbeschreibungen von Sehenswürdigkeiten beim Directorate of Tourism, Panaji, Goa, anzufordern, wobei o.g. Preise unter üblichem Vorbehalt stehen (Kurs 1987: 100 Rs. = ca. DM 15.--).

Im folgenden können aus Platzmangel lediglich einige Hotels der gehobenen Klasse, also der C-Kategorie, aufgeführt werden, die angegebenen Preise von 1987 verstehen sich ohne Mahlzeiten. Es ist zu erwarten, daß ab 1.4.1988 die Preise erneut um etwa 5% bis 10% angehoben werden. In sämtlichen Hotels befinden sich swimming pools, health centres, Sport- und Seesportmöglichkeiten, Holzliegen für Sonnenbaden in den meisten Hotels. Die Spitzenmonate sind Dezember und Januar. Meist sind die besseren Hotels von November bis März voll ausgebucht, daher frühzeitige Anmeldung über die üblichen Agenturen wie Indoculture Tours, Stuttgart, u.a. erforderlich. Durchschnittliche Aufenthaltsdauer der Ausländer ist 2 bis 3 Wochen. Nach der Statistik von 1985 und 1986 sind zahlenmäßig deutschsprachige Touristen am meisten vertreten, es folgen Briten, Franzosen und Italiener. Guter goanesischer, trockener Weißwein ist für Rs. 150/Flasche erhältlich, eine große Flasche guten Bieres (Pilsner Arlem) für Rs. 20 bis 30. Alkoholische Getränke werden ohne jedwede Beschränkung ausgeliefert. Alle angeführten Hotels bieten goanesische, indische, kontinentale und Fischküche sowie poolside barbecue an. Die Preise à la carte sind im Vergleich zu europäischen überraschend niedrig. So kostet ein Huhngericht etwa DM 7,--, Lammkotelett

DM 5,--, Tiger Prawn, das beste Fischgericht, DM 11,--, Hummer gegrillt DM 20.--, Fischchips DM 6.--, jeweils mit Beilagen serviert. Vegetarische Mahlzeiten liegen nicht über DM 5,--. Alle angebotenen Zimmer selbstverständlich mit warmem/kaltem Wasser, Dusche/Bad, WC, oft mit Balkon oder Terrasse.

1 - *Fort Aguada Beach Resort* am wunderbaren Sandstrand, der sich vom portugiesischen Fort Aguada auf dem gleichnamigen, in das Meer vorspringenden Landrücken nach N bis nach Calangute erstreckt, der „Taj Group of Hotels India" zugehörig, in Sinquerim Goa, 5 Star Delux, DZ Rs. 1200 bis 1600. Die Anlage umfaßt 88 klimatisierte, meerseitige Zimmer im Hauptgebäude und 14 klimatisierte Cottages mit 32 Zimmern. Seashell-Restaurant für goanesisches, indisches und kontinentales Essen, die Anchor Bar und die Shack Bar im Freien beim swimming pool, ein abends geöffnetes Spezialitätenrestaurant, poolside barbecue jeden Samstag, für alle Gäste von 1-3.

2 – Über dem Fort Aguada Resort liegt am Felsrücken aufwärts *Aguada Hermitage*, ebenfalls zur Taj-Gruppe gehörig, Sinquerim, Goa, 5 Star Delux, 20 luxuriös eingerichtete Villen mit 60 klimatisierten Zimmern, weiträumig inmitten blühender Gärten verteilt, eine Anlage, die sich mit Recht als „Indias Finest Luxury Villa Resort" bezeichnen darf. Jede Villa besitzt Schlaf-, Wohn- und Eßzimmer mit eigenem Garten und Veranda mit Blick auf die langgezogene Calangute-Beach. Die Zimmer sind mit allem Luxus ausgestattet und dienten schon den Oberhäuptern des Commonwealth nach gemeinsamen staatlichen Konferenzen zur Erholung. Der Preis liegt bei Rs. 2000 bis 3000 für die Villa. Gleiche Speisemöglichkeiten wie unter 1-. Kleiner Aufstieg von der Anlage zur Hügelspitze mit wunderbarem Rundblick und Meeresbrise.

3 - Die Großanlage wird ergänzt durch das *Taj Holiday Village*, Sinquerim, Goa, 4 Sterne, die Anlage verbirgt sich hinter dem Sandstrand inmitten üppiger Baumvegetation, es sind 32 Cottages mit rund 100 Zimmern ohne Klimaanlage, doch mit Ventilator. Der Preis liegt bei Rs. 750 bis 850 für die Cottage-Einheit (die meisten mit 2 Einheiten), doch mit durchgehenden und abschließbaren Türen. Ein Teil ist nunmehr klimatisiert und kostet Rs. 150 pro Tag zusätzlich. Gleiche Speisemöglichkeiten wie unter 1-.

In diesen 3 separat liegenden, doch gemeinsam bewirtschafteten Anlagen für insgesamt 600 Gäste auf 70 Morgen Land werden 50 Gärtner beschäftigt, ein Hinweis auf die Weitläufigkeit des Gesamtkomplexes (s. Farbtafeln XXI-XIV). Jeden Abend spielt eine Kapelle am beleuchteten swimming pool.

4 - *Hotel Oberoi Bogmalo Beach*, ein Fünfsternehotel der Oberoi-Kette, 10 Minuten vom Flugplatz Dabolim entfernt an der schönen Bogmalo-Bucht im S der nach W in das Meer vorspringenden Halbinsel gelegen, Bogmalo, Goa, EZ Rs. 600 bis 800, DZ Rs. 800 bis 900, sämtliche 124 Zimmer mit Balkon, Sicht auf das Meer und Klimaanlage. Restaurant mit goanesischen, indischen, chinesischen und europäischen Speisen. S. Farbtafeln XXV und XXVI.

5 - *Majorda Beach Resort* der Eastern International Hotel Ltd. Weiter südlich im Taluka Salcete gelegen, eine großzügige, im Oktober 1984 eröffnete Hotel- und Bungalow-Anlage der gehobenen Klasse (4 Sterne-Kategorie) mit 75 rustikal eingerichteten Zim-

mern für 150 Gäste. 20 Minuten mit Wagen vom Airport, 10 Minuten von der Stadt Margao entfernt. Die Majorda Beach zählt zu den besten Stränden Goas mit feinem weißem Sand, 20 km lang. Die flache, sanft abfallende Küste ermöglicht auch Kindern gefahrloses Baden.

Am auffälligsten ist die gelungene Architektur. In 4 Ebenen ist das Hauptgebäude mit Rezeption, Zimmerflucht, Restaurants, indoor swimming pool, sport centre, health club angelegt. Im Seitenflügel erreicht man durch eine im portugiesischen Stil erbaute „Dorfstraße" die Villenzimmer. Rechts liegt eine Reihe Bungalows. Über eine große Rasenfläche gelangt man zum großen swimming pool, links daneben eine Bar. Über eine weitere Grasfläche und durch Palmen gelangt man zum Strand. Alle Zimmer klimatisiert mit Balkon oder Terrasse. EZ Rs. 800, DZ Rs. 800 bis 900. Das Restaurant Laguna bietet westliche Küche, goanesische und indische Spezialitäten. Im Cafe del Mar Frühstück, Barbecue im Freien mittags und abends. Neu eröffnet Restaurant „The Shack" für Fische in Strandnähe. S. Farbtafeln XXVII und XXVIII.

6 - *Cidade de Goa* der Welcomgroup-Kette, Fünfsternehotel von 1982-85 erbaut, am schmalen Cidade-Strand der Vainguinim Beach gegenüber dem Mormugao-Hafen, 7 km von der Hauptstadt Panaji, 26 km vom Flugplatz. 104 vollklimatisierte Zimmer und Suites, 2 swimming pools, 2 Restaurants für goanesische, indische und kontinentale Küche, für Fische, mit poolside barbecue. Die avantgardistische Anlage wurde vom preisgekrönten Architekten Charles Correa in neuportugiesischem Stil entworfen. Portugiesisch Cidade de Goa bedeutet „Stadt Goa". EZ Rs. 650 bis 700, DZ Rs. 800 bis 900. S. Farbtafeln XXIX und XXX.

7 - Innerhalb der Stadt Panaji, am Ufer des breiten Mandovi-Flußes, ohne Bademöglichkeit, doch mit hervorragender und preiswerter Küche im Rio Rico-Restaurant liegt das Hotel *Mandovi* der Dreisterne-Kategorie, mit zentraler Klimaanlage, als Ausgangspunkt für Bus-Touren gut geeignet. EZ Rs. 175 bis 190, DZ Rs. 275 bis 340.

8 - In Stadtmitte Hotel *Fidalgo* der Dreisterne-Kategorie mit swimming pool und dem Machila-Restaurant mit guter Küche, mit dem größten Konferenzraum Goas für 500 Personen, bestens geeignet für Geschäftsleute und Durchgangsreisende. 120 vollklimatisierte Zimmer und Suites.

9 - *Dona Paula Beach Resort* am Sandstrand von Dona Paula Beach, in der Nähe des gleichnamigen Fischerdorfes, gegenüber dem Hafen von Mormugao, 7 km von Stadtmitte Panaji mit regelmäßiger Busverbindung nach dort. Es sind nur 18 Zimmer vorhanden, 8 im Hauptgebäude, 10 in Nebenbau und Dependence, EZ oder DZ mit Ventilator Rs. 200 bis 240, mit Klimaanlage Rs. 80 pro Tag zusätzlich. Das Pescador-Restaurant liegt auf dem höchsten Punkt der Küste mit Panorama-Sicht und bietet alle Arten von Fischen an.

10 - *Vagator Beach Resort*, eine Bungalow-Anlage am Vagator-Strand unterhalb des Chapora-Forts, die nördlichste Anlage Goas im Taluka Bardez. Einfacher Standard, jedoch für einen Strandurlaub zweckmäßig eingerichtet, innerhalb eines Palmenhaines. Familienatmosphäre, ruhig und abgelegen, Restaurant mit vorwiegend einheimischer

Küche, gute Fischgerichte, Verpflegung preiswert. Schöner und nicht überlaufener Strand. S. Farbtafeln XXXI und XXXII.

II - Die goanesische Küche

Schon in vedischen vorchristlichen Zeiten war das Essen (*anna*) ein heiliger Vorgang, die nahrungsspendende Göttin Annapurna wurde und wird heute noch an dem ihr gewidmeten Tag gefeiert, wobei ihr eine Reihe vegetarischer Speisen bereitet und geopfert wird. Wenn das Gebet (*pūjā*) vorüber ist, wird ihr dieses Speiseopfer (*prasād*) in Näpfen und Schalen feierlich dargebracht. Alles, was in dem von Hunger und Durst so oft geplagten Indien mit Nahrung und Trank zusammenhängt, ist heilig, heilig sind auch die Flüsse und Seen, heilig ist die Ernte, der Familiengottheit bringt die Hausfrau vor dem Mahl zuerst ein Opfer und dann erst werden die hungrigen Mäuler gestopft.

Bild 12: Toddy-Palme

Bild 13: Gemüseverkäuferin

160

XXI   Hotel Fort Aguada

XXII   Hotel Fort Aguada

XXIII   idem, Taj Holiday Village

XXIV   idem, Taj Holiday Village

XXV   Hotel Oberoi Bogmalo Beach   *XXVI   idem*

XXVII Hotel Majorda Beach Resort   *XXVIII idem*

XXIX   Hotel Cidade de Goa

XXX   idem

XXXI   Hotel Leela Beach Resort

XXXII idem

XXXIII   Hotel Ramada Renaissance Resort

XXXIV   Colonia Santa Maria –
C.S.M. Beach Homes – Calangute

Das Essen der Goanesen oder Konkani ähnelte im Mittelalter zweifellos dem des übrigen westlichen Indiens, mit Reis, Gemüse und Fisch als den 3 Grundnahrungsmitteln, doch durch den Gang der Geschichte kamen Araber, Chinesen, Perser, Portugiesen und sonstige Seefahrer und Händler von Übersee an das indische Gestade des Arabischen Meeres und brachten ihre Eßgewohnheiten mit sich, so daß heute die Küche des kleinen Landes dem Touristen eine breit gefächerte Palette bietet bis hin zur haute cuisine.

Bild 14: Zuckerrohr

Reis und Curry: in Indien mit Freunden essen, ist wie bei uns das Brot brechen. Mit Reis, Palmzucker oder Kokosnuß werden Süßspeisen hergestellt. Aus Reis werden Teegebäck, Nudeln, Brot, Pfannkuchen hergestellt. Zahllose Variationen der Reiszubereitung und -Herstellung kennen die asiatischen Völker. Reisnudeln waren in südindischer Tradition „Magenstopfer", lange bevor die Italiener ihre Pastasciutta aus Mehl herstellten.

Kokosnuß: ist der zweitwichtigste Grundbestandteil der Küche in den indischen Küstenlandschaften. Palmsaft (toddy) und Nußkern werden zu Curry und Süßspeisen verwendet.

Brot: ursprünglich nur aus Reis, wurde aus Weizen erst unter dem Einfluß der Portugiesen und Moslems hergestellt.

Suppe: ist eine westliche Erfindung, sie besteht in Goa hauptsächlich aus einer dicken Suppe aus Kartoffeln, Gemüse und Brühe (Fleischbrühe oder Reiswasser), sopa grossa genannt.

Süßspeisen: werden aus Reis, Kokosnuß und palm-jaggery (Palmzucker) in zahllosen Mischungen hergestellt. Die Christen Goas backen Weihnachtsgebäck mit diesen Zutaten.

Bild 15: *Mangofrucht mit Blättern und Blüten*

Bild 16: *Cashew-Nuß mit Blättern und Blüten*

Fische: werden von allen Glaubensbekenntnissen Goas viel und gerne gegessen. Süßwasser- und Meeresfische gibt es reichlich in den Flüßen und Seen und an der Küste. Auf den Speisezetteln finden sich Sardinen, Makrelen, kleine Haifische (baby sharks), Königsdorsch (King fish), Tintenfisch (squid), Austern (oysters), Muscheln (clams), Krabben (crabs), Garnelen (shrimps and prawns), Hummern, Tigergarnelen (tiger prawn), Goas bester und teuerster Fisch.

Gemüse und *Obst:* gedeihen bestens auf den roten Laterit-Böden Goas, so Kürbisse, Gurken, Melonen, Bohnen, Auberginen, Erbsen, Tomaten, Süßkartoffeln, Pfeffer, Chili, Cashew, Granatapfel, Mango, Papaya, Brotfrucht (jackfruit), Bananen usw. Aus der Cashew-Nuß brauen sich die Goanesen ihren so sehr geliebten Schnaps (*feni*).

Fleisch: in Goa aus Ziege, Huhn und Schwein, letzteres wird nur von den Christen und Parias verzehrt, wie auch Rindfleisch. Unter portugiesischem Einfluß werden daraus auch Würste (sausages) hergestellt.

Alkohol: im Gegensatz zu den übrigen indischen Unionsstaaten keinerlei Beschränkungen. Die billigsten und besten Schnäpse werden aus Palmensaft (palm toddy) gebraut, der leichtere heißt *orrak* (daraus das Wort Arrak), der stärkere *feni*, der auch aus der Cashew-Nuß hergestellt werden kann und dem Kirschschnaps bei uns ähnelt.

Zucker: Die Männer klettern auf die hohen, schlanken Kokospalmen (toddy palms), um den toddy, einen Zuckersaft, aus den Stammsprossen abzuzapfen. In einem ähnlichen Verfahren wie beim Ahornzucker wird seit Jahrtausenden in Indien der Palmzucker hergestellt. Der frische Saft heißt *neera*, der fermentierte *soor*, ein spritziger billiger „Wein". Wird der frische Saft gekocht, so kristallisiert er und wird zum Palmzucker (palm jaggery), wichtigster Grundstoff für goanesische Süßigkeiten.

III - Informationsbüros

Tourism Development Corporation in Panaji, Department of Tourism, Tourist Home, Patto, in Panaji. Tourist Information Centres im Tourist Hotel von Margao, in Vasco da Gama und im Dabolim Airport.

IV - Bus-Exkursionen

Mit englischsprechenden Führern werden von der Tourist Development Corporation im Tourist Hostel Panaji angeboten. Es gibt eine Nord-Goa-Tour, eine Süd-Goa-Tour, eine Tour zu christlichen und Hindu-Kultstätten (Pilgrim special), eine Beach Tour zum Kennenlernen der Strände.

Für Mietautos (A.C. Ambassador und Non A.C. Ambassador) zahlt man für 8 Stunden eine Pauschale zwischen Rs. 250 und 400 plus Rs. 2-4 pro km, für Taxen etwa Rs. 3 pro km.

V - Flugagenturen

Air India, Hotel Fidalgo - Indian Airlines, Dempo Building, Bandodkar Marg, Panaji - Indian Airlines im Dabolim Airport. Condor fliegt (Stand 1987) ab Frankfurt am Main jeden Montag Goa direkt an (mit Zwischenlandungen). Condor allein beförderte 1986 6300 Fluggäste aus Europa nach Dabolim, dem einzigen Flughafen von Goa.

Verzeichnis der Karten

Verzeichnis der Bilder

Verzeichnis der Fotos

Verzeichnis der Farbtafeln

Monatsnamen des Goa-Kalenders

Januar - Pausa-Magha
Februar - Magha-Phalguna
März - Phalguna-Chaitra
April - Chaitra-Vaisakha
Mai - Vaisakha-Jyaistha
Juni - Jyaistha-Ashada
Juli - Ashada-Sravana
August - Sravana-Bhadra
September - Bhadra-Asvina
Oktober - Asvina-Kartika
November - Kartika-Agrahayana
Dezember - Agrahayana-Pausa

Literatur

BENDER, Rainer, Mannheim: Die Entwicklung des Badetourismus in Indien am Beispiel Goas, Aufsatz von 1987

GUNE, V.T. (Hrsg.): Gazetteer of India. Union Territory of Goa, Daman and Diu. 2 Bände. Panaji 1979.

KREBS, N.: Goa. In: Koloniale Rundschau, 25. Jg., S. 1–7

MONOGRAPHIEN: Cotigao (Wild Life Advisory Board of Goa), Dudhsagar (idem), Old Goa (Archaeological Survey of India)
Purabhilekh-Puratatva Vol. IV, 1986, Journal of the Directorate of Archives, Archaeology and Museum, Panaji, Goa

RIBEIRO, O.: Die Eigenart Goas. In: Erdkunde, Bd. 17, 1963, S. 39-47.

Index (Orts-, Personen- und Sachregister)

Im VERLAG INDOCULTURE, Stuttgart, erschienen:

Hemisfest – Tibetische Tschammysterien – W. u. M. Gerner
Format DIN A 5, Kart., 74 Seiten, 50 Schwarzweiß-Abbildungen

Indien im Spiegel seiner Kunst – Dr. Vera Vučkovački
Format DIN A 5, Kart., 288 Seiten, 90 Abbildungen, davon 14 in Farbe, zahlreiche Karten, Grundrisse und Zeichnungen

»Hinduismus«, Die Religionen Indiens, Band I – Anneliese Keilhauer
Format DIN A 5, Kart., 232 Seiten, 33 Bilder, 5 Zeichnungen

»Buddhismus«, Die Religionen Indiens, Band 2 – Anneliese Keilhauer
Format DIN A 5, Kart., 208 Seiten, 26 Bilder, 52 Zeichnungen

REISEFÜHRER

Südindien – Land der Dravidas und Tausend Tempel
Ein landeskundlicher und kunstgeschichtlicher Führer in zwei Bänden von Dr. Robert Strasser

Band I: Landeskunde Südindiens
13 Kapitel über allgemeine Landeskunde und Kunstgeschichte.
380 Seiten, 24 Karten, 35 Pläne und Zeichnungen, 61 Schwarzweiß-Fotos, 8 Farbtafeln

Band II: Führer zu Kunststätten Südindiens
Die vier südindischen Unionsstaaten Andhra Pradesh, Kerala, Karnataka, Tamil Nadu und ihre Kunststätten.
354 Seiten, 4 Karten (farbig), 1 große farbige Faltkarte »Südindien« mit Straßen und Eisenbahnen, 88 Pläne und Zeichnungen, 129 Schwarzweiß-Fotos

Rajasthan und Gujarat – Landeskunde und Führer zu Kunststätten
– Dr. Robert Strasser

Maharashtra und Bombay – Landeskunde und Führer zu Kunststätten
– Dr. Robert Strasser

Orissa – Bihar – Westbengalen
Landeskunde und Führer zu Kunststätten – Dr. Robert Strasser

Bhutan – Kultur und Religion im Land der Drachenkönige – Manfred Gerner
Format DIN A 5, 200 Seiten, 16 ganzseitige Farbtafeln sowie 59 Schwarzweiß-Bilder, Zeichnungen und Karten

Pocket ROADATLAS of INDIA
Straßen-Taschenatlas von Indien, 23 Einzelblätter mit Entfernungstabelle, Straßenschildern, metrischer Umrechnungstabelle und Übersichtskarten.
Format 11 cm x 18 cm, 48 Seiten

TONBANDKASSETTEN:
Musik der Völker 2, Religiöse Musik aus Ladakh 2 x 30 Minuten
Musik der Völker 3, Volksmusik aus Ladakh 2 x 30 Minuten
Volksmusik aus Rajasthan 2 x 30 Minuten Stereo